普通高等教育"经济管理类专业"精品教材

U0681373

品 牌 管 理

张　程　鲁艳华　主编

中国原子能出版社
China Atomic Energy Press

图书在版编目(CIP)数据

　　品牌管理 / 张程，鲁艳华主编. － 北京 ：中国原
子能出版社，2020.9 （2021.9重印）
　　ISBN　978-7-5221-0857-5

　　Ⅰ. ①品⋯ Ⅱ. ①张⋯ ②鲁⋯ Ⅲ. ①品牌－企业管
理－高等学校－教材 Ⅳ. ①F273.2

　　中国版本图书馆 CIP 数据核字(2020)第 169890 号

品牌管理

出版发行	中国原子能出版社(北京市海淀区阜成路43号　100048)	
责任编辑	蒋焱兰　　刘　佳	
责任印制	潘玉玲	
印　　刷	三河市南阳印刷有限公司	
发　　行	全国新华书店	
开　　本	787mm×1092mm　1/16	
印　　张	14.5	
字　　数	362 千字	
版　　次	2020 年 9 月第 1 版　2021 年 9 月第 2 次印刷	
书　　号	ISBN　978-7-5221-0857-5	
定　　价	78.00 元	

网址：http://www.aep.com.cn　　　　E-mail：atomep123@126.com

前　言

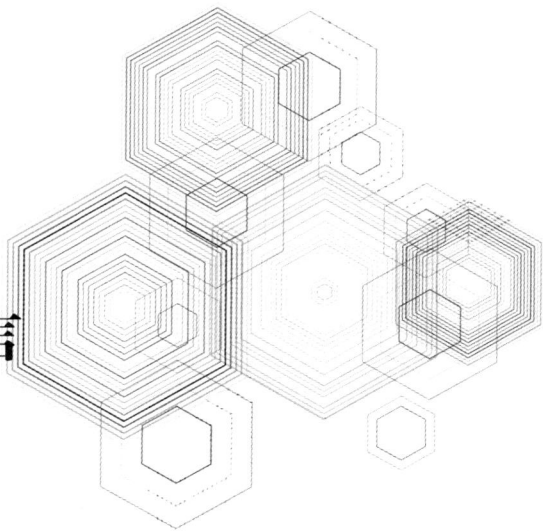

　　品牌已成为消费者生活的一部分,同时也是企业营销管理的热门,对企业而言至关重要。品牌管理能够创造顾客对品牌的偏好,因为它保证了顾客感知到购买产品或服务优于企业竞争对手的不同之处。由于竞争的加剧、新营销工具的兴起、传媒广告的技术改变、社会文化的变革,品牌化的商业环境越来越复杂,给企业品牌管理带来巨大挑战。近年来,管理实践和学术界对品牌的观点逐渐发生变化,很多企业从业务发展一开始就考虑品牌的问题,并把它视为高层管理者的责任,有些学者甚至认为品牌管理不再属于营销学的分支,而应是独立的一门学科。

　　本书的目的是希望为高等院校管理类专业的学生提供一本系统的介绍品牌管理理论知识的教材,以帮助他们在学校专业课程的学习期间打下品牌管理方面的专业知识基础。同时为企业从事相关管理工作的人士和对品牌有兴趣的读者提供一本介绍品牌管理方面的书籍,帮助其了解和掌握品牌管理的基本原理和方法,丰富他们品牌管理的理论知识。

　　本书注重对品牌管理理论框架的构建和树立,脉络清晰、内容全面、深入浅出、实例丰富;以培养学生综合应用能力和实际执行能力为主导思想,对重点内容进行挖掘,突出应用性和实践性。

　　由于编者水平有限,书中难免有不足和疏漏之处,诚望读者批评指正。

编　者

目 录 >>>>>

第一章 品牌概述

学习目标

1. 了解品牌的由来，掌握品牌的定义和内涵，对品牌解读有更深入的认识；
2. 熟悉品牌的特征及作用，了解名牌所产生的效应；
3. 掌握品牌与产品、品牌与商标间的区别和联系；
3. 清楚从不同视角对品牌的分类，并理解不同分类品牌的定义。

品牌管理

Brand management

可口可乐品牌的力量

众所周知，可口可乐公司是目前全世界最大的饮料公司，也是软饮料销售市场的领袖和先锋，通过全球最大的分销系统，畅销世界超过200个国家及地区，每日饮用量达10亿杯，占全世界软饮料市场的48%。其具体表现如下：

全世界每一秒钟约有10 450人正在享用可口可乐公司所出品的饮料，如果将至今所有出厂的可口可乐，以8盎司的可口可乐曲线瓶首尾相连地排列，沿着地球周围的卫星轨道环绕，所形成的距离将花费一个卫星11年10个月零14天的时间绕行4334圈。如果将所有曾经生产的可口可乐，以8盎司曲线瓶装头尾相连排列，可来回绕月球1057次。若以每天来回一趟计算，则须花费2年10个月零23天的时间。

如果将所有曾经出厂的可口可乐以8盎司曲线瓶送给全世界所有的人，则每人将可获得678瓶。如果将所有曾经生产的可口可乐倒进一个平均深度为1.8米的游泳池，则这个超级大游泳池的长将达35.2km，宽为12.8km。这个游泳池将可同时容纳5亿4千8百万人。如果可以制造一个大的足以装下所有曾经生产过的可口可乐的超级大瓶子，则这个瓶子的瓶高将会有3.2km，直径达2.4km。若有个与这个瓶子成同等比例的人，这人将会是一个身高超过27.2km，体重达到3亿2千万t的巨人。

在哥斯达黎加的阿蜜，一个大市场和一个公共汽车站都是以"可口可乐"命名的，该处是原来的可口可乐装瓶厂所在地。如果你坐计程车，告诉司机你要去"可口可乐"，那么司机很可能送你到市场，而非真正的可口可乐装瓶厂。在洪都拉斯的科尔特斯港有个可口可乐湾，该湾四十多年前以可口可乐命名，因为这个海滩就在一家可口可乐装瓶厂前面。那间可口可乐装瓶厂现今已不复存在，但名字却留给了海滩。在日本全国200万部自动售卖软饮料机中，超过1/3带有可口可乐商标，日本最畅销的非碳酸饮料乔治亚咖啡，就是可口可乐公司的产品。

因此，可口可乐公司总裁伍德拉夫曾说："如果可口可乐公司在全世界的所有工厂一夜之间化为灰烬，那么，可以肯定地说，大银行会争先恐后地向公司提供贷款，因为可口可乐这块牌子放在任何一家公司的头上，都会财源滚滚。"

第一节　品牌的内涵

从玩具、服装到鞋类，从微波炉、空调和冰箱到电脑显示器等，许多中国产品的产量已占据全球总产量的半壁江山。中国成为当之无愧的"世界工厂"，而与此形成鲜明对比的是中国品牌在世界的弱势地位。在此基础上，也就有了"制造大国，品牌小国"的说法。为此，从国家到企业开始意识到品牌的重要作用，并纷纷强调自主品牌的创建和应对品牌进行科学的管理。在这之前，我们应首先弄清楚几个基本的问题：品牌的由来及它的内涵是什么？品牌有哪些作用和分类？因为这些都是学习品牌管理的前提条件和起点。

一、品牌的由来

英文单词"brand"的来源有很多种说法，大家比较认同的有两种：一种是说来源于古代斯堪的纳维亚语中的"Brandr"一词；另一种是说来源于古法语中的"Brandon"一词。尽管来源不同，但它们均有"烙印"的含义，意思是用烧红的烙铁给牲畜打上记号。这个记号是烙给买者（他人）看的，用以区分不同部落之间的财产，上面写着一句话："不许动，它是我的。"由此我们可以推断最初品牌的含义，首先是区分产品，其次是通过特定的标识在别人心中留下烙印。

当时，品牌是牲畜主人用来标记与识别动物的方式。农场主人透过对牲畜肉的烙印，表示对其所售出的肉品负责，同时也因此让质量更有保障，这个烙印就存在着能够满足消费者对安全、保险等情感需求的可能，消费者如果认同某一农场的肉品（对某个烙印的肉品有深刻印象），这样的肉品在消费市场上就会变得比较好卖，自然也可能卖到较好的价格。可见，单词"brand"的诞生就是为了在消费者（受众）心目中建立独特的印象，满足消费者的某种情感需求。

现代意义的品牌，已经演变成消费者对产品的全部体验。它不仅包括物质的体验，更包括精神的体验。它向消费者传递一种生活方式，一种价值取向。人们在消费产品时，被赋予一种象征性的意义，最终改变人们的生活态度以及审美情趣。人们更换品牌，是因为越来越多地在追求一种精神感受，而非产品的物理属性。产品是冰冷的，而品牌是有血有肉，有灵魂有情感的，产品有生命周期，会过时落伍，被竞争者模仿，而品牌则是独一无二的。

二、品牌的定义

品牌到底是什么？这个命题吸引着无数精英去思考和求索。对于品牌的定义不胜枚举，可谓是仁者见仁，智者见智。比较分析各种品牌的定义发现，实际上很多所谓权威人士的看法，也是从某一个角度谈谈而已，犹如"盲人摸象"，难以理解到品牌的本源。

随着品牌营销实践的不断发展，品牌的内涵和外延也在不断扩大。凯文·凯勒（1998）认为，品牌是扎根于顾客脑海中对某些东西的感知实体，根源源于现实，却反映某种感知，甚至反映顾客的独特性。该定义则从消费者视角来诠释品牌，明确地告诉我们，品牌是消费者的，借助品牌可将消费者区分开来。消费者视角的品牌内涵认知深入剖析了品牌内在的机理，即说明真正的品牌一定是具有人性化的。

三、品牌的内涵

品牌名称、标识等外在元素只是识别不同品牌来自不同的生产者，真正让消费者动心的是品牌内在与众不同的气质、个性和形象，这些内容能够与消费者产生高度的共鸣。如品牌不只是苹果手机上它的名称和标记，而是苹果的名称及标识能在消费者心中唤起的对该品牌手机的一切美好印象之和。这些印象既有有形的，也有无形的，包括社会的或心理的效应。

（一）品牌内涵六要素

品牌内涵在于它除了向消费者传递品牌的属性和利益外，更重要的是它向消费者所传递的品牌价值、品牌个性及在此基础上所形成的品牌文化。品牌属性、品牌利益、品牌价值、品牌使用者、品牌个性及品牌文化这六种要素共同构成品牌的内涵。美国著名营销学家科特勒以德国名牌 Mercedes 轿车为例，说明这六者是一个紧密联系的统一体，具体关系见图 1-1。

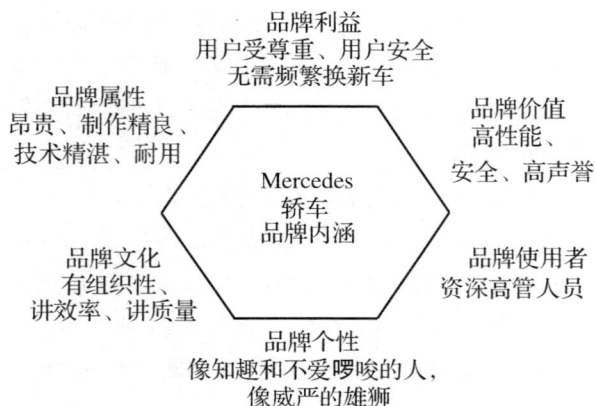

图 1-1　品牌内涵六要素

品牌属性是指品牌产品在性能、质量、技术、定价等方面的独特之处，例如：德国 Mercedes 轿车的特色是高性能（耐用）、高质量（制作精良）、高技术（技术精湛）和高定价（昂贵）。品牌利益是指品牌产品给用户带来的好处和用户在使用过程中所获得需要的满足。例如，Mercedes 轿车的用户从车价的昂贵获得尊重需要的满足，从车的制作精良获得安全需要的满足，而从车的耐用节约换新车的成本。品牌价值是指品牌生产者所追求和所评估的产品品质。例如，Mercedes 轿车的价值评估是高性能、安全和高声誉。品牌文化是指品牌背景中的精神层面，常常体现品牌所属的国家文化或民族文化。例如，Mercedes 轿车体现德国人讲求严密组织性、效率和质量的精神。品牌个性是指品牌形象人格化后所具有的个性。例如，Mercedes 轿车的形象个性是知趣不啰嗦的人或威严的雄狮。品牌使用者是指品牌所指向的用户种类或目标市场细分。例如，Mercedes 轿车的一个主要目标市场细分是年龄偏大的资深高管人员。

（二）品牌心理暗示

在产品日益同质化的时代，产品的物理属性已经相差无几，唯有品牌给人以心理暗示，满足消费者的情感和精神寄托。

1. 对于消费者而言，品牌是一种经验。在物质生活日益丰富的今天，同类产品多达数十上百甚至上千种，消费者根本不可能逐一去了解，只有凭借过去的经验或别人的经验。因为消费者相信，如果在一棵果树上摘下一颗果子是甜的，那么他会相信这棵树上的另一颗果子也是甜的。这就是品牌的"果子效应"。

2. 品牌也是一种保证。对于陌生的事物，消费者不会轻易去冒险，对于品牌和非品牌的产品，消费者更愿意选择有品牌的产品，因为品牌给消费者以信心和保证。比如说一场球赛，如果是马拉多纳出场，我们会更愿意观看，因为我们相信，有马拉多纳出场，这场球赛一定会很精彩。在这里，马拉多纳就是品牌，就是保证和信心。

3. 品牌更是个性的展现和身份的象征。使用什么样的品牌，基本上就表示你是个怎样的消费者。同样是牛仔，穿万宝路牛仔，表示你是个有男子汉气概的人，而穿李维斯牛仔，则表示你是个自由、反叛、有性格的人。

4. 对竞争者而言，品牌是一种制约。在某些领域，市场形势已经尘埃落定，强势品牌已经形成，这时留给后来者的市场机会将是非常小的。而在没有形成强势品牌的领域，竞争者将面临大好的市场机会，受到的制约相对较小，有时不需高难动作便可坐拥天下。

5. 对于品牌自身而言，品牌是一种契约。不过这种契约不是写在纸上的，而是存在于人们的心中。品牌向天下人承诺：我是优秀的，我是值得信赖的，选择我就选择了放心。而一旦它有一天违背了自己的承诺，那么，它在人们的心中等于已经毁约，人们将感到受欺骗而从此不再相信它。

四、品牌的解读

品牌究竟是什么？我们从词的构成来看，中文的"品牌"一词由"品"和"牌"构成。牌代表了知名度，它涉及我们经常谈到的品牌识别、品牌形象、品牌影响力等，是一个容易理解的话题。但一个品牌仅仅有了知名度还远远不够，知名度的极致最多意味着可以是"名牌"，但并不完全等同于"品牌"。品代表了美誉度，有了品才形成忠诚度。

所以说品牌重要的不是谈牌，而是谈品，无品无以成品牌。

第二节　品牌的特征及作用

各类元素如商标、符号、包装、价格等综合联系在一起，构成完好的概念而成为品牌。基于此，品牌以其本身内在的丰厚性和元素的多样性而向受众传达多种信息。企业把品牌作为区别于其他企业产物的标识，以吸引消费者对本品牌的兴趣和记忆。从消费者角度来看，品牌作为综合元素与信息的载体一同存储于大脑中，成为他们搜索的线索和记忆的对象。

一、品牌的特征

首先，品牌是一项重要的无形资产。由于品牌拥有者可以凭借品牌的优势不断获取利益，可以利用品牌的市场开拓力、形象扩张力和资本内蓄力进行不断发展，因此我们可以看到品牌的价值。但品牌的价值并不能像物质资产那样用实物的形式来表述，它能使企业的无形资产迅速增大，并且可以作为商品在市场上进行交易。

其次，品牌具有专有性和排他性。品牌拥有者经过法律程序的认定，享有品牌的专有权，有权要求其他企业或个人不能仿冒、伪造。这一点也是指品牌的排他性，然而我们国家的企业在国际竞争中由于没有很好地利用法律武器，没有发挥品牌的专有权，近年来我们不断看到国内的金字招牌在国际市场上遭遇尴尬的局面："红塔山"在菲律宾被抢注，100多个品牌被日本抢注，180多个品牌在澳大利亚被抢注，如此等等，人们应该及时反省，充分利用品牌的专有权。

然后是品牌具有一定的表象性。品牌最原始的目的就是通过一个比较容易记忆的形式让人们记住某一产品或企业。因此，品牌必须要有一系列的物质载体来表现自己，使品牌形式化。没有物质载体，品牌就无法表现出来，更不可能达到品牌的整体传播效果。优秀的品牌在载体方面表现较为突出，例如：麦当劳以其黄色拱形"M"作为其标志，颜色采用金黄色，它像两扇打开的黄金双拱门，象征着欢乐与美味。

再就是品牌成长具有一定的风险性。品牌创立后，在其成长的过程中，由于市场的不断变化，需求的不断提高，企业的品牌资本可能壮大，也可能缩小，甚至某一品牌从竞争中退出市场。品牌的成长由此存在一定风险，对其评估也存在难度，对于品牌的风险，有时由于企业的产品质量出现意外，有时由于服务不过关，有时由于品牌资本盲目扩张，运作不佳，这些都给企业品牌的维护带来难度，对企业品牌效益的评估也带来不确定性。

最后是品牌具有一定的扩张性。品牌具有识别功能，代表一种产品、一个企业，企业可以利用这一优点展示品牌对市场的开拓能力，还可以帮助企业利用品牌资本进行扩张。例如：雅马哈早先是日本一家摩托车生产厂商，后来进入音响、钢琴、电子琴等领域，这就是典型的品牌扩张行为。同样，在 20 世纪 80 年代中期，海尔集团在成功推出系列冰箱之后，不失时机地推出了海尔洗衣机、海尔电视机、海尔空调直到海尔电脑和海尔手机。

二、品牌的作用

在知道了品牌的由来、定义、内涵以及品牌的特征以后，我们可能都会有个疑问，就是为什么要做品牌？企业不都是在做销售吗，难道就一定要做品牌？我们要看到品牌的力量和品牌对市场和销售的作用。

（一）对企业自身的作用

品牌知名度形成后，企业可利用品牌优势扩大市场，促成消费者对于品牌的忠诚。还有助于稳定产品的价格，减少价格弹性，增强对动态市场的适应性，减少未来的经营风险。除此之外，还可借助成功或成名的品牌，扩大企业的产品组合或延伸产品线，采用现有的知名品牌，利用其一定知名度或美誉度，推出新品；并有利于新产品的开发，同时节约新产品进入市场的门槛和费用。最后是品牌有利于把本公司产品同其他同类品牌区分开来，抵御竞争者的攻击，保持竞争优势，同时能够帮助企业培养目标消费者的忠诚度。

（二）对消费者的作用

首先，品牌作为一种信号，有助于消费者识别产品的来源或产品的制造厂家，更有效地选择或购买商品。其次，品牌作为一种承诺和保证，有利于消费者权益的保护，例如，选购时避免上当受骗，出现问题时便于索赔和更换等。品牌实质上代表着卖者交付给买者的产品特征、利益和服务的一贯性的承诺。在这种情况下，有助于消费者避免购买风险，降低购买成本，从而更有利于消费者选购商品。最后品牌作为消费者的自我延伸，有助于对消费者形成较强的吸引力，进一步形成品牌偏好，最终满足消费者的精神需求。

（三）对竞争者的作用

首先，是从竞争的角度来看，企业可采用"品牌不缺"战略占领一部分市场，从而获取利润。因为无论竞争对手的品牌系统或产品组合多深多广，都很难满足所有消费者的所有需求。所以说没有饱和的市场，只有未被发现的市场。其次，是在竞争日益激烈的市场上，企业可以不间断地推出相对应的产品品牌进行反击。最后品牌也许不是万能的，有些企业不做品牌而做销售。因为开发市场需要多种因素的组合，例如：消费者对某些产品购买介入程度不深，对产品品牌抱着一种无所谓的态度，也就是说消费者对某类产品的品牌不敏感；他们可能是价格敏感者，或从众者，或质量和功能敏感者。因此，企业只要抓住一点或几点，就可以吸引一部分消费者。

三、名牌效应

名牌是知名品牌或强势品牌，人们研究品牌，正是为了帮助企业创立名牌，利用名牌，我们希望通过对名牌的研究使人们充分意识到名牌的作用，形成名牌意识。名牌的伟大作用是在它的名牌效应，名牌以此为基点，带领着产品、企业、社会进步和发展。名牌作为企业资产在市场开拓、资本扩张、人员内聚等方面都会给企业带来影响，是企业拥有成功的法宝（图1-2）。

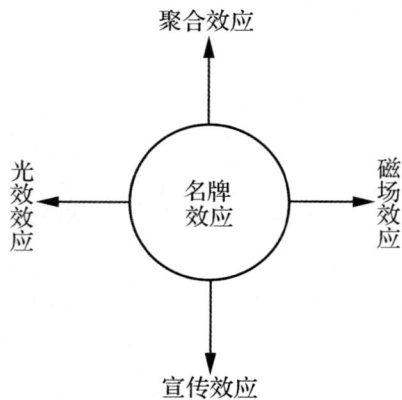

图 1-2 名牌效应

（一）聚合效应

企业和其产品成了名牌，不仅可获得较高的利益，较好的经济效益，而且还可以利用品牌资本使企业不断发展壮大。名牌企业或产品在资源方面会获得社会的认可，社会的资本、人才、管理经验甚至政策都会倾向名牌企业或产品。名牌企业会稳固自己的实力，并通过加强与供应商、后续企业的关系，通过资本营运聚合社会资源，使企业更进一步扩大，形成规模，产生规模效益。这样的企业聚合了人、财、物等资源，形成并很好地发挥名牌的聚合效应。

（二）光环效应

名牌企业或产品作为同行业中的佼佼者，会因其产品带来一道美丽的光环，在这美丽光环的照耀下，企业及产品会受到一种正面的经济效应的影响。这种名牌的名气、声誉对消费者、政府、合作者及其他社会公众产生一种亲和力、吸引力及认同感。消费者会慕名而来，购买使用名牌产品，也会由此及彼，爱屋及乌，选购企业的其他产品，享受企业的其他服务；政府会因名牌企业或产品而给予支持、爱护，促使名牌的实力得到加强；合作者看到名牌的效应，也会加强合作，建立起良好的关系，而对于社会其他公众，也会较关心名牌、谈论名牌、推荐名牌，给名牌创造更佳的成长环境。

例如：联想集团是中国 IT 业的名牌企业，在它的成长、发展的道路上，经常可以看到政府的大力支援，它也受到消费者青睐，更有许多合作者与它携手共进。联想的贸易工技发展之路也有因品牌带来的众多优势。

（三）磁场效应

企业或产品成为名牌拥有了较高的知名度，特别是较高的美誉度、追随度后，会在消费者心目中树立起极高的威望，人们表现出对品牌的极度忠诚。人们会认为此名牌产品或企业信誉好，购买或使用这种产品让人放心，更是一种享受。这样企业或产品就会像磁铁一样吸引消费者，消费者会在这种吸引力下形成品牌忠诚度，反复购买、重复使用，并对其不断宣传，而其他品牌产品的使用者也会在名牌产品的磁场力下开始使用此产品，并可能同样成为此品牌的忠实消费者，这样品牌实力进一步巩固，形成了品牌的良性循环。

例如，我们可从耐克和阿迪达斯公司间的竞争过程中看到名牌的磁场效应，耐克公司经过运作发展成为运动鞋的知名企业，而这一行业的老大原来是阿迪达斯公司，耐克的成名吸引着耐克公司的追随者，而同时也吸引着使用、购买阿迪达斯、锐步、安踏等公司产品的消费者，耐克公司产品的强大磁力使得"阿迪王朝"不再一家独大，使得众多的消费者追捧耐克产品。

（四）宣传效应

宣传效应指形成名牌后，它就可以利用名牌的知名度、美誉度传播企业名声，宣传地区形象，甚至宣传国家形象。名牌的宣传效应在经济和社会生活中表现较为突出，越是有名的品牌，越是形象佳、美誉度高的品牌对企业、地区甚至国家的宣传效果越明显。例如：宝洁公司的知名产品飘柔、海飞丝等，人们由于对这些产品的了解而认识了宝洁公司，或者说加深了对宝洁公司的认识；海尔家电在世界上创出了名牌，这一名牌不仅宣传了海尔企业，也使世界人民看到"Hair China"的形象。

第三节　品牌与产品

提及品牌，最为相关的名词是产品。品牌与产品有诸多联系，但两者毕竟不同。产品是具体的，消费者可以触摸、感觉或看见(有形物品可视，无形的服务可感觉或感受)；而品牌是抽象的，是消费者对产品的感受总和。没有好产品，品牌必然不会在市场上永久不坠；但是有了好产品，却不一定有好品牌。

一、品牌与产品的区别

"产品是工厂所生产的东西，品牌是消费者所购买的东西。产品可以被竞争者模仿，品牌却是独一无二的。产品极易过时落伍，但成功的品牌却能经久不衰。"现代品牌策略大师史蒂芬·金的一段话，明确地定义了产品与品牌的本质区别。

（一）产品是具体的，品牌是抽象的

进一步来说，产品是具体的，消费者可以触摸、感觉、耳闻、目睹、鼻嗅；产品是物理属性的组合，具有某种特定的功能以满足消费者的使用需求。如车可以代步，食物可以果腹，衣服可以御寒保暖，音乐能够愉悦性情；等等。而品牌是抽象的，是消费者对产品一切感受的总和，它注入了消费者的情绪、认知、态度及行为。例如：产品是否有个性、是否足以信赖、是否产生满意度与价值感，是否代表某种特殊意义或情感寄托、是否生活中不可缺少。

（二）产品侧重于功能价值，品牌侧重于象征价值

同样的产品，贴不贴品牌标签对消费者而言意义完全不一样。一件西服或 T 恤，如果不附加任何产品之外的信息，你穿着它时的感觉也许就是颜色、款式、质地而已。但若西服、T 恤上印有"BOOS""dunhill"的标识，穿着者就会有一种庄重与高雅、洒脱与温馨的感觉。而当 T 恤上印的是耐克的品牌标识时，浮上你心头的或许又变成了一位执着追求胜利、实现自我超越的运动明星形象。

（三）产品侧重于价值的创造，品牌侧重于价值的传递

产品是在原材料的基础上，通过生产部门的加工制造创造出来的。因此说产品侧重于价值的创造。而品牌形成于整个营销组合环节，需要营销组合当中的每一个环节传达品牌的相同信息，这样才能使消费者形成对品牌的认同。换句话来说，品牌主要是用来传播的，侧重于和消费者沟通与互动。因此说品牌侧重于价值的传递。

（四）产品有市场生命周期，品牌则没有市场生命周期

产品的市场生命周期不是指产品的使用寿命，而是指产品从进入市场到退出市场为止所经历的全部时间。产品市场生命周期就是指这种产品在市场上进入、退出的循环过程。产品进入（退出）市场是市场生命周期的开始（结束）。产品有市场生命周期是科技进步、新产品迭出的必然结果；而由于决定品牌在市场存活或退出的主要因素（产品及品牌形象等）能够通过企业的科学而合理地努力得到激活，从而使品牌可以永不坠落，或者也可以说，品牌的生存与消亡的周期现象不具有客观必然性。所以说产品有市场生命周期，品牌并非必须有市场生命周期，或者说品牌没有市场生命周期。事实上，正是因为产品有市场生命周期，才使得品牌没有市场生命周期。只要品牌经营得当，及时对消费者需求的变化做出快速的反应，品牌才能长盛不衰、永葆青春。

二、品牌与产品的联系

实践得知，产品不一定必须有品牌，但是在每一个品牌之内却均有产品。产品是品牌的基础。没有好的产品，这个用于识别商品来源的品牌就没有存在的价值。一种产品只有能够得到消费者信任、认可与接受，并能与消费者建立起强韧而密切的关系，才能使标定在该产品上的品牌得以存活。品牌以产品为载体，是产品与消费者之间的关系纽带。

（一）品牌以产品为载体

品牌不仅代表着一系列产品属性，而且还体现着某种特定的利益，如功能性或情感性利益等。而品牌这种使人感知的利益是由产品属性转化而来的，或者说品牌利益相当程度地受制于品牌属性。就奔驰而言，"工艺精湛、制造优良"的属性可转化为"安全"这种功能性和情感性利益；"昂贵"的属性可转化为"这车令人羡慕，让我感觉到自己很重要并受人尊重"这样的情感性利益；"耐用"属性的功能性利益则是"可以使用多年或多年内不需要买新车"等等。品牌的属性以及品牌给消费者带来的利益，都源于它所标定下的产品。因此我们认为品牌是以产品为客观基础，或品牌以产品为载体。

（二）品牌借助产品来兑现承诺

品牌对消费者的承诺通过消费产品来兑现。企业以各种传播手段和方式向广大消费者传播品牌信息、品牌承诺，消费者接受品牌信息，并通过购买、消费该品牌的产品来感受这种承诺的存在与否。消费者感知、接受、信任品牌承诺的根本在于，消费者在使用该品牌产品后的实际感受与品牌承诺的一致性。许多品牌正是因为不实现品牌承诺而失信于消费者，消费者的回报则是放弃对该品牌的购买。

（三）产品质量是品牌竞争力的基础

消费者对品牌的信任首先是基于对该品牌产品质量的信任。产品质量的好坏直接关系到消费者在消费产品中获得的功能性效用，如果功能性效用不能得到满足，就会产生负面情感性效用。设想一位购买了某知名品牌运动鞋的年轻人，只穿了两天，鞋就坏了。他今后恐怕再也不会购买该品牌的产品了，并还会不厌其烦地向其他人讲述他的遭遇。该品牌的市场命运也就可想而知了。纵观世界品牌发展史，强势品牌无一例外皆是产品品质优良的楷模。相反，许多品牌的衰落也是败在产品质量的不稳定上。

由此可见，从产品到品牌并不是个简单的、必然的过程。或者说每个品牌之下都有一个产品，却不是每个产品都能架构一个品牌。它需要企业的经营者、品牌管理人员、品牌营销人员、消费者以及时间等多方面的锤炼与打造。企业主要保证产品的品质与功能，提供消费者使用的产品的价值与满意度；营销人员和广告企划人员则负责赋予产品某种人格化的个性、情感、形象、生活方式、身份、荣誉、价值、地位或意义等附加信息，并将此附加信息通过整合的传播方式，有效地传递给目标消费群体；消费者经过一定时间的认知、感觉、使用体验后，形成对产品的感受与印象，对围绕产品的附加信息产生认同、信赖、荣辱与共等正面的认知、态度与行动，产品才真正成为一个品牌。

三、品牌与商标

品牌与商标是极易混淆的一对概念，一部分企业错误地认为产品进行商标注册后就成了品牌。事实上，两者既有联系，又有区别。有时两个概念可等同替代，而有时却不能混淆使用。品牌并不完全等同于商标。

（一）商标是品牌的一部分

商标是品牌的一部分，这已基本上得到了共识。但商标是品牌的哪一部分却有不同的看法。一种观点认为：商标不是品牌的全部，而仅仅是品牌的一种标志或记号。依此看来，商标仅是品牌中的标志部分，或者说商标就是指品牌标志，是便于消费者识别的部分。因此，商标的主要功能是传播的基本元素。当然，此种观点还认为商标的主要功能中应包括法律保护；另一种观点认为商标是向政府注册的受法律保障其专用权的品牌。

品牌与商标都是用以识别不同生产经营者的不同种类、不同品质产品的商业名称及其标志。商标不仅只是一种标志或标记，它更多的时候包括名称或称谓部分，在品牌注册形成商标的过程中，这两部分常常是一起注册，共同受到法律的保护。在企业的营销实践中，品牌与商标的基本目的也都是为了区别商品来源，便于消费者识别商品，以利竞争。可见品牌与商标都是传播的基本元素。品牌与商标的不同之处，主要是商标能够得到法律保护，而未经过注册获得商标权的品牌不受法律保护。所以说，商标是经过注册获得商标专用权从而受到法律保护的品牌。

（二）商标属于法律范畴，品牌是市场概念

商标是法律概念，它强调对生产经营者合法权益的保护；品牌是市场概念，它强调企业（生产经营者）与顾客之间关系的建立、维系与发展。商标的法律作用主要表现在通过商标专用权的确立、续展、转让、争议仲裁等法律程序，保护商标权所有者的合法权益；同时促使生产经营者保证商品质量，维护商标信誉。在与商标有关的利益受到或可能受到侵犯的时候，商标显现出法律的庄严与不可侵犯。品牌的市场作用表现在：品牌有益于促进销售，增加品牌效益；有利于强化顾客品牌认知，引导顾客选购商品，并建立顾客品牌忠诚。

品牌与商标的关系，在中国是基本混用的，或者说，"商标"与"品牌"这两个术语几乎是通用的，没有什么区别，因为中国的商标有"注册商标"与"未注册商标"之分。另外，品牌与商标是可以转化的。如品牌经注册获得专用权就转化成商标，也就具有

了法律意义。正是借助商标的法律作用，才使得品牌所产生的超过产品本身价值以外的利益受到保护。

第四节　品牌的分类

品牌的起源源于对有形产品品牌的研究，但是随着社会经济的发展，品牌的外延也在不断地扩大，其概念早已突破了有形产品品牌的范围。具体来讲，品牌可以依据不同的标准划分为不同的种类。

一、根据来源地划分

品牌来源地指拥有该品牌名称、负责产品设计的公司所在地或隐含在知名品牌中的原产地。例如：奔驰来自德国、摩托罗拉来自美国、丰田来自日本，这些都是按照品牌原产地来界定的。品牌原产地是最初培养和生产品牌的那个地区，我们可以把它理解为"品牌的国籍"。因此，根据品牌的国籍可划分为美国品牌、日本品牌、德国品牌等。一般而言，品牌所属的公司总带有母国概念，尽管索尼后来把总部搬到美国，但消费者仍很清楚它是日本品牌。再如IBM品牌在做全球范围的营销，但消费者仍认为它是一家美国公司。

最初，品牌来源地研究集中于某国或某地的生产与制造引起产品质量的差异，进而影响购买倾向。因此，最初将"原产地"概念等同于"制造地"。后来，跨国公司"组装"盛行，生产制造全球化导致"杂交"产品出现，即产品可能在其母国设计，但不在母国制造，产品配件来自世界多个国家。"杂交"产品使"原产地"概念复杂化，有研究把"原产地"进一步分为"制造地""设计地""组装地"。由于品牌在全球的影响力不断增强，品牌的来源地对消费者的品质评价和购买选择的影响力远大于产品制造地或设计地。

二、根据生产经营的环节划分

根据产品生产经营的所属环节可以将品牌分为制造商品牌和经销商（自有）品牌。制造商品牌是由制造商推出，并且用自己的品牌标定产品，进行销售。制造商是该品牌的所有者，像我们平常非常熟悉的一些品牌，如可口可乐、柯达、IBM等都是制造商品牌。经销商（自有）品牌是经销商自己创立并拥有的品牌，可以是自己商店的名字，也可以是自己独立拥有的品牌名。它包括批发商品牌和零售商品牌，但常见的是零售商品牌。目前比较著名的经销商品牌有美国的沃尔玛、英国的马狮百货、法国的家乐福等，我国则有国美和苏宁等。

随着产业链上竞争的不断升级，传统的制造商品牌正在受到来自经销商（自有）品牌的威胁和挑战。近年来国际大型商业企业普遍采用经销商（自有）品牌的经营战略，通过自有品牌建设，提升企业的信誉，最终提高了本企业的效益，使企业得到更好的发展。经销商（自有）品牌实施成功的典范莫过于英国的马狮百货集团，在该公司，所有的商品都使用公司自己的品牌——"圣米高"，被称为世界上最大的"没有工厂的制造商"。

三、根据辐射区域来划分

根据品牌的知名度和辐射区域划分，可以将品牌分为地区品牌、国内品牌、国际品牌。地区品牌指来自同一区域内的某类产品在市场上具有较高的知名度和美誉度，为顾客所信任，给顾客形成品质纯正、质量上乘的印象，该区域的企业在市场开拓中可以凭借区位品牌效应，节约营销费用，迅速打开市场。如洛阳和菏泽的牡丹、漳州的水仙、杭州的龙井茶等，都是知名的地区品牌。国内品牌是指国内知名度较高，产品在全国范围销售的品牌，如，电脑巨子——海尔、香烟巨子——红塔山、饮料巨子——娃哈哈等。国际品牌是指在国际市场上知名度、美誉度较高，产品辐射全球的品牌，如可口可乐、麦当劳、万宝路、奔驰、爱立信、微软、皮尔·卡丹等。

随着品牌辐射区域的不断扩大，品牌的管理难度也逐渐增大，最大的困难和障碍也许是区域市场间的文化差异。它是影响品牌扩张成败非常重要的因素。在关于品牌扩张的文献中都非常强调文化的重要性。无论是区域、国内还是国际文化，在品牌未进行运作扩张前是很难感受到的。大多数人认为是非常理所当然的事情，结果在扩张的过程中证明是错误的。在品牌扩张的过程中，我们发现一些品牌早已成为当地消费者生活中的一部分，一个外来品牌要想突破当地市场很难。品牌的区域扩张就是要改变消费者对新品牌的认知、了解，放弃原来品牌、接纳新品牌的过程，是培养消费者和忠诚顾客的过程。

四、根据品牌本体特征来划分

根据品牌的本体特征划分又可将品牌划分为个人品牌、产品品牌、企业品牌、城市品牌、国家品牌等。个人品牌是指个人拥有的外在形象或内在修养所传递的独特的、鲜明的、确定的、易被感知的足以引起对群体消费认知及消费模式形成重大改变的整体性、长期性、基本性已经被显明或者即将被显明的影响力集合体。

产品品牌是对产品而言，包含两个层次的含义：一是指产品的名称、术语、标记、符号、设计等方面的组合体；二是代表有关产品的一系列附加值，包含功能和心理两方面的利益点，主要指产品所能代表的效用、功能、品位、形式、价格、便利、服务等，如潘婷、海飞丝等。

企业品牌传达的是企业的经营理念、企业文化、企业价值观念及对消费者的态度等，能有效突破地域之间的壁垒，进行跨地区的经营活动。并且为各个差异性很大的产品之间提供了一个统一的形象、统一的承诺，使不同的产品之间形成关联，统合了产品品牌的资源。例如：美国通用、日本索尼、中国海尔等属于企业品牌。

城市品牌就是一个城市在推广自身城市形象的过程中，根据城市的发展战略定位所传递给社会大众的核心概念，并得到社会的认可。例如：哈尔滨的冰雪节、宁波的国际服装节、青岛的啤酒节等属于城市品牌。

国家品牌指的是一定时期内一个国家在其他国家公民心目中的总体形象。国家品牌不仅包括实物形态的"硬产品"，还包括非实物形态的服务、旅游、投资环境、文化传统、政府管理、居民等"软产品"。例如：埃及的金字塔、中国的万里长城、法国的埃菲尔铁塔、美国的自由女神像等属于国家品牌。

五、企业品牌和产品品牌

企业品牌与产品品牌之间根本上的价值差异在于二者在企业运营中的战略位置、战略功能的不同。企业品牌战略决定和指导企业业务的经营战略，为经营战略的执行与落地构建内外部平台，强大的企业品牌将为企业产业的发展与选择、人才聚集、投融资活动的执行等创造良好的内外部环境，进而支撑企业战略目标的实现。

企业品牌需承载实现"母合"优势的战略功能。企业品牌是"母"，产品品牌是"子"，以企业品牌统领、助力产品品牌的发展与建设，将企业资源、企业品牌资产传递到每一个产品品牌，为产品品牌的发展提供保障。而产品品牌在企业经营战略之下，是企业经营战略实现的重要载体，同时也是实现消费者与企业链接的载体。当然，也承载着向企业品牌输送品牌资产的责任，反哺"母"品牌，形成"母""子"品牌之间的良性互动，最终实现企业无形资产的积累，推动企业的持续、快速发展。

企业品牌与产品品牌的差异具体体现在品牌塑造目的不同、涵盖范围不同、目标对象不同、出发导向不同等。企业品牌塑造的目的是将企业价值观和个性传递给利益相关者，而产品品牌的塑造是通过建立一个有吸引力的品牌形象或诉求来推动具体产品的销售。企业品牌涵盖的范围必须有足够的前瞻性和包容性，而产品品牌是以个别产品为核心，只需考虑该产品本身的发展及产品所在行业的发展趋势。

企业品牌的受众更为广泛，包括政府及政府官员、媒体、投资者、商业伙伴、意见领袖、下属子品牌消费者、用户、内部员工及社会团体等，而产品品牌的核心受众聚焦在消费者及渠道成员的沟通，是产品走向消费者的桥梁。企业品牌的发展与塑造以企业自身信念及经营理念、业务发展方向与竞争优势为导向，而产品品牌以消费者为导向，满足消费者需求是产品品牌建设的根本。

美国市场营销协会（AMA）对品牌的定义：品牌是一种名称、术语、标记、符号或设计，或是它们的组合应用，其目的是借以辨认某个销售者或某群销售者的产品或服务，并使之同竞争对手的产品或服务区别开来。

品牌属性、品牌利益、品牌使用者、品牌价值、品牌个性及品牌文化这六种要素共同构成品牌的内涵。品牌的心理暗示：对于消费者而言，品牌是一种经验，也是一种保证，更是个性的展现和身份的象征。对竞争者而言，品牌是一种制约。对于品牌自身而言，品牌是一种契约。

品牌是一项重要的无形资产，具有专有性和排他性，具有一定的表象性、风险性及扩张性。对企业有助于稳定产品的价格，有利于新产品的开发等。对消费者来说，品牌是一种信号，也是一种承诺和保证，有助于消费者避免购买风险，降低购买成本，从而更有利于消费者选购商品。

名牌效应包括聚合效应、光环效应、磁场效应和宣传效应。产品是具体的，品牌是抽象的；产品侧重于功能价值，品牌侧重于象征价值；产品侧重于价值的创造，品牌侧重于价值的传递；产品有市场生命周期，品牌则没有市场生命周期。商标是品牌的一部分，商标属于法律范畴，品牌是市场概念。

思　考　题

1. 您对品牌内涵的解读是什么？
2. 对于企业、消费者和竞争对手来说，品牌分别起到什么样的作用？
3. 品牌与产品、商标间的区别和联系是什么？

案例应用

苹果传奇：从濒临破产到全球市值最高的公司

1996 年，这家成立将近 20 年的公司，亏损 10 亿美元左右，濒临倒闭。但现在，苹果公司从当初破产边缘到如今的极致辉煌，是什么力量让它最终度过危机，成就了今天的辉煌？接下来，就让我们一起解密苹果公司的成功之处。

极致地做减法

乔布斯的一句话也许会带给我们一些启示。"苹果是一家将复杂技术变得简单的公司。我们的目标是站在科技与人性的交汇之处。"乔布斯的经营哲学就是"简约"二字。他在回到苹果公司之后不到一年的时间里，结束了 Mac Clone 时代，而将产品划分为四个部分：商用台式机、商用笔记本、消费类台式机和消费类笔记本。乔布斯精简了硬件开发团队的规模，并要求苹果智囊团将这四个系统开发到极致。这被看作是他独特的领导特点，在其他公司都在追求把产品功能做全的时候，乔布斯却一直在做着减法。简约也是他和公司现任设计师兼资深副总裁乔纳斯·艾佛为公司精雕细琢的美学设计理念。

战略以人为本

在乔布斯看来，光有科技是不够的。科技要和人文、艺术"结婚"，才能产生让我们的心为之歌唱的结果。因为顾客需要的不是科技本身，而是科技带来的利益和享受。科技必须以人为本，必须让生活更轻松、更美好。科技以人的需求为本才能产生价值。苹果的每一款产品，都极尽设计之美，出乎意料地简洁。虽然 iPhone 手机的价格高高在上，但高价却引得无数"果粉"为它痴狂，事实表明用户愿花钱获取使用功能之外的东西。只有把产品做成作品，把技术变成艺术，才能有真正的未来！

细节决定成败

"不要小看 iPad 上的一颗按钮，它和别人不一样的是我们做了 21 个方案、84 000 次测试、57 次改进，用户的满意源于不必要的坚持。"乔布斯这样评价他的产品。苹果合伙人格雷这样评价乔布斯："乔布斯异于常人不在他的想象力，而在于其对于细节的追求，他的专注程度堪比最细致的原子能工程师。"格雷说："你可能经常遇见具有革命性思想的，或对细枝末节一丝不苟的职业经理人，但是只有乔布斯神奇地做到了两者兼备。"可见，每一款可以让世人称道的产品无一不是经过了无数次的改进和测试。

重视需求，创造价值，敢于改变

乔布斯说，"如果东西不在眼前，你怎么能去问顾客想要什么，何况顾客多数时候并不知道自己真正需要什么。"他认为新产品的开发始于内心深处，通过以下对话酝酿成熟："我们讨厌什么？我们用技术生产什么？我们想拥有什么？乔布斯认为钱不是你赚来的，而是顾客给你的！你应该思考的不是如何赚顾客的钱，而是顾客为何要给你钱！"

乔布斯创新或至少重新定义了移动消费技术并使之成为传媒未来的一部分，还是增长最快的一部分。在美国约 88% 的报纸媒体设计了 iPhone 应用程序。苹果公司不仅直接影响了传统新闻出版的方式，甚至还与发行商合作，通过新的方式帮报纸赚钱。从某种意义上说，苹果公司改变了大众的报纸阅读方式。

贩卖梦想，另类思考，保持创新

乔布斯让人们迷上一种感觉，即购买的不是一款产品，而是其所代表的意义。人们首要关心的是自己，那么就生产与他们相关的产品。乔布斯宣称他们出售梦想而非产品，一个产品如果能够实现这一点，怎能够不风靡世界，不被世人称道？这也是苹果公司最擅长的一点，即以品牌文化来引导消费者。在短短的几年里，苹果公司的产品 iPod、iPad、iPhone 等早已超越了其作为消费品本身的意义，而成为一个偶像、一个身份的标志，演绎成一种新的文化象征。

因此，以人为本，重视需求，打造有价值的、创新的产品才具有真正的市场竞争力。只有真正过硬的产品，我们才能将品牌、销售渠道、市场实现真正地有机统一，企业才能进入良性发展。

案例讨论：

1. 品牌的魅力和作用都有哪些？品牌能够给企业带来什么好处？

2. 苹果公司是如何塑造品牌的？

3. 中国企业能够从中得到哪些经验和启示？

第二章 品牌定位

学习目标

1. 了解定位理论的产生；
2. 明确品牌定位的内涵与作用；
3. 掌握品牌定位的过程与方法；
4. 能够运用自己的语言清楚地表达定位和品牌定位的概念，解释其内涵；
5. 能够结合企业的实际情况对品牌进行定位；
6. 能运用合适的品牌定位方法对身边熟悉的品牌进行定位。

品牌管理

Brand management

第一节 品牌定位的内涵

【案例导入】

在可乐界，长期以来都是可口可乐和百事可乐两雄独霸，其他品牌根本无力与它们争锋。但市场不是一成不变的，后起之秀七喜兵出奇招，用"非可乐"的品牌定位，从可口可乐和百事可乐这两个强势竞争对手中"虎口夺食"，使七喜一跃成为仅次于可口可乐与百事可乐的美国饮料业的第三大品牌，上演了一场精彩的逆袭战。

分析七喜的成功，关键之处在于其独特的品牌定位。可乐的位置已经被两大可乐品牌占据，七喜称自己是"非可乐"，非常巧妙地将自己的品牌与对手联系在一起。此外，七喜的广告以可口可乐为参照，宣称自己为"非可乐"软饮料，即：①软饮料；②与可乐不同。使人产生疑问：什么是"非可乐"呢？从而让不熟悉它的人认识了它，并在消费者脑海中占据了一个位置。

（资料来源：［美］萨伯罗托•森古普塔. 品牌定位［M］. 马小丰，宋君锋，译.. 北京：中国长安出版社，2009）

【案例分析】

良好的品牌定位是品牌经营成功的前提，能够对企业进占市场、拓展市场起到导航作用。若不能有效地对品牌进行定位，树立独特的、被消费者认同的品牌个性与形象，产品就必然会被淹没在众多产品质量、性能及服务雷同的商品中。

一、定位理论的提出

（一）USP 理论

20 世纪 50 年代初，美国人罗瑟•里夫斯（Rosser Reeves）提出了 USP 理论，要求向消费者说一个"独特的销售主张"（unique selling proposition），简称 USP 理论。

USP 理论包括以下四个方面的内容。

（1）强调产品具体的特殊功效和利益——每个广告都必须对消费者有一个销售的主张；

（2）这种特殊性是竞争对手无法提出的——这一项主张，必须是竞争对手无法也不能提出的，必须是具有独特性的。

（3）有强劲的销售力——这一项主张必须很强，足以影响数百万的社会公众。

（4）20 世纪 90 年代，达彼斯对 USP 定义做出了如下评价：USP 的创造力在于揭示一个品牌的精髓，并通过强有力的方式证实它的独特性，从而所向披靡、势不可当。

(二)品牌形象理论

品牌形象理论(brand image)是大卫·奥格威(David Ogilvy)在20世纪60年代中期提出的创意观念。他认为品牌形象不是产品固有的，而是消费者联系产品的质量、价格、历史等因素，从而对产品形成的认知。此观念认为每则广告都应是对整个品牌的长期投资，因此每个品牌、每个产品都应发展和投射一个形象。形象经各种不同的推广技术，特别是广告传达给顾客及潜在顾客。消费者不仅购买产品，还购买商家承诺的物质和心理利益。从消费者做出购买决策层面来说，在广告中传达的与产品有关的事项，比产品实际拥有的物质属性更为重要。

品牌形象理论的基本要素包括以下四个方面：

(1)塑造品牌服务是广告最主要的目标，广告就是要使品牌具有并且维持一个高知名度的品牌形象。

(2)任何广告都是对品牌的长期投资，广告应该尽力维护品牌形象，而不惜牺牲追求短期效益的诉求重点。

(3)由于随着同类产品的差异性减小，品牌之间的同质性增大，消费者选择品牌时所用的理性减少，因此描绘品牌的形象要比强调产品的具体功能特性重要得多。

(4)消费者购买产品时追求的是"实质利益＋心理利益"。对某些消费群体来说，广告尤其应该运用品牌形象来满足其心理需求。

进行品牌形象研究，即通过市场分析工具，在解析不同消费者产生的品牌印象的基础上，描绘出某一品牌的特有气质，从而为品牌资产的管理者提供决策依据。品牌形象不是自发形成的，而是一个系统工程，涉及产品、营销、服务各方面的工作，品牌形象的塑造需要企业全体员工长期的坚持努力，创造一个能够吸引潜在顾客的品牌形象是企业制胜的关键。

(三)定位理论

定位理论由美国著名营销专家艾·里斯(AlRies)与杰克·特劳特(Jack Trout)于20世纪70年代提出。

里斯和特劳特认为，定位要从一个产品开始。那产品可能是一种商品、一项服务、一个机构，甚至是一个人，也许就是你自己。但是，定位不是你对产品要做的事，而是你对预期客户要做的事。换句话说，你要在预期客户的头脑里给产品定位，确保产品在预期客户头脑里占据一个真正有价值的地位。

定位理论的核心是"一个中心，两个基本点以"打造品牌"为中心，以"竞争导向"和"消费者心智"为基本点。

定位是定位理论中最核心、最基础和出现最早的概念和观点，定位这个概念和观点奠定了定位理论的基础，因此人们把这种视心智为战场、打造品牌就是要在这场心智战争中取得主导地位的理论称为定位理论。

定位理论指出，消费者往往排斥过多的信息、品牌，消费者在购买某类别或特性商品时，更多地会优先选择该类别或特性商品的代表品牌，如购买可乐时，会选择可口可乐；购买创可贴时，会选择邦迪；购买安全的汽车时，会选择沃尔沃（Volvo）。此时，企业经营要由市场转向消费者心智，企业要全力以赴，让品牌在消费者的心智中占据某个类别或特定的地位，即成为该品类或特性商品的代表品牌，让消费者产生相关需求并成为其首选。表 2-1 所示为定位理论的演进。

定位是指将要对潜在顾客所做的事，是在潜在顾客心理上所下的功夫。即定位是找区别，定位是重新制定标准。成功的路有很多，要善于寻找别人还没有走的路。

表 2-1 定位理论的演进

理论演进	USP 理论	品牌形象理论	品牌定位论
代表人物	罗瑟·里夫斯	大卫·奥格威	艾·里斯与杰克·特劳特
产生时间	20 世纪 50 年代	20 世纪 60 年代	20 世纪 70 年代
主要观点	以产品特性为独特卖点	将塑造产品形象作为长远投资	占据心理第一位置
方法和依据	实证	精神、心理满足	差异化
沟通特点	实物	艺术、视觉吸引	心理认同

二、品牌定位的内涵

品牌定位是在综合分析目标市场与竞争情况的前提下，建立一个符合原始产品的独特品牌形象，并对品牌的整体形象进行设计、传播，从而在目标消费者心中占据一个独具价值的地位的过程或行动。简言之，品牌定位是指为某个特定品牌在潜在顾客的心目中确立一个适当的位置。品牌借助于持续、简单的信息在顾客心中立足，占据一个位置，即让企业在顾客心智中拥有一个字眼，一个独一无二的品牌联想。对品牌进行定位时，必须挖掘消费者的兴趣点，当消费者产生这一方面的需求时，首先就会想到本品牌产品，为自己的品牌在市场上树立一个明确的、有别于竞争对手的、能满足消费者需要的形象，其目的是在潜在消费者心中占据一个有利的位置。当某种需要突然产生时，比如在炎热的夏天突然口渴时，人们会立刻想到清凉爽口的可口可乐。

品牌定位是市场定位的核心和集中表现。企业一旦选定了目标市场，就要设计并塑造自己相应的产品、品牌及企业形象，以获得目标消费者的认同。由于市场定位的最终目标是实现产品销售，品牌不仅是企业传播产品相关信息的基础，还是消费者选购产品的主要依据，因而品牌是产品与消费者之间的桥梁，品牌定位是市场定位的核心和集中表现。品牌定位的目的就是将产品转化为品牌，以利于被潜在顾客正确认识。

三、品牌定位的作用

品牌定位对企业来说是至关重要的，品牌定位的作用包括以下几个方面：

（一）品牌定位是形成市场区别的根本

准确的品牌定位能将自己的品牌与其他品牌区别开来，从众多同类或同行业的品牌中脱颖而出，从而在消费者心目中占据一定的地位。例如，五谷道场方便面把自己定位为"非油炸"方便面，把自己与传统的油炸方便面区分开，迅速占据消费者的心智，从而很快成为非油炸类方便面的第一品牌。试想，如果五谷道场将自己定位为传统的方便面，那么它无论怎么做都很难改变"康师傅"在消费者心目中第一品牌的地位，更不能占据消费者的心智。

（二）品牌定位有利于树立品牌的形象

品牌定位是针对目标市场及目标消费者确定和建立独特的品牌形象的结果，它是人们在看到、听到某一品牌后产生的印象，是消费者通过感觉、认知和理解品牌，从而在脑海中储存起来的、与品牌相关的信息。品牌定位是指对企业的品牌形象进行整体设计，从而在目标消费者的心中占据一个独特的、有价值的地位。如孔府家酒的定位为"叫人想家的酒"，那么它在消费者心目中就会留下一个"顾家、爱家、保守"的品牌形象。

（三）品牌定位有利于塑造品牌的个性

品牌定位不但有利于向消费者提供个性化的服务，而且有利于塑造品牌的个性。品牌和人一样都是有个性的，品牌个性的形成与其定位是息息相关的，也可以说品牌定位是品牌个性形成的前提和条件。品牌的定位不同，体现的个性就不同。如万宝路香烟最初的定位是女性香烟，它体现的是"前卫、时尚、有女人味"的品牌个性，后来它又将自己定位为男性香烟，体现的是"有男子气概、粗犷、强壮、豪放"的品牌个性，与前者截然不同。

（四）品牌定位有助于与消费者沟通

说得通俗一点，品牌定位就是企业弄明白"我是谁、我该怎么做、我要做什么"的过程。要想与消费者沟通，得到消费者的认可，首先要告诉消费者"我是谁""我能为你做什么"——品牌定位。只有说清楚你是谁，消费者才能根据自己的情况，看看是不是需要你，要不要接触你、了解你。例如，佳洁士告诉消费者自己是"防蛀牙专家"，又通过做实验的广告画面传播来证明自己能做什么，从而与消费者进行有效的沟通。

（五）品牌定位有利于品牌的整合传播

企业不仅要进行品牌定位，还必须进行有效的传播。所谓品牌传播，就是通过广告、公关等手段，向消费者宣传企业设计的品牌形象，以获得消费者的认同，并在消费者心目中确立一个企业刻意营造的形象的过程。品牌定位与品牌传播在时间上存在先后的问题，正是这种先后次序决定了二者之间相互依赖、相互制约的关系。只有通过品牌传播，才能实现品牌定位的目的，即在消费者心中占据一个独特的、有价值的位置。如果不能及时准确地将企业设计的品牌形象传递给消费者并求得认同的话，那么该定位就是无效的。在当今竞争如此激烈的市场中，只有整合营销传播才能使品牌定位真正有效；相反，如果品牌定位不准，那么再好的传播也很难达到预期的效果。传播依赖品牌定位，也是为品牌定位服务的。没有品牌定位，传播就会缺少针对性，更难以拥有系统性和一致性，会导致品牌在消费者心目中留下不统一或不好的品牌形象，因此品牌定位是品牌整合传播的基础。

（六）品牌定位有利于企业占领市场和开发市场

品牌拥有成功的定位，对企业占领市场、开发市场具有很大的引导作用。品牌定位已远远超出了产品本身的功能，产品只是品牌定位的物质载体，人们使用某种产品在很大程度上是因为受到品牌定位所表达的情感诉求影响。万宝路香烟最初问世时，将女性烟民作为目标市场，而女性烟民不稳定，且重复消费率低，致使万宝路从问世以来一直默默无闻。在这种情况下，万宝路改变品牌形象，将目标市场重新改为男性烟民。在品牌塑造中，以铁骨铮铮的男子汉为品牌形象的代言人。这一品牌定位改变了过去女性化的品牌形象。新品牌形象一问世，就受到了男性烟民的青睐，给万宝路带来了巨大财富。由于品牌诉求发生变化会带来截然相反的市场反应，因此品牌定位直接影响市场的开发。

第二节　品牌定位的过程

> **经典案例**
>
> ### 王老吉的品牌定位
>
> **背景**
>
> 王老吉起源于清朝道光年间，至今已有 180 多年的历史。20 世纪 50 年代初，政治因素导致王老吉药号分成两支：一支被政府收编归入国有企业，发展为今天的王老吉药业股份有限公司（原羊城药业），主要生产王老吉牌冲剂产品（国药准字）；另一支被王氏家族的后人带到香港。在中国内地，王老吉的品牌归王老吉药业股份有限公司所有；在中国内地以外有凉茶市场的国家和地区，王老吉的品牌基本上都为王氏后人所注册。加多宝是位于东莞的一家港资公司，由香港王氏后人提供配方，经王老吉药业特许在内地独家生产、经营红色罐装王老吉凉茶（食健字号）。

从表面上看，红色罐装王老吉凉茶（以下简称红色王老吉）是一个很不错的品牌，销量稳定，盈利状况良好，有比较固定的消费群，销售业绩连续几年维持在1亿多元。发展到这个规模后，加多宝的管理层发现，要把企业做大，要走向全国，他们就必须克服一连串的问题，甚至连原本的一些优势也成为阻碍企业继续成长的因素。在所有问题中，最核心的问题是企业不得不面临一个现实难题——把红色王老吉当传统"凉茶"卖，还是当"饮料"卖？

在红色王老吉前几年的推广中，消费者不知道为什么要买它，企业也不知道怎么去卖它。在这样的状态下，红色王老吉竟然还平平安安地度过了好几年。出现这种现象，外在的原因是中国市场还不成熟，存在着许多市场空白；内在的原因是这个产品本身具有一种不可替代性，红色王老吉刚好能够填补市场空白。在中国，是容许这样一批中小企业糊里糊涂地赚得盆满钵满的。但在发展到一定规模之后，企业要想做大，就必须搞清楚一个问题：消费者为什么买我的产品？

重新定位

品牌定位的确定，主要通过了解消费者的认知（而非需求），提出与竞争者不同的主张来实现，从而对消费者的心智进行全面研究，研究消费者对产品、竞争对手的认知，以及企业自身的优劣势等。

了解消费者的认知，可以从市场上红色王老吉、竞争者传播出的信息入手，厘清他们在消费者心智中的大概位置，以及他们的优势和劣势。经过调查，消费者的认知和购买行为表明，消费者并不要求红色王老吉有"治疗"效果，而是将其作为一个功能饮料来购买，购买红色王老吉的真实动机是"预防上火"，如希望在品尝烧烤食物时减少上火情况的发生等。真正上火以后可能会采用药物，如牛黄解毒片、传统凉茶类治疗。

再进一步研究消费者对竞争对手的看法，会发现红色王老吉的直接竞争对手，如菊花茶、清凉茶等由于缺乏品牌推广，仅仅是低价渗透市场，并未占据"预防上火"的饮料定位。而可乐、茶饮料、果汁饮料、矿泉水等由于明显不具备"预防上火"的功能，因此与红色王老吉仅仅是间接的竞争关系。

至此，品牌定位的研究基本完成。首先，明确红色王老吉是在"饮料"行业中竞争，其竞争对手应是其他饮料。其次，红色王老吉的品牌定位是"预防上火的饮料"，其独特的价值在于喝红色王老吉能预防上火，让消费者无忧地尽情享受生活：煎炸、香辣美食、烧烤、通宵达旦看足球……

品牌定位的推广

明确了品牌要在消费者心智中占据什么位置，接下来的重要工作，就是推广品牌，让它真正地进入人心，让大家都知道品牌的定位，从而持久、有力地影响消费者的购买决策。

　　紧接着，红色王老吉制定了推广主题"怕上火，喝王老吉"，在推广过程中以红色王老吉为重点。在第一阶段的广告宣传中，红色王老吉都以轻松、欢快、健康的形象出现，强调正面宣传，避免出现对症下药式的负面诉求，从而把红色王老吉和"传统凉茶"区分开来。

　　红色王老吉在电视媒体的选择上，从一开始就锁定了覆盖全国的中央电视台，并结合原有销售区域（广东、浙南）的强势地方媒体，斥巨资购买了中央电视台黄金广告时段。这种急风暴雨式的广告投放方式，使红色王老吉在短期内迅速进入人们的脑海，给人们留下了深刻的印象，迅速红遍全国。

　　在地面推广方面，除了传统渠道的 POP 广告外，红色王老吉还配合餐饮新渠道的开拓，为餐饮企业设计布置了大量终端物料，如设计制作了电子显示屏、灯笼等餐饮企业乐于接受的实用物品，并免费赠送。在传播内容选择方面，由于红色王老吉认为终端广告会直接刺激消费者的购买欲望，因此将产品包装作为主要视觉元素，集中宣传一个信息："怕上火，喝王老吉。"餐饮场所的现场提示，有效地配合了电视广告。正是这种有针对性的推广，消费者对红色王老吉"是什么""有什么用"有了更深、更直观的认知。目前，餐饮渠道已成为红色王老吉的重要销售传播渠道之一。

　　这种大张旗鼓、诉求直观明确的"怕上火，喝王老吉"的广告推广，直击消费者需求，使销售量迅速增加；同时，品牌推广一步步加强了消费者的认知，逐渐为品牌建立起独特且长久的定位，从而真正建立起品牌。

【案例分析】

　　总结起来，加多宝公司成功的关键在于：①对红色王老吉品牌的定位准确。②广告对品牌定位的传播到位，这主要有几点：广告表达准确；投放量足够，确保品牌定位进入消费者心智；量力而行，滚动发展，在区域内确保市场推广力度处于相对优势地位。

　　（资料来源：邓德隆，陈奇峰. 王老吉品牌定位[J]. 哈佛商业评论，2011（5）.）

　　品牌定位是品牌管理的核心工作，定位之于品牌就像方向盘之于轮船，它决定着品牌的传播方向，是品牌创建的基础、核心和保障，更是企业营销因素组合的战略起源。

　　品牌定位是一个系统、有序的工程，必须按科学流程来细致地开展这项工作。应结合企业的战略目标，从分析企业的优势开始，只有经过市场细分、目标市场的选择、目标市场中顾客共同价值观的把握、核心理念的提炼、优秀品牌联想的建立、传播方案的制定、品牌的再定位等一系列环节，以及长期的策划与维护，才能将品牌定位确立起来。

一、企业优势分析

分析企业优势是品牌定位的第一步工作。首先，企业优势分析是制定企业战略的基础。品牌定位的逻辑思路应是：企业战略—营销战略—品牌战略—品牌定位。从这一思路来说，品牌定位是品牌战略的核心，而品牌战略属于企业营销战略的一个方面，营销战略为企业的职能战略，它又从属于企业的总体战略。因此，品牌定位应服从企业的总体战略。一个清晰、完整的企业战略是品牌定位的前提条件，只有拥有了企业总体战略，品牌战略才能存在。按照波特教授的理论，一个企业的总体战略是建立在对该企业自身竞争优势的分析基础之上的。

其次，商场如战场，知己知彼，方能百战不殆。企业必须经常将其产品、价格、渠道和促销等与竞争对手相比较，通过比较，找出其竞争优势和不足之处，从而在消费者心中确立其优势地位。如伊利集团通过与其他同类产品的比较，发现自己的产品具有"奶香浓郁，口感纯正"的独特优势，这一优势来自良好的奶源，来自大草原——它是伊利品牌真正吸引人的精髓。于是，"伊利，都市中的自然感受"就成了伊利品牌的定位，其广告语"心灵的天然牧场"突出了现代都市人对健康绿色生活方式的向往，营造了自己的品牌优势，找到了独特的市场定位。

最后，分析企业自身优势的目的是挖掘企业自身的显在或潜在优势，并将其有效融入品牌定位的过程中，从而塑造出个性化的品牌。如百事可乐公司发现自己较短的生产历史竟是一种优势，于是将百事可乐定位为"新一代可乐"，成了"年轻、活泼、时代"的象征；奔驰公司的优势是世界一流的生产技术并且以精雕细琢见长，它被内化为具有"高技术、杰出表现和成功""世界上工艺最佳的汽车"等特性的享誉世界的品牌。

二、市场细分与选择目标市场

市场细分的理论基础来自波特教授的差异化和集中化战略——寻找差异并把企业有限的资源集中用在最需要的地方。一个企业不论它的规模有多大，它所拥有的资源相对于消费需求的多样性和可变性总是有限的，因此它不可能满足市场上的所有需求，它必须针对某些自己拥有竞争优势的目标市场进行营销，目标市场顾客群是企业资源的重点投入对象。可以将现代营销战略的核心描述为 STP 营销，即市场细分（segmenting）、选择目标市场（targeting）和品牌定位（positioning），它们是企业营销活动前奏中逐步深入的三部曲。在这三部曲中，市场细分与选择目标市场是品牌定位的前提，品牌定位则是结果，离开前两项基础工作，品牌定位将无从谈起。

市场细分的目的是根据企业自身的实力，确定企业进入的目标市场，两者存在先后顺序，同时又相互区别，市场细分是分析的过程，而确定目标市场是决策的过程。

世界著名 Lee 牌牛仔服的成功得益于它的市场细分策略，在占领男性市场后，它没有继续开拓空间已经很大的男性市场，而是把目光瞄准一直被忽视的女性市场。大多数女性都需要一件腰部和臀部都很合身而且活动自如的牛仔服，于是 Lee 牌牛仔服聪明地定位于此，在产品设计上一改传统的直线裁剪，突出女性的身材和线条，在广告上充分体现 Lee 牌牛仔服恰到好处的贴身设计和穿脱自如的特点。"最贴身的牛仔"，一个"贴"字将 Lee 牌牛仔服与众不同的定位表达得淋漓尽致。

三、分析目标市场内顾客价值观

目标市场确定后，必须透过消费者表层、多变的行为和需要，寻找到其内心根深蒂固的价值需要。定位理论的鼻祖艾·里斯和杰克·特劳特《新定位》一书中，一再强调定位的重心在于消费者心灵，对消费者心灵把握得越准，定位策略就越有效。"定位不在产品本身，而在消费者心底。"无论企业定位技巧多高明，其成功的关键还是迎合消费者的心理。因此，把握目标市场的顾客心理需求活动是品牌定位最重要的环节。由于消费者的心理需求特征纷繁复杂，纯粹地分析消费者心理需求是比较困难的，对此进行量化也不是容易的事，而分析消费者价值观是一种可行的方式，这是因为无论消费者购买什么样的产品，其购买决策往往源于共同的内在驱动因素——消费者自身的价值观，这使同一类型的消费者在购买不同类别的商品时体现出很高的相似性。例如，一个充满活力、追求新潮的高中生可能会选择耐克的运动鞋、索尼的 MP 播放器和 Swatch 的手表，而一位精力充沛、事业有成的年轻企业家可能会选择宝马汽车、劳力士手表和登喜路西装等。

价值观是人们对事物一致且稳定的看法，是人和社会精神文化系统中深层的、相对稳定并起主导作用的成分，是人心理活动的中枢系统。分析消费者价值观是为了发现目标顾客群对事物的判断标准，解读他们的主要需求，为定位提供足够的心理依据。

四、提炼品牌核心价值

目标市场内顾客价值观不是一模一样的，不同个体的消费者即使面对统一的需求，也会存在着需求心理上的差异。对品牌定位工作而言，重要的是提炼这些不是很一致的价值观，以形成集中、单一和稳定的顾客核心价值。在此基础上，再根据企业的财力、技术能力和销售能力等确立品牌的核心价值。从目标市场顾客的核心价值到品牌核心价值的形成，对品牌建设具有重要的意义，一个品牌如果不具备或没有明确的核心价值，就失去了竞争的基础。核心价值是品牌资产的主体部分，它让消费者明确、清晰地识别并记住品牌的利益点与个性，是驱动消费者认同、喜欢乃至爱上一个品牌的主要力量。核心价值也是品牌的终极追求，是一个品牌营销传播活动的原点，企业的一切营销活动都是对品牌核心价值的体现与演绎，并丰满和强化品牌核心价值。品牌的核心价值一旦提炼成功，在以后的十年、二十年，乃至上百年的品牌建设过程中，就要始终不渝地坚持这个核心价值。只有这样，核心价值才会在消费者大脑中烙下深深的印记，并成为品牌最有感染力的内涵。在汽车领域，劳斯莱斯的核心价值是"皇家贵族的座驾"；宝马的核心价值是"驾驶的乐趣和潇洒的生活方式"；沃尔沃则定位于"安全"。这三大汽车品牌的所有营销策略都是围绕着其品牌的核心价值展开的，尽管它们的广告不停地换，但换的只是表现形式，其核心价值始终如一。

提炼品牌核心价值的目的在于满足消费者精神层面的需求，使消费具有价值感、社会归属感和满足感，是需求从物质层面向精神层面跃升的主要表现方式。如果核心价值定位不准，品牌构成要素之间就容易失去重心，无法形成稳固的关系，使品牌在消费者心目中变得模糊起来，最终导致品牌形象的失败。

明确的核心价值需要用简洁的语言来表达，这便成了品牌定位的核心理念。"IBM就是服务"是IBM对顾客的承诺，也是IBM经营理念的浓缩。虽然核心理念来源于品牌的核心价值，但又不同于品牌的核心价值，它以品牌的核心价值为基础，是赋予品牌人格化的重要手段，是品牌定位的灵魂。它具有两个特征：与消费者共鸣和决定企业的价值取向。它能持续不断地形成本品牌和竞争品牌的差异化，能不断激励企业员工和合作者。即使非常简单的话，比如"做得更出色"或"走不同的路"等，也会对认真思考和品味其中含义的人们有所启发。

五、建立优秀的品牌联想

提炼了品牌核心理念之后，企业要做的工作是把自己的品牌核心理念传达给顾客。由于核心理念过于抽象，想要直接进入消费者的心里，占领消费者的心智较为困难，因此，必须依据品牌的核心理念对品牌进行设计与包装，创造其识别特征，以塑造品牌形象。品牌定位的一个重要任务就是把品牌理念和品牌识别特征有机地结合起来，然后主动地与目标受众进行交流。如果说品牌理念是品牌和消费者交流的内核，那么品牌识别就是品牌和消费者交流的语言。这种识别特征有效传达给消费者后就可以形成品牌联想。优秀的品牌联想可能会成为关键的竞争优势，它为竞争者制造了一道无法逾越的障碍，为消费者提供了购买理由，为品牌打下了延伸基础，使品牌具有了鲜活生动的情感和生命，使消费者产生亲近感，从而有利于实现双向交流。如提起麦当劳，人们立刻会联想到金黄色的 M 形双拱门和小丑打扮的麦当劳叔叔。鲜明的品牌视觉形象是麦当劳实现一致性的识别体系。这不仅是一种服务商标——有麦当劳的特许经营权，而且意味着麦当劳的一整套风味独特的快餐美味——有麦当劳店堂里温馨祥和的欢乐气氛，有麦当劳的高质量产品和服务。

六、有效地传播品牌定位理念

虽然品牌具有核心价值和核心理念，并建立了自己的识别特征，但消费者不一定知道，企业必须通过一定的方式及时准确地将核心价值和核心理念"告诉"目标顾客并求得认同。这就是说，企业不仅要制定一个明确的核心价值和核心理念，还必须有效地传播这一核心价值和核心理念，品牌传播的过程就是品牌展现的过程。品牌展现就是将品牌的内在核心价值，以品牌名称为聚焦点，系统地展示给社会公众。这实际上是一个将品牌核心价值与消费者心理进行联结的过程，因此是品牌定位必不可少的重要阶段。虽然品牌展现包括广告展现、公共关系展现、人员推广展现和促销展现等方式，但无论采用哪种展现方式，品牌展现的各种方式都应密切配合、协调一致，传达给社会公众的都应是相同的内容，只有这样才能保证品牌形象的一致性。另外，品牌核心价值和核心理念确定以后，一旦得到市场认同，就应保持其相对稳定性。也许在此期间市场竞争和消费者需求会发生某些变化，企业可以据此做出调整，但切忌不要轻易否定自己的核心价值和核心理念，否则会前功尽弃。例如，案例中的麦当劳变脸行动，在这场变脸行动中，变化的是快乐的外在形象：口号、音乐、广告、代言人，不变的是麦当劳的心：标准化的服务，营造快乐的品牌理念。

七、强化定位理念

定位一旦确定，就需要坚持不懈地向目标顾客反复传播，目的是让顾客形成特定的心理烙印。比如，提到奔驰就想到成就、稳重。可以把这种反复强化定位理念，形成深刻印象的过程比喻为"心理注册"。在工商管理机构注册只是获得品牌的法律保护权利，在顾客心里完成注册才是真正占领了细分市场，这就是品牌定位的最终目的。其直接的效果就是，细分市场中的顾客一旦产生购买欲望，第一个想到的就是你的品牌。强化定位理念有两个关键：一是不断重复；二是一致性。企业的营销活动都要体现、演绎出品牌的定位理念，即从原料采购、产品研发、包装设计，到电视报纸、电台广告、海报挂旗、促销品、新闻炒作、软文宣传、通路策略、终端生动化、街头促销，再到售后服务，甚至每次接受媒体采访、与客户沟通等任何与公众、消费者沟通的时候，都要演绎出品牌的定位理念，从而使消费者每次接触品牌时都能感受到该品牌的定位理念。这就意味着每一分的营销广告费都在加深消费者大脑中对品牌定位理念的记忆与认同，都在为品牌做加法。以沃尔沃为例，在汽车行业中，沃尔沃是"安全"的代名词，"安全"是沃尔沃的核心价值，沃尔沃强调安全，并不意味着乘坐沃尔沃就不舒服，也不是说沃尔沃就没有驾驶的乐趣，只是为了在汽车品牌间突出沃尔沃的个性。沃尔沃始终维护这一核心定位理念，它每年都要投入巨额的研发费用，注意相关安全事件。英国王妃戴安娜因为车祸而不幸辞世，在事件发生后的第三天，《澳门日报》上就登出了一篇文章：如果戴安娜王妃乘坐的是沃尔沃，她还会香消玉殒吗？文章从技术角度进行了洋洋洒洒的分析，最后得出结论：以沃尔沃的安全技术，如果戴安娜王妃当时坐沃尔沃，就能保住性命。当时所有的报纸都在说，戴安娜王妃坐的是一辆奔驰车，不言而喻，这篇文章在告诉人们，奔驰不如沃尔沃安全。沃尔沃就这样抓住每个与汽车安全有关的重大事件，把沃尔沃品牌的核心定位理念表达得淋漓尽致。

八、品牌的再定位

消费者的需求是不断变化的，市场形势也变幻莫测。品牌最初的定位失误，或者即使最初定位是正确的，但随着市场需求的变化，原来的定位无法再适应新的环境，这些都不利于企业的发展。因此，企业需要根据市场情况（环境）的变化不断调整其原来的定位，使品牌永远具有市场活力。任何以不变应万变的静态定位思想都将使品牌失去活力，最终被市场淘汰。品牌的再定位并非品牌更新，它并不意味着品牌经营者马上就放弃现在的品牌定位。任何企业的任何品牌都不可能通过一次过程就完成正确定位，成功的品牌定位不是一成不变、一劳永逸的，只有经历反复过程才能实现。

品牌定位是创建品牌的基础，一个清晰、有效的品牌定位可以准确地向消费者传递商品的信息，告诉消费者购买的理由，使消费者产生购买欲望。要进行准确的品牌定位，企业不仅要对自己品牌和竞争对手品牌的当前形象和目标形象有透彻的了解，而且要透彻地了解消费者的需求，并持之以恒、前后一致地进行营销宣传。品牌定位不能一劳永逸，要随消费者的需求变化做出调整，以保持品牌形象不被老化。

第三节　品牌定位的方法

品牌定位的目的在于塑造独特的品牌形象，创造个性鲜明的品牌。由于品牌定位是一个动态的过程，所以，品牌定位的方式有很多种，没有一个固定、统一的模式。假如存在固定模式，品牌之间的差异性就会大大减少，品牌的个性就会减弱，影响力也会随之减弱。以下介绍一些常见的品牌定位方法，品牌定位方法可以单独使用，也可以相互组合使用，以达到更好的效果。

一、领导者定位

领导者定位也叫首席定位或者领先者定位，就是追求成为行业或者某一方面"第一"的市场定位。即通过强调品牌在同行业或同类产品中的领导、专业地位，如宣称"最前卫""销量第一"，达到强化品牌认知和定位的目的。

领导者定位的依据是人们对"第一印象"最深刻的心理规律。例如，第一个登上月球的人，第一次成功或失败，等等。尤其是在现今信息爆炸的社会里，各种广告、品牌多如过江之鲫，消费者对大多数信息毫无记忆。据调查，一般消费者只能回想起同类产品中的七个品牌，而第二个回想起来的品牌销量往往只是第一个回想起来的品牌销量的一半。如施乐在复印机品牌中名列第一，虽然 IBM 的总体实力比施乐公司要雄厚得多，但 IBM 公司生产的复印机总是无法与施乐竞争。因此，领导者定位能使消费者在短时间内记住某品牌，并为该品牌产品以后的销售打开方便之门。

但是，在每个行业、每一产品类别里，"第一"只有一个，而厂商、品牌众多，并不是所有的企业都有实力使用领导者定位策略，只有那些规模巨大、实力雄厚的企业，才有能力使用。对大多数厂商而言，重要的是发现本企业产品在某些有价值的属性方面的竞争优势，并取得第一的定位，而规模不必最大。如七喜汽水是非可乐型饮料领域的第一、迪阿牌（Dial）香皂是除臭香皂领域的第一等。采用这种定位策略，能使品牌深深印在消费者的脑海中。

二、比附定位

比附定位是通过与竞争品牌的比较来确定自身市场地位的一种定位策略，其实质是一种借势定位或反应式定位。借竞争者之势，衬托自身的品牌形象。企业通过各种方法，和同行中的知名品牌建立一种内在联系，使自己的品牌迅速进入消费者的心智，占据一个稳定的位置，借名牌之光使自己的品牌生辉。其主要有以下三种形式。

（一）甘居第二

甘居第二就是明确承认同类产品中另有最负盛名的品牌，自己只不过是第二而已。这种策略会使人们对公司产生一种谦虚诚恳的印象，相信公司所说的是真实可靠的，同时迎合了人们同情弱者的心理，使消费者对这个品牌的印象更深刻。美国阿维斯出租汽车公司将定位改为"我们是老二，我们要进一步努力"之后，品牌知名度反而得到很大提升，赢得了更多的忠诚客户。

（二）攀龙附凤

攀龙附凤就是认可同类产品中已卓有成就的品牌，本品牌虽自愧弗如，但在某一地区或在某一方面还可以与这些最受消费者欢迎和信赖的品牌并驾齐驱、平分秋色。内蒙古宁城老窖打出的广告语"宁城老窖——塞外茅台"，采用的就是这一策略。

（三）进入高级俱乐部

公司如果不愿居于第二或攀龙附凤，也可以利用模糊数学的方法，借助于群体的声望，把自己归入高级俱乐部式的品牌群体中，强调自己是这一群体的一员，从而提高自己的形象和地位。美国克莱斯勒汽车公司宣称自己是美国三大汽车公司之一，使消费者感到克莱斯勒和第一、第二名一样，都是知名轿车，同样收到了良好的宣传效果；洋河、黄鹤楼等强调自己是十三大中国名酒之一和白酒业十大创新品牌之一；枝江酒业宣传自己已成为中国白酒工业十强企业，是全国五一劳动奖状获得者；稻花香广而告之自己是中国驰名商标，"浓浓三峡情，滴滴稻花香"；白云边在报刊上也宣传了其"中国十大口感好酒，十大历史文化名酒"的称誉；海尔、长虹对媒体郑重宣布自己已进入世界500强之列。

（四）比附定位的优势

（1）比附定位有利于品牌的迅速成长，更适合品牌成长初期。

（2）比附定位有利于避免企业受到攻击，防止失败。

（3）比附定位并非真正的谦虚。

三、空当定位

空当定位，即寻找为许多消费者所重视但尚未被开发的市场空间。任何企业的产品都不可能占领同类产品的全部市场，也不可能拥有同类产品的所有竞争优势。市场中的机会无数，关键在于企业是否善于发现机会。善于寻找和发现市场空当是品牌定位成功的关键。

企业要采用这种策略，就必须对以下三个问题有足够的把握：

（1）新产品在技术上是可行的。

（2）新产品的价格水平在经济上是可行的。

（3）有足够的消费者。

一般说来，市场空当主要有以下几种：

（一）时间空当

有些纺织服装企业在夏季推出羽绒服、羽绒被、毛衣、毛裤；有些空调厂、雪糕厂在夏季来临之前加大品牌宣传力度，或者在冬季销售其产品；当棉纺织品渐渐被人们淡忘、化学合成纤维风靡市场的时候，有些商家却推出了纯棉制服，令人耳目一新。这些都是利用时间空当的典型例子。

（二）年龄空当

年龄是人口细分的一个重要变量。企业可以根据产品的竞争优势，寻找被同类产品忽视的年龄段，为自己的品牌定位。可口可乐推出的酷儿牌果汁，在营销界堪称成功的典范，其获得成功的一个重要原因是瞄准了儿童果汁饮料市场无领导品牌这一市场空当。

（三）性别空当

现代社会，男女地位日渐平等，很多行业对性别的要求已不再那么严格。对某些品牌来说，塑造一定的性别形象，有利于维护稳定的顾客群。如西装要体现男士的干练稳重，纱裙则强调女性的柔美端庄。万宝路是男性香烟市场的领导者，至今难有品牌撼动它的独尊地位。

（四）使用量上的空当

消费者的消费习惯各不相同，有人喜欢小包装，常用常买，方便携带；有人喜欢大包装，一次购买，长期使用。利用使用量上的空当，有时候会收到意想不到的效果。例如洗发水，有 2 mL 的小包装，也有 500 mL 的大包装，不同的包装可以满足不同消费者的需要，从而增加销售量。为了在葡萄酒高端市场有所作为，张裕卡斯特酒庄的一款新品就采取了全新的直销模式——整桶订购，每桶售价在 8 万元左右。由于这种直销设定的最小交易单位为桶（每桶 225 L，相当于 300 瓶 750 mL 的瓶装酒），因而俗称酒庄酒论桶卖。

（五）高价市场空当

依据商品的价位，可以将市场分为高价市场和低价市场。将手表、香水等产品定位于高价市场往往能收到很好的效果。例如，"世界上最贵的香水只有快乐牌（Joy）""为什么你应该投资于伯爵表（Piaget），它是世界上最贵的表"。高价策略也称撇脂定价策略。企业为了追求利润最大化，在新产品上市初期，会利用顾客的求新心理，将产品价格定得较高。美国的雷诺公司、杜邦公司、拍立得公司等都运用过这种策略。例如，1945 年雷诺公司从阿根廷引进了原子笔生产技术，虽然投资金额在 26 万美元左右，每支笔的生产成本只有 0.8 美元，却将售价定为 12.5 美元。半年之后，雷诺公司不仅收回了全部投资，而且获得了近 6 倍于投资金额的利润。

（六）低价市场空当

低价市场的产品一般是大众化产品，消费者在购物时首先想到的就是位于低价市场的品牌。在中国，人们谈到速溶咖啡，首先想到的是雀巢；但一谈到低价速溶咖啡，首先会想到力神。虽然国产的低价速溶咖啡很多，但从目前来看，力神占领了低价市场空当。

四、USP 定位

USP 理论，即"独特的销售主张"，包括独特性、销售点、劝说力三个基本要点。品牌的 USP 定位就是寻找品牌迎合消费者需要的、竞争对手不具备或没有诉求过的、独一无二的部分，以利于从众多品牌中脱颖而出。品牌应用 USP 定位的案例俯拾皆是，遍布所有行业。例如，高露洁牙刷的"360°软刷，可触及牙齿、舌头、口腔内壁、牙龈"；纳爱斯齿清海洋牙膏的"添加螺旋藻精华，有营养，清新更持久"；全新力士的"修复染发五大伤害，持久防护"；巴黎欧莱雅的"含法国孚日山 SPA 矿泉水，锁住水分"；全新伊卡璐的"含活力西柚，让秀发起舞"；泰诺的"泰诺感冒药，30 分钟起效，治感冒'快'用泰诺"；神舟优雅笔记本电脑的"双核动力，超薄优雅"；康佳铂晶彩电的"120 Hz，更清晰"；美的电磁炉的"百芯线圈，猛火炒佳肴"；云南白药创可贴的"有药好得更快些"。

USP 定位包含三个方面的内容：一是要向消费者传递一种主张、一种忠告、一种承诺，告诉消费者购买产品会得到什么样的利益；二是这种主张应是竞争对手无法提出或未曾提出的，应独具特色；三是这种主张应该以消费者为核心，易于理解和传播，具有极大的吸引力。

在汽车市场，宝马宣扬"驾驶的乐趣"，马自达突出"可靠性"，丰田注重"跑车外形"，沃尔沃定位于"安全"，菲亚特代表着"精力充沛"，奔驰是"高贵、王者、显赫、至尊"的象征。

经典案例

"采乐"去屑，挖掘药品新卖点

在 10 多年的时间里，以营养、柔顺、去屑为代表的宝洁"三剑客"——潘婷、飘柔、海飞丝占领了中国洗发水市场的大部分份额。想在洗发水领域有所发展的企业无不被这三座大山压得喘不过气来，无不生存在宝洁的阴影里难见天日。后期"舒蕾""风影""夏士莲""力士""花香"等品牌的加入，更让诸多洗发水品牌难以有所突破。"采乐"出山之际，国内去屑洗发水市场已相当成熟，从产品的诉求点看，似乎已无缝隙可钻。而西安杨森生产的"采乐"去头屑特效药，上市之初便顺利切入市场，销售量不断增加。

"采乐"的突破口便是治病。它的成功主要来自产品创意——把洗发水当药来卖。同时，基于此的别出心裁的营销渠道，即"各大药店有售"也功不可没。

去头屑特效药在药品行业找不到强大的竞争对手，在洗发水的领域更是如入无人之境！"采乐"找到了一个极好的市场空白地带，并以独特的产品品质，成功地占领了市场。

"头屑是由头皮上的真菌过度繁殖引起的，清除头屑应杀灭真菌；普通洗发只能洗掉头发上的头屑，我们的方法是治标先治本，从杀灭头发上的真菌入手，针对根本。"

以上独特的产品功能诉求，有力地抓住了目标消费者的心理需求，使消费者要从根本上解决头屑问题时，忘记了去屑洗发水，想起了"采乐"。

五、消费者定位

消费者定位是指直接以某类消费群体为诉求对象，强调某产品专为该类消费群体服务，以此获得目标消费群体的认同。把品牌与消费者结合起来，有利于增强消费者的归属感，使其产生"我自己的品牌"的感觉。例如，海澜之家的定位为"男人的衣柜"，哈药的护彤定位为"儿童感冒药"。

消费者定位是指对产品潜在的消费群体进行定位。对消费对象的定位也是多方面的，比如从年龄上，有儿童、青年、老年之分；从性别上，有男人、女人之分；从消费上，有高、低之分；从职业上，有医生、工人、学生之分等。成功运用消费者定位，可以将品牌个性化，从而树立独特的品牌形象和品牌个性。因为耐克以喜爱运动的人，尤其是乔丹的热爱者为目标消费者，所以它以乔丹为广告模特。广告不仅淋漓尽致地展现了乔丹的英姿，将其拼搏进取的精神、积极乐观的个性融入耐克之中，而且成功地树立了耐克经久不衰的品牌形象；百事可乐定位于"新一代的可乐"，抓住了新生代崇拜影视偶像的心理特征，请迈克·杰克逊做广告代言人，使新生代成了百事可乐的"粉丝"，而百事可乐也成了"年轻、活泼、时代"的象征。

六、情感定位

情感定位是指通过产品直接或间接地给消费者带来情感体验，从而进行定位。

市场营销专家菲利普·科特勒认为，人们的消费行为变化分为三个阶段：第一阶段是量的阶段；第二阶段是质的阶段；第三阶段是感情阶段。在第三个阶段，消费者看重的已不是产品的数量和质量，而是产品与自己的亲密程度，或是为了得到某种情感上的满足，或是追求商品与自我理想的融合。显然，情感定位是品牌诉求的重要支点，情感是维系品牌忠诚度的纽带。

如果一种品牌不能引起消费者的深度情感共鸣，品牌就难以获得消费者的信任。通过丰富品牌文化内涵，以情营销，可以培养消费者对品牌的情感，加强消费者对品牌的忠诚度。只有不断增强品牌的人性化创意和审美特性，占据消费者的心智，激起消费者的联想和情感共鸣，才能引起消费者的兴趣，促进购买。比如"太太口服液"通过"做女人真好""让女人更出色""滋润女人，让美丽飞扬"等诉求来满足女性精神需求，加之"太太"这一品牌本身隐含的"高贵、典雅、迷人、温柔"的感情形象，因此其几十年来在保健品市场占据着一席之地，获得国内消费者的普遍认可。

"娃哈哈"是几十年来中国市场上命名最成功的品牌之一。这一命名之所以成功，是因为其除了通俗、准确地反映了一个产品的目标对象外，最关键的一点是将一种祝愿、一种希望、一种消费方式与儿童的天性相结合并作为品牌命名的核心，从而使"娃哈哈"这一名称精准地传达了上述形象及价值，这种对儿童天性的开发和祝愿又恰恰是该品牌形象定位的出发点。

七、利益定位

利益定位也称功能定位，就是根据产品所能满足的需求或所提供的利益、解决问题的程度来定位。进行定位时，向顾客传达单一的利益，还是传达多重利益并没有绝对的定论。但由于消费者能记住的信息是有限的，往往只对某一强烈诉求产生较深的印象，因此，向消费者承诺一个利益点的单一诉求更能突出品牌的个性，获得成功的定位。例如，高露洁的利益承诺是"我们的目标是——没有蛀牙"；飘柔的利益承诺是"柔顺"；海飞丝的利益承诺是"去头屑"；潘婷的利益承诺是"健康亮泽"；霸王的利益承诺是"中药防脱发"；金嗓子喉宝的利益承诺是"保护嗓子，就选金嗓子喉宝"。

我国香港手表制造商针对瑞士、日本手表的单一功能定位，推出了多功能定位的手表，设计制作了时装表、运动表、笔表、链坠表、情侣表、儿童表、计算表、打火表、时差表、报警表、里程表等，凭借功能定位，香港手表畅销全世界，获得空前成功。

王老吉成功运用了功能定位策略，广告语"怕上火，喝王老吉"红遍了大江南北。凭借其明确的功能定位，王老吉销售额直线上升，从1亿、5亿，到10亿，王老吉俨然成了凉茶的代名词，一个多年的区域性品牌一跃成为全国性的知名品牌。当困了、累了的时候，消费者会想到喝红牛；当上火时，消费者会想到喝王老吉。情景性消费与功能定位有效对接，并以此占据消费者的心智。

八、文化定位

将某种文化内涵注入品牌之中形成文化上的品牌差异，称为文化定位。文化定位不仅可以大大提高品牌的品位，而且可以使品牌形象独具特色。比如我们在喝可口可乐，或者在吃麦当劳、肯德基的时候，不仅是在解渴求饱，同时也是在进行一种代表美国文化的消费，这种消费代表了一种文化、一种身份、一种时尚、一种观念。

只有民族的，才是世界的。如中国"景泰蓝"和法国"人头马"，无不承载了深厚的民族文化特色；无锡的"红豆"服装品牌和绍兴的"咸亨"酒店，分别借助于人们早已熟悉和热爱的曹植和鲁迅的名篇挖掘出中华文化的精髓；"金六福——中国人的福酒"，这种定位已将品牌文化提升为一种民族的"福"；柒牌服饰以中国文化打动世界，情系"中国心、中国情、中国创"，抒发出"立民族志气，创世界品牌"的豪情，并提出了"中国，才是美"的口号；"全聚德"烤鸭、"狗不理"包子等百年老字号，都是融入了中国传统的独特文化因子才产生了如此巨大的影响力。

九、质量/价格定位

质量/价格定位，即结合对照质量和价格来定位。质量和价格通常是消费者最关注的要素，而且往往是相互结合起来综合考虑的。但不同的消费者侧重点不同，如果产品的目标市场是中等收入的理智型购买者，则可定位为"物有所值"的产品。戴尔电脑采用直销模式，降低了成本，并将降低的成本让利给顾客，因而戴尔电脑总是强调"物超所值，实惠之选"；海马牌床褥强调"打破平价无靓（'靓'在广东话里是'好东西'的意思)的定律"；雕牌用"只选对的，不买贵的"暗示雕牌的实惠价格。

十、档次定位

不同的品牌在消费者心目中按价值高低被分为不同的档次。品牌价值是产品质量、消费者的心理感受及各种社会因素，如价值观、文化传统等的综合反映。定位于高档次的品牌传达了产品（服务）高品质的信息，同时体现了消费者对它的认同。档次具有实物之外的价值，如给消费者带来的自尊和优越感。

高档次品牌往往通过高价位来体现其价值。如劳力士手表价格高达几万元人民币，是众多手表品牌中的至尊，也是财富与地位的象征，拥有它无异于展示自己是一名成功的人士或上流社会的一员。又如酒店、宾馆按星级分为1～5个等级，五星级的宾馆不仅涵盖了幽雅的环境、优质的服务、完备的设施，还意味着进出其中的都是有一定社会地位的人士；定位于中低档的宾馆，针对的是其他的细分市场，如满足追求实惠和廉价的低收入者需求。

正因为档次定位综合反映品牌价值，所以不同品质、价位的产品不宜使用同一品牌。如果企业要推出不同价位、品质的系列产品，则应采用品牌多元化策略，以免整体品牌形象受低质产品影响而遭到破坏。如我国台湾顶新集团虽然在中档方便面市场成功推出了"康师傅"品牌，但在进军低档方便面市场时，并非简单地延伸影响力已经很大的"康师傅"品牌，而是推出了另一个新品牌——福满多。

十一、情景定位

情景定位是将品牌与一定环境、场合下产品的使用情况联系起来，以唤起消费者在特定情景下对该品牌的联想。例如，德芙，情人节的巧克力；"八点以后"马克力薄饼声称自己是"适合八点以后吃的甜点"；米开威（Milky Way）则自称为"可在两餐之间吃的甜点"。它们在时段上建立区分。八点以后想吃甜点的消费者会自然而然地想到"八点以后"这个品牌；而在两餐之间想吃甜点的消费者，首先会想到米开威。康宝（Canbells）定位于午餐汤，为了配合这一定位，它一直以来不断地在午间通过电台进行广告宣传，使人们提起午餐汤，康宝就会冒上人们的心头。

十二、生活情调定位

生活情调定位是指消费者在产品的使用过程中能体会到一种良好的、令人愉悦的生活气氛、生活请调，从而获得一种精神满足。青岛纯生啤酒的"鲜活滋味，激活人生"给人以奔放、舒畅的心情体验；美的空调的"原来生活可以更美的"给人以舒适、惬意的生活感受；云南印象酒业公司推出的印象干红广告语为"有效沟通，印象干红"，营造品牌与消费者交流过程中的轻松氛围，从而达到有效沟通的目的。

定位的方式还有很多，比如服务定位、民族定位、概念定位等。

品牌定位的误区

定位不到位——核心价值乏力

由于定位不到位，无法发掘出企业最具价值的核心优势，因此利益诉求显得无力，以致在接下来的品牌营销过程中，无法对产品和品牌起到支撑作用，释放品牌的价值。比如，有的企业明明在本行业中很有优势，虽然在所有方面都不是第一，可综合起来却能称雄于本行业。这时，该企业明明可以制定霸位策略，占据行业第一的位置，却谦虚地把自己摆在老二的位置，结果导致动力不足，无法把品牌撑起来。

定位不到位还有一种表现，即对产品核心价值的提炼不到位。虽然某企业的产品确实很好，但好在哪里，企业没有将其提炼出来，形成价值点；或者是提炼了错误的价值点，比如某企业的运动鞋拥有很高的舒适度，却把自己定位成最轻的运动鞋。当定位与企业或产品的战略优势有差距时，利益诉求自然无力，因此很容易被对手超越。定位要提炼出核心价值。

定位太多——诉求混乱，形象模糊

定位一定要单一、明确，也就是说，一个产品或品牌只能有一个定位，定位太多只会导致品牌形象混乱。因为消费者不能同时接收很多声音，所以品牌的诉求一定要单一，形成一个声音，这样消费者才能听得清楚，对品牌形成明确的认知。比如一家酒店，它可以根据实际情况定位成最像家的酒店或者最奢华的酒店，而不能既是最奢华的，又是亲切温馨、能给人家一般感觉的，因为这两者的概念并非完全相同，所以只能选其一。但很多企业往往就是这样，既要是这个，又要是那个，结果呢，什么都不是。诉求单一，形象才会清晰。

定位混乱——反复无常，前后矛盾

定位需要企业的长期坚持。企业做好定位工作后，一切活动都要围绕定位来进行，根据定位制定策略、确立目标等，而策略的执行、目标的实现都不是一朝一夕就能完成的。在这个过程中，如果企业轻易更改定位，就会打乱整个品牌营销的进程。企业需要根据市场的变化而变化，一方面，企业在制定定位战略时需基于对未来变化的预测；另一方面，即使早前的定位出现了一定程度的偏差，也应该做局部调整，而不是整个推翻重来。而且从消费者角度来说，企业需要一个明确持久的品牌形象，如果一个企业今天这样，明天又那样，消费者就不可能对该企业的品牌形成有效认知。没有立场的变化，会让企业疲于奔命。

拓展阅读

定位过分——没有支撑，无说服力

企业的定位不能脱离实际情况，一定要与事实相符，否则这个定位就不具备说服力，会导致消费者出现疑惑，从而失去消费者对企业的信任。比如说，有的企业知道"第一"对定位的重要性，于是不管自己年销售额只有几个亿的实际情况，就把自己定位为行业领导者，完全不符合实际情况；还有一种情况是，企业对产品所做的定位没有相应的东西支撑，比如环保节能型冰箱，却没有节能的技术做功能支撑，怎么可能说服得了消费者呢？名副其实、有依据的定位才有说服力。

定位错位——与消费者脱节

虽然企业的定位需要结合自身的情况，但不能以自我为中心，而是要以消费者为中心，关注消费者的需求，否则就有可能出现企业一厢情愿的尴尬局面。比如说，有的企业因为不愿直接和行业巨头竞争，所以别出心裁地为自己量身打造了一个定位，开发了一个新的市场类别，想在小河里捉大鱼。这本来也没错，可是企业事先没有对消费者进行研究，不知道消费者的需求到底是怎样的，导致自己创造出来的市场类别根本就没有消费者。当企业的定位与消费者完全脱节、不被消费者所需要时，只好推倒重来。

（资料来源：费明胜，刘雁妮．品牌管理［M］．北京：清华大学出版社，2014.）

思　考　题

1. 品牌定位的作用有哪些？
2. 阐述品牌定位的过程。
3. 阐述品牌定位的方法有哪些，并举例说明。

第三章　品牌生命周期

学 习 目 标

1. 了解初创品牌的管理策略；
2. 了解成长品牌的市场策略；
3. 了解成长品牌的传播策略；
4. 掌握后成熟期品牌的管理。

品牌管理

Brand management

第一节　初创品牌的管理

一、品牌的生命周期

(一)品牌的生命周期概念

在整个 20 世纪 80 年代，财富 500 强中大约有 230 家公司从财富 500 强的榜单中消失了。世界 500 强企业的平均寿命只有 40 岁，而中国 500 强的企业寿命仅为 11 岁。

美国哈佛大学教授雷蒙德·弗农(Raymond Vemon，1966)在《产品周期中的国际投资与国际贸易》一文中首次提出"产品生命周期理论"，指出产品生命要经历形成、成长、成熟、衰退的周期；有学者在其基础上提出了"品牌成长曲线"，指出品牌在追求无限可能的过程中要经历四个可预测性的成长阶段：品牌化阶段、强势化阶段、平台化阶段和国际化阶段。品牌生命周期理论最早由德国学者曼弗雷德·布鲁恩(1979)提出，他指出品牌生命周期由六个阶段组成：品牌的创立阶段、稳固阶段、差异化阶段、模仿阶段、分化阶段和两极分化阶段。史蒂芬·金认为，品牌像生物一样，要经历出生、成长、成熟和衰退的过程。著名营销学家菲利普·科特勒(2002)认为，应该用产品生命周期概念来分析品牌，即品牌也会像产品一样，经历一个从出生、成长、成熟到最后衰退并消失的过程。英国著名广告学者约翰·菲利普·琼斯教授认为品牌发展过程应分为孕育形成阶段、初始成长周期阶和再循环扬州大学潘成云博士把品牌生命周期分为广义和狭义两种，广义的品牌生命周期包括品牌法定生命周期和品牌市场生命周期，前者是指品牌按法律规定的程序注册后受法律保护的有效使用期，如我国法律规定注册商标的有效保护期是 10 年，持有者可申请续展；后者是指新品牌进入市场到退出市场的整个过程。狭义的品牌生命周期特指品牌市场生命周期。

著名品牌学者余明阳把品牌的生命周期分为四个阶段：品牌的初创期、品牌的成长期、品牌的成熟期和品牌的后成熟期。从理论上而言，一个品牌从它诞生到因老化而退出市场，应该依此顺序经历以上四个阶段。然而，在现实的经济生活中，按照该理论完全经历整个生命运动历程的品牌微乎其微，许多品牌通常只经历了生命周期的某一个或者几个阶段便夭折了。

虽然品牌的生命周期是一个时间序列的过程，但是品牌存在时间的长短并不是判定一个品牌处于品牌生命周期的哪一个阶段的标准。从本质上而言，判定一个品牌处于生命周期的哪个阶段，应该从灵活性和可控性两者的关系入手。一个品牌越是处于生命周期的前期，它的灵活性就越强，可控性就越弱；反之，它越是处于生命周期的后期，灵活性就越差，可控性就越强。有的品牌可能创立不到半年，就已经处于生命周期的老化阶段了，这在互联网经济中屡见不鲜。例如，成立于 2013 年 6 月的家具电商牛窝网到了 10 月就倒闭了，而它获得的第一期投资是 1 亿元。而有的品牌已经存在了几百年，如可口可乐、美国杜邦，但它仍然处于成熟期，并且没有老化的迹象。

品牌的生命周期并不是一个宿命的概念，而是一个自我实现的概念。任何一种商品都有可能因为技术泄露而导致竞争对手的仿造，但是品牌却是一种"公开的秘密"，是企业唯一能独家拥有的，具有独家占有和使用的权力。品牌作为一种无形资产，是一种文化和理念，因此它也必然会如同其他文化形式一样一代代传递下去。品牌并不会死，死的只是某个时期的产品，死的只是经营管理不善的品牌。如果品牌管理者能够不失时机地开发符合市场需要的新产品，并正确地运用品牌延伸的策略，品牌的价值就会成功地延伸到新产品上去，形成良性循环，从而促使品牌生命周期的延续。

（二）品牌生命周期的四个阶段

1. 品牌的初创期

初创期是品牌生命周期的第一阶段。在这个阶段里，品牌经历了一个从无到有的过程。将一个品牌从不存在变为现实，需要品牌管理者做很多细致而复杂的工作，才能够保证一个新的品牌健康诞生。这些工作包括前期的市场调查、品牌的定位、品牌名称和品牌理念的创意、商标和包装的设计，以及品牌诞生后的营销推广、价格的定位、打通销售渠道，等等。奔驰公司设计新车型时，四处聘请流体动力专家、美学家、心理学家、商人等。新车型从研究、设计到做出模型，每一个环节、每一个零件都要用最科学的仪器进行测量和测试，而且细微到测定行进时的空气抵抗系数。

这个时期的品牌刚刚创立，没有任何知名度，通常是不盈利的，需要品牌管理者投入大量的资金。如果品牌的定位准确，推广和传播得力，它所依附的产品适销对路，那么品牌就能顺利地进入成长期，获得进一步的发展。但是只要以上三个条件中的任何一项得不到满足，或者说某项工作做得不扎实，那么品牌就很有可能胎死腹中或夭折。

2. 品牌的成长期

经过痛苦的孕育和艰难的诞生之后，品牌进入了充满活力的成长期。在这一时期，品牌已经初步具有一定的知名度，品牌所代表的产品的生产和销售节节攀升，所占的市场份额迅速增长。这时的品牌不再依赖于产品的竞争力来获得推广，相反它成为带动产品销售的关键因素。因此，这一阶段品牌管理者的主要任务就是投入大量资金来加强品牌的推广，在继续不断提高品牌的知名度的同时，建立品牌的美誉度和忠诚度，充分利用口碑的作用，吸引更多的潜在顾客，实现品牌的重复购买。

成长期的品牌虽然资产和知名度都在不断地上升，但是由于它还是一个成长的过程，并没有达到稳定的状态，因此品牌管理者的每一个决策都可能是决定性的。如果发展顺利的话，品牌就可以从一个蹒跚行走的婴儿成长为一个茁壮的青年，具有旺盛的生命力，成功地过渡到品牌的成熟期；但是，一旦发生经营决策失误等状况，一个充满前途的品牌就有可能归于覆灭。这一阶段最容易发生的决策失误是品牌的胡乱延伸。由于成长期的品牌日渐繁荣，极大地刺激了品牌管理者的自信心，在这种巨大的成功喜悦的冲击之下，品牌管理者经常会产生自己无所不能的错觉，无论什么行业，只要他看中就想尝试一下。在这种冲动之下，就很有可能造成品牌的胡乱延伸，将一个充满个性的品牌弄成四不像，造成品牌的崩溃。另一方面，由于品牌的知名度的提升，许多人因为看好这一行业而加入进来成为竞争对手，如何应对这些竞争者也成为这一时期品牌管理者的主要任务之一。

3. 品牌的成熟期

成熟期是品牌生命周期中最为理想的时期，是品牌影响力最大的时期。这时的品牌已有很高的知名度、美誉度和忠诚度，产品销量基本达到最大值，市场占有率亦趋稳定，利润也从最高峰降至一个稳定的水平，潜在消费者少，市场需求基本达到饱和状态，与竞争对手的差别日益明显。

这一时期品牌的营销重点是稳定顾客，保持市场占有率，尽量维持住这个时期的品牌影响力，即尽量使成熟期得到延长。一方面品牌自身可以通过产品革新、品牌再定位、转移目标市场、恰当的品牌延伸和创新等措施来维护品牌的发展。另一方面要加强对品牌的维护，发挥售后服务体系和质量监督体系的作用。

在这个阶段，因为现有品牌已形成了很强的影响力，所以进入本行业的壁垒较高，品牌管理者要提防一些不法分子冒其名义，生产假冒伪劣产品，败坏品牌的名誉。品牌管理者应采取积极的措施，配合有关部门坚决打击假冒伪劣商品。同时，应该监控市场上一些新崛起的同类产品品牌，防止它们挖人才或者克隆本品牌的营销模式，并针对它们的举动采取相应的措施。

在这一时期，品牌管理者最容易犯的错误就是以为品牌已经功名成就、无法替代，因而放松对品牌的有效管理。我国很多品牌就存在这种现象，在品牌前期知名度的推广上，品牌管理者往往不遗余力、投入巨额资金实行广告轰炸。一旦品牌进入成熟期，品牌管理者就开始躺在功劳簿上睡大觉，对品牌疏于管理，也不知道如何维护和提升品牌，从而导致品牌如昙花一现般迅速退出市场。

4. 品牌的后成熟期

著名品牌学者余明阳把品牌生命周期的最后一个阶段称为"后成熟期"，而不是按照一般生命周期的规律成为"老化期"或"衰退期"。他认为，对于一个品牌来说，在经历了成熟期之后，将会有两种情况发生。一种情况就是品牌慢慢老化，最终退出市场；另一种情况则是通过品牌的创新和延伸，品牌获得了新的生命力，实现永续经营。究竟一个品牌在经过成熟期之后，是逐渐老化还是实现可持续发展，主动权掌握在品牌管理者手中。有没有永续经营的意识，是否采取了有效的管理措施，都将决定品牌在后成熟期的发展方向。

（三）品牌生命周期与产品生命周期

产品的生命周期是与品牌的生命周期密切相关的一个概念。所谓产品的生命周期是指产品的经济寿命，即一种新产品从开发、上市，在市场上竞争力由弱到强、又从盛转衰，直到被市场淘汰为止的全过程。根据菲利普·科特勒的最新观点，典型的产品生命周期可以分为5个显著的阶段：开发期、介绍期、成长期、成熟期以及衰退期。

1. 产品生命周期从属于品牌生命周期

品牌是一种无形资产，它能脱离某种具体形式的产品而独立存在。例如，宝洁公司是靠做蜡烛发家的，即使早已不做蜡烛，宝洁的品牌仍旧健在。而产品是一种有形资产，它必须实施品牌战略才可能赢得市场。产品的生命周期是有限的，即无论一个产品经历了产品生命周期中的哪些阶段，最后它都必然要进入衰退期，最后退出市场。但是，品牌的生命周期却可能是无限的，如果品牌管理者能够实施有效的品牌管理策略，那么就有可能实现品牌的永续经营，使得品牌的生命周期趋于无限。例如，夏新从当年生产录像机，历经了生产 VCD、彩电、手机和笔记本电脑等不同阶段的产品。所以，有限的产品生命周期是从属于可能无限的品牌生命周期的。

2. 产品生命周期既独立又服务于品牌生命周期

产品生命周期各个阶段的营销策略以具体的产品为对象，强调产品的质量和服务。相比之下，品牌生命周期各个阶段的营销策略虽然是以传播、维护和完善良好的品牌形象乃至企业形象、创立名牌为基本目标，强调与消费者的沟通和共鸣，但是，产品和品牌在市场上是不可分割的，品牌在每个阶段都必须依附于一个或几个产品上，当老产品进入衰退期的时候，新产品又被导入市场，继续担负着维系品牌发展的使命。因此，产品生命周期虽然独立，但又服务于品牌生命周期，为品牌的生存服务。

3. 产品的生命周期得益于品牌的生命周期

企业实施品牌战略的最终目的是提高品牌所代表的产品的市场份额、销售量以及利润。如果品牌生命周期得以延续，那么通过品牌延伸而推出的新产品可以大大缩短其导入期和成长期；强势品牌可以延长产品的成熟期，在更长的时间里持续获利；强势品牌还可以减弱衰退期对产品的冲击，延长产品生命周期。

二、初创品牌的管理策略

（一）用发展的眼光考察品牌经营的环境

环境是品牌生存的土壤，品牌在其整个生命周期中都会受到环境发展的影响。考察品牌经营的环境时，要采用发展的眼光，尽量往前看，具有一定的前瞻性，才能研发出一个适应环境发展的品牌。

1. 考察并引领消费者的需求

目标消费者希望获得什么样的一种品牌，不但会影响到品牌理念的构造，对品牌商标和包装的设计、品牌名称的创意都有着极大的影响。但是，我们要注意到以下两点：

(1)切忌跟随消费的一时潮流而盲动，要考察未来的流行趋势。消费者在消费过程中会形成对某种类型商品或者某种商品形式的需求热潮以及对某种消费形式的追求热潮。这种热潮一方面受到众多消费者的竞相追逐，另一方面它又可能是短命的，一旦失去新异，就会遭到消费者的冷落和抛弃。例如，在我国改革开放之初，国内消费者对国外品牌有种盲目的崇拜，青睐有"洋味儿"的品牌名，一时间国内很多土生土长的品牌也冠以"洋名"。在当时，具有品牌意识的创业者因此收到了事半功倍的效果。但是，时至今日，国人出国已经见怪不怪，拥有正派洋货也是稀松平常之事，加之中国国力的昌盛，国货反而吃香了。

因此，在创立品牌之初，不但要弄清楚现在流行什么，更重要的是考察未来的流行趋势，准确地预测出将会流行什么，以获取市场先机。弄清现在流行什么很容易，通过消费者调查就能办到。而如何预测未来的流行趋势呢？下文会继续讲解。

（资料来源：根据网络资料整理。）

(2)要考察消费时代的演变规律。美国从 20 世纪 50—60 年代进入"后工业时代"，科技、服务和文化娱乐代替制造业成为经济发展的新驱动力，日本则是 20 世纪 80—90 年代进入"后工业时代"的。现在的中国经过十数年制造业的发展，我们将面临的问题是制造能力相对过剩，制造业无法继续驱动经济高速增长，中国也即将进入"后工业时代"。

"后工业时代"的消费特征首先是消费者需求的变化。消费者的需求由"物质满足"向"精神满足"转移，消费者只会买"喜欢""认同"的东西。考察消费行业，越是非标准化的东西，今后"文化的属性"会越来越重，例如服饰行业，将逐渐过渡到"文化认同"和"自我表达"的层面。

后工业时代的另一个消费特征是：需求越来越难以量化、难以准确描述。消费者喜欢什么，自己说不清楚，直到那个产品出现在消费者面前。从这个意义而言，在文化产品面前，消费者会被动化，消费者的情感诉求是需要被"激发"的。诚如郎咸平所说，一个伟大的品牌要"击中一代人的集体人格"。

所以，完全倚靠收集消费者的需求信息来创建品牌是远远不够的，还要考察消费时代的演变规律，吸取先进国家的经验教训，结合本国的文化土壤和特征，不仅要满足消费者的需求，还要引领消费者的需求。

2. 考察技术发展态势

(1)未来的零售业。第一，会变成线下与线上的结合，价格同步。第二，同质化的强调功能性的产品将越来越没有竞争力，而那些拥有一流用户体验的产品会脱颖而出。第三，配合互联网大数据，将进行个性化整合推送。

(2)未来的批发业。第一，在互联网的影响下，未来的 B2B 应当是彻底的全球化，信任问题会随时间很好地建立。第二，在互联网繁荣到一定程度后，中间代理批发商的角色会逐渐消失，更多的直接是被 B2C 取代。

(3)未来的制造业。第一，传统的制造业将难以为继，大规模投放广告到大规模生产时代宣告终结。第二，会进入新部落时代，个性化，定制化，人人都是设计师，人人都是生产者，人人都在决策所在的部落的未来。

（4）预测未来的广告业。第一，未来的广告业将重新定义，进入精准投放模式。第二，未来广告业将依托互联网大数据进行再建立。在未来，在你酒后驾车被罚后，也许你老婆的手机里面会出现是否需要为你购买保险的短信广告。

（5）未来的新闻业。第一，传统新闻媒体的话语权衰弱，话语权将被分散到各个自媒体的山头。新闻业会反过来向自媒体约稿。第二，自媒体模式必将寻找到可行的赢利点，届时未来会有更多的新闻业中的人出走办自媒体。

（6）未来的通信业。第一，世界可能不再需要手机号码而是WIFI，对电话和短信的依赖越来越低，直到有一天电话的技术被彻底封存起来，就像当年的电报一样。同时手机号码、电话号码等词会出现在历史课本里。第二，未来你的手机不再需要2G、3G、4G、5G……信号，而是WIFI，那时候的WIFI技术也将升级普及，WIFI技术会进行无缝对接，无处不在。

当无线技术突破后有线宽带也将迎来终结。第三，而那时也是人类进入全面的物联网时代。不再是人与人的通信，更多的是人与物、物与人、物与物的通信。

（7）未来的物流行业。第一，最后会产生几足鼎立的局面，"小鱼"要么被"大鱼"收购要么自生自灭，而活下来的"大鱼"一定会建立起非常完备的整套流程。第二，活下来的物流企业对用户的服务也将随竞争优化，无论是对寄件人还是收件人，这些活下来的物流公司都会为其建立起完美的超越以前的服务。

（8）未来的酒店业与旅游行业。第一，互联网为二者建立起强大的问责制，未来会有个大一统平台对这两个行业进行细致的评判考核。消费者受害的可能性会大大降低。第二，这两个行业的未来会利用起互联网大数据，对消费者的喜好进行判定。酒店可以为消费者定制独特的个性房间，甚至可以在墙纸上放上消费者微博的旅游心情，等等。旅游业可以根据大数据为消费者提供其喜好的本地特色产品、活动、小而美的小众景点，等等，旅游业还可根据其旅行的时间地点以及旅行时的行为数据推送消费者可能会喜欢的旅游项目。

（9）未来的餐饮行业。第一，将会由互联网彻底带动起来，会有越来越多的人加入点评中，餐馆也会愈加优胜劣汰。社会化媒体会将一件事放大，一个真正好的餐馆会在互联网上聚集成一个小部落。第二，在环节上进行更大的效率优化。完善一整套产业服务格局，其中一个标志性的特点就是用户就餐零等待。

（10）未来的金融业。第一，会全面互联网化。第二，投资方与被投资方的信任问题将会直接由互联网的游戏规则进行建立，更加透明客观且准确。第三，每一个被投资方的全部信息都会完全公开，从微博、家庭住址到人生经历等。未来每个人连住址都将不再是隐私，他无法伪造虚假信息，也无法遁逃。未来不是政府监管你，而是这个世界共同在监管。

（11）未来的保险业。第一，将会逐渐摆脱人际关系，以更直接的方式面对投保人，全部风险利弊不再隐藏，而是由互联网的群蜂智慧来将其透明，进行更公证的解读。第二，基于大数据，未来人类的所有行为都会上传到云端，保险行业的想象力会更加爆发。未来的投保一定更细分、更人性，依托广告业的变革，投保的广告也会更精准。

（12）未来的医疗行业将全面与互联网接轨。从患者角度来说，第一，各个医院以及医师的口碑评价会在互联网上一目了然。第二，用户的生病大数据会跟随电子病历永久保存直至寿终。第三，未来物联网世界会将人的一切信息全部联网。你几时吃过什么饭，几时做过什么事，当天的卡路里消耗都可以上传到云端。第四，患者可以选择无需医院就医，基于大数据的可靠性，可以远程解决，药物随后物流送达。从医疗行业角度来说，第一，病人描述病情的时间会缩短，沟通成本降低。第二，医院的不透明性会被迫开放，各种药品价格不再是行业机密。第三，当区域性的技术资源问题解决之后，医院也将进入自由市场，变成以服务用户为中心的优胜劣汰。

（13）未来的教育行业。第一，互联网会改变教育行业的价值取向，将单一的以成绩为主导的教育转变为对人个性的全面认可与挖掘，从单一走向多元，再从竞争走向合作。原有的金字塔形教育结构面临废弃，转变为"狼牙棒"形态。第二，开挖大数据，建立人格发展的大数据心理模型，对人进行个性化的发展以及长远规划。

（14）未来的电视节目行业。第一，互联网并非要取代电视节目，而是要对电视节目行业进行优胜劣汰的革命。第二，各种有创意的网络节目会横空出世，挤压这块市场。第三，电视节目行业也可能会有本地化的OTT情况出现。

（15）未来的电影行业。第一，将出现各种井喷状态，各种外行不断介入来搅局。原有的几大霸主地位降低，一个霸主地位会被成百上千的小霸主来取代。第二，长尾小众化需求，部落化生存可能实现。未来的电影制作成本将大幅降低，一千粉丝足以使电影成功。

（16）未来的出版业。第一，纸质书只会有部分还会继续存在：即经典著作和个性化定制。第二，出版商将由互联网公司介入搅局，纸质书基本消失。第三，传统出版商若介入互联网出版行业，将会更多地以营销策划者的姿态出现。第四，正版书籍将会受到应有的尊重，盗版逐渐消失。第五，由于出版成本几乎为零，所以价格会普遍走低。第六，长尾部落化生存，广告出版电子书不足以养活作者，那么一定会有全新的赢利模式出现。

（二）初创品牌的产品策略

在初创品牌阶段，当一个品牌创立之后，接下来要做的是从零开始，积累品牌资产。当品牌实现了名称的创意、理念的创意以及市场定位之后，就到了正式步入市场的时候。根据品牌资产价值链，积累品牌资产的第一步是营销活动，包括产品研发与设计、商业或中间商支持性活动、营销传播以及员工培训等。由于此时品牌的知名度为零，因此在这个阶段品牌主要是依附于产品进行推广和传播。产品是品牌的基石。没有好的产品，定位就没有了立足点，知名度再高也没有实质性的作用。对于初创品牌而言，产品才是企业最大的品牌战略。改革开放三十来年的实践证明，成功做大规模的品牌都是那些产品质量好、渠道运营好的企业：娃哈哈、格兰仕、美的、海尔、康师傅概莫如是。

品牌建立之初，在市场上没有任何知名度，企业在传播活动中所能向消费者介绍的只能是产品本身。产品的功能、性能、包装、质量等都应符合消费者需要，特别是产品的质量水平尤为重要。产品质量集中体现出了企业的技术、管理以及价值取向方面的能力和水平。

有的国家将 ISO、IEC 标准加上本国编号直接作为本国国家质量标准，这些都为我们打造品牌产品的质量提供了可借鉴的依据。企业就必须在生产经营过程中围绕产品质量和效用上下功夫，坚持国家标准和市场标准相结合的原则，严格依照质量标准组织生产，充分利用各种技术手段、工艺装备和工艺规范，使其产品质量不断提高。

纵观世界五百强企业，单项产品销售额占企业总销售额比重 95％ 以上的有 140 家，主导产品销售额占总销售额 70％～95％ 的有 194 家。这说明，世界 500 强企业普遍都是立足于主业、开发核心产品、发展战略性产品，从而取得强势的市场地位的。按照"二八"原理，企业 80％ 利润来自 20％ 的产品，这个 20％ 就是大单品。对于中小企业而言，要集中精力，专注于把产品做好，培育一个优秀的大单品。对于中大型企业而言，在产品线足够丰富但是普遍不是很强的情况下，要全力扶持一个或几个大单品出来。所谓大单品，就是企业那一个或者那几个销售贡献最大的单品，比如红烧牛肉面之于康师傅，老坛酸菜面之于统一，娃哈哈纯净水、娃哈哈营养快线之于娃哈哈，海飞丝、潘婷、舒肤佳之于宝洁公司等。从品牌形象来看，那些给企业带来良好的口碑和形象的产品才是大单品，比如耐克的 Air Force1、金泰昌的 1017、茅台 53 度飞天、洋河蓝色经典等，也能称之为大单品。通常情况下，能代表一个企业形象的产品在销售贡献上自然不差。

（三）初创品牌的定价策略

当品牌处于初创阶段，知名度不高的时候，价格对消费者具有多方面的含义。价格是塑造品牌形象、创造品牌资产的重要手段。企业所选定的价格水平决定了其在同类型产品中价格的相对位置。在价格阶梯中，消费者往往根据某一品牌所处的位置对品牌进行归类，划分档次。同时，在消费者辨识产品质量存在困难时，其往往根据价格推断产品质量。当然，这绝不意味着要制定高价，因为价格的高低，直接影响着消费者对产品价值的认定。

1. 拉奥——夏昆定价模型

拉奥（Ambar G. Rao）和夏昆（Melvin F. Shakun）提出了新品牌进入市场的价格模型，该模型既充分考虑到了市场结构，又考虑到了实现价格战略过程中的企业品牌目标和竞争者目标。

拉奥-夏昆模型是建立在如下假设基础上的。

（1）仅考虑同质顾客群体；

（2）顾客群体中某一成员愿意支付的最低价格为呈对数正态分布的随机变量，且均值为 μ，方差为 δ^2；

（3）对每位顾客来说，存在一个固定的对数价格尺度，其间距为 α，它标志着顾客可接受价格的幅度，顾客群体中某一成员愿意支付的最高价格也是对数正态分布的随机变量，且均值为$(\mu+\alpha)$，方差为δ^2。

单一品牌的最优价格公式：

$$P=\mathrm{e}^{P_i}=\exp\left(\mu+\frac{\alpha}{2}\right)$$

为研究多品牌市场上消费者选择行为，拉奥和夏昆又引入了另外的行为假设，主要强调两点。

(1)注重产品质量的顾客群体，占所有顾客的比例为λ，他们在可接受的价格幅度内愿意购买较高价格的品牌；

(2)注重产品价格的顾客群体，占所有顾客的比例为$(1-\lambda)$，在其可接受的幅度内愿意购买较低价格的品牌。

通过推导可以得出结论：

(1)占所有顾客比例为πj的人不会转向品牌2，因为他们认为P_2是个太高的价格，这个比例也就是品牌忠诚细分市场，公式为

$$\left(\frac{P_2-\alpha-\mu}{\delta}\right)$$

(2)如果$P_1-P_2\geqslant\alpha$，则这两个品牌不构成竞争关系，因为它们并不分享同一市场上的购买者，在这种情况下，企业可通过市场结构分析，来决定是否引入新品牌来补充现有的品牌系列。

(3)品牌1可通过强调其产品质量而夺走品牌2的某些份额，这是值下降的结果，品牌2也可因强调其价廉而夺走品牌1的某些生意。

(4)品牌i的市场占有率S_i为

$$S_i=\frac{P_i}{P_1+P_2}$$
$$i=1，2$$

假定品牌1已占据市场而品牌2试图进入市场。在竞争条件下的结果是

$$P_1=\frac{\delta^2}{2}\ln(1-\lambda)+\mu+\frac{\alpha}{2}$$

$$P_2=\frac{\delta^2}{2}\ln\lambda+\mu+\frac{\alpha}{2}$$

而当企业采取合作战略(即第三种品牌定价目标)时，市场销售最大化的最优价格分别为

$$P_1=\alpha$$
$$P_2=\mu+\alpha$$

2. 一般而言，初创品牌的定价有三种策略

(1)削脂定价：指产品生命周期的最初阶段，把产品的价格定得很高，以攫取最大利润，犹如从鲜奶中削取奶油。这样做有利于品牌树立产品形象，实现高利润率。但是，如果目标市场选择错误，不易打开市场，高价容易诱发竞争，好景不长。比较适

合商品价值高的产品、市场生命周期短的产品、市场弹性小的产品、市场上存在一批购买力很强且对价格不敏感的消费者、缺少竞争对手且本品牌产品具有明显的差异化优势的情况。那些竞争较弱的行业或者正处于启动期的行业普遍使用削脂定价法。例如，彩电行业、PC 行业一直到 20 世纪 90 年代中期还是削脂定价，汽车行业到现在还是削脂定价，尤其是中高级汽车。就企业而言，品牌往往是削脂定价的最重要的前提条件，例如苹果公司利用企业品牌的声誉对新产品采取削脂定价就很成功。

经典案例

苹果 Pod 的削脂定价

苹果 iPod 是近几年来最成功的消费类数码产品之一。第一款 iPod 零售价高达 399 美元，即使对于美国人来说，也是属于高价位产品，但是有很多"苹果粉"既有钱又愿意花钱，所以纷纷购买；苹果认为还可以"撇到更多的脂"，于是不到半年又推出了一款容量更大的 iPod，定价 499 美元，仍然销路很好。苹果的削脂定价大获成功。

苹果 iPod 在最初采取削脂定价法取得成功后，适时根据外部环境的变化，主动改变了定价方法，2004 年，苹果推出了 iPod shuffle，这是一款大众化产品，价格降低到 99 美元一台。之所以在这个时候提出大众化产品，是因为一方面市场容量已经很大，占据低端市场也能获得大量利润；另一方面，竞争对手也推出了类似产品，苹果急需推出低价格产品来抗衡，但是原来的高价格产品并没有退出市场，而是略微降低了价格而已，苹果公司只是在产品线的结构上形成了"高低搭配"的良好结构，改变了原来只有高端产品的格局。苹果的 iPod 产品在几年中的价格变化是削脂定价和渗透式定价交互运用的典范。

（2）渗透定价：指品牌把创新产品的价格定得相对较低，以吸引大量顾客，提高市场占有率。这样做有利于打开市场，薄利多销，成本随量增而降低；微利阻止了竞争者的进入。但是投资回收期较长，风险加大，企业难以消化生产资料的增长。比较适合市场生命周期长，需求弹性大，容易仿制的产品。

（3）价值定价：是介于削脂定价和渗透定价之间的一种定价策略，指尽量让产品价格反映产品的实际价值，以合理的定价提供合适的质量和良好的服务组合，以充分满足消费者的需要和达到公司利益最大化的目标。这种方法兴起于 20 世纪 90 年代，被麦卡锡称为是市场导向的战略计划中最好的定价方法。

企业在选择定价策略时，不仅要考虑产品成本、竞争因素，还要重视消费者的感觉和偏好。罗伯特·多兰和赫尔曼·西蒙合著的《定价圣经》中提出了价值定价法的基本程序：企业分析其产品的差异性及目标细分市场的特点，为产品找准市场定位，然后围绕着这一定位制定促销、宣传、分销等营销战略，达到预期中的顾客认知价值，这一价值就是顾客愿意支付的最高价格。然后根据这一价值来定价，并根据定价来决定成本和利润的比例。

经典案例

凯特比勒公司的价值定价

凯特比勒公司是生产和销售牵引机的一家公司，它的定价方法十分奇特，一般牵引机的价格均在2万美元左右，然而该公司却卖2.4万美元，虽然高达4000美元一台，却卖得更多！

当顾客上门，询问为何该公司的牵引机要贵4000美元时，该公司的经销人员会给你算以下一笔账。

20000美元是与竞争者同一型号的机器价格，3000美元是产品更耐用多付的价格，2000美元是产品可靠性更好多付的价格，2000美元是公司服务更佳多付的价格，1000美元是保修期更长多付的价格，28000美元是上述总和的应付的价格，4000美元是折扣，24000美元是最后价格。凯特比勒公司的经销人员使目瞪口呆的客户相信，他们只要付24000美元，就能买到价值28000美元的一台牵引机。从长远来看，购买这种牵引机的成本比一般牵引机的成本更低。

（四）初创品牌的渠道策略

渠道即销售渠道，是使产品能被使用或消费而涉及的一套相互独立的组织，这些机构或组织配合起来将产品从生产者手中转移到消费者手中。渠道类型可分为直接渠道和间接渠道，企业所选择的渠道对其品牌形象有巨大的影响。

1. 间接渠道

是指商品从生产领域转移到用户手中要经过若干中间商的销售渠道。这时企业所使用的渠道成员的形象和营销策略将对企业品牌资产产生直接的影响。通常以下情况适合采取间接式的销售策略：①市场分散，销售范围广。②非技术性或者制造成本和售价差异小的商品，不易变质及非易碎商品、日用品、标准品等。③企业自身缺乏市场营销的技术和经验，管理能力较差，财力薄弱，对其商品和市场营销的控制要求不高。

以零售商为例，首先，零售商所具有的品牌资产会转化到其所经营的品牌形象上。消费者会根据零售商所出售的产品种类、定价、信用政策和服务质量，形成对特定商店的印象，并进而把这种印象投射到商店所出售的产品上去。例如，法国最老牌的百货公司拉法耶特（GALLERIES LAFAYETTE）和英国著名的老牌百货公司哈罗兹（HARODDS）搜罗了大部分欧洲的品牌及其他世界著名品牌，消费者普遍认为凡是能在这种百货公司出售的品牌都是高档的印象。其次，零售商的营销活动也直接影响到他所销产品的价值。零售商在储存和销售产品中的特色服务，潜在地影响着消费者所购买产品的价值。例如，对耐用商品会采取长时期包换或保修的服务、提供会员服务、送货上门服务、递送节日祝福卡片、在试衣间放置小梳子、拖鞋等。消费者在获得零售商的这些服务的同时，也会随之产生对所购买品牌的好感。

2. 直接渠道

是企业采用产销合一的经营方式，即商品从生产领域转移到消费领域时不经过任何中间环节，主要形式有公司自营商店（专卖店）、在百货公司内建立本公司产品专柜或通过电话、邮寄、电子邮件或在B2C平台上开网络直营店向最终消费者销售商品。例如，很多品牌都在天猫上开了旗舰店。以下情况下适合采取直接式的销售策略：①市场集中，销售范围小。②技术性高、制造成本和售后差异大的产品，以及容易变质或容易破损的商品、定制品等。③企业自身具有市场营销技术，管理能力较强，财力雄厚，或者需要高度控制商品的营销情况。

企业自营商店作为直接渠道的基本方式，它能完全体现企业的经营方针，提供了一种独特的展示其产品、展示品牌形象的窗口。专卖店统一的装潢和形象设计，可以加强宣传的效果，加深消费者对品牌的印象，有利于初创品牌走入消费者的视野。而且许多专卖店处于繁华地段，也将成为企业永久性的户外广告。例如，ZARA在中国不接受任何形式的加盟或代理，由西班牙总公司直接运营。

经典案例

"谭木匠"创新的渠道选择

"谭木匠"在初创时采取的是传统的商场销售模式，但这种销售方式不仅慢，而且有日益走下坡路的趋势。后来"谭木匠"无意中尝试建起来的几个专卖店的营业额却节节飙升，"谭木匠"于是改变渠道策略，转向该行业第一家以专卖店连锁加盟的方式，结果两年时间快速加盟了100家。

当连锁店模式初战告捷后，新问题又出现了：高价位没有高附加值的支撑，加盟速度骤降。于是"谭木匠"重新进行了店面包装，新的店面设计古朴典雅，充分展示了中国木梳文化的悠久韵味，大大提升了"谭木匠"梳子的品牌文化含量。"谭木匠"连锁店一般面积不大，但地点都位于繁华商业街，与其他木梳简陋的销售场所形成鲜明对比，彰显它的目标客户群的地位，加上陈列和装饰的文化氛围，很容易就让路过的人留下深刻印象，很多人就是偶然路过才知道有"谭木匠"，进而成为"谭木匠"的客户乃至老客户的。

"谭木匠"渠道模式的选择、地点选择和店面包装，都与其品牌定位和目标客户相符，以极强的差异化销售渠道突出了自己的品牌形象，获得了市场成功。

（五）初创品牌的服务策略

在一个品牌创立之初，既没有知名度，也缺乏资金，通常没法"烧钱"进行大规模的广告宣传，因此以"服务"取胜，是这个时期企业应该采取的关键措施。即使是一个名不见经传的小品牌，无微不至的服务也会在消费者那里加分，令消费者"消费"到心里去。各种细小而周到的附加的益处，很有可能引起他们的连续消费，从而逐渐形成对品牌的忠诚度。相反，如果品牌本就毫无名气，却连基本的服务也无法提供，那么是很难培养回头客的，自然品牌也就无从创建，更不用奢谈知名度和美誉度，当然也就永远都不可能进入生命周期的第二个阶段——成长期。

> **经典案例**
>
> ### 美国西南航空公司的服务策略
>
> 美国西南航空公司是一家可靠便捷、充满愉悦、低价位的航空公司。40多年来，它一直保持这种品牌形象，而且每年都盈利，不仅如此，它还是9·11事件后一个月内唯一一家保持盈利的航空公司。
>
> 西南航空公司最初是作为"有趣航线"推出的，乘务员穿着沙滩短裤，电视广告很有朝气。后来，该公司通过提供频繁的低价航线和平易近人的服务获得了竞争优势。西南航空公司相信"员工第一，而不是顾客第一"，依靠这一信念却享有很高的顾客满意度和顾客忠诚度。因为只有充满热情、幽默和体贴的员工才能为顾客提供发自内心的、具有感染力的服务，第一次乘坐该航空公司航班的乘客会惊讶于服务人员活力四射的精神状态和随机应变的服务态度。
>
> 即使许多航空公司试图模仿西南航空公司，但他们无法模仿的是公司最重要的成功因素——员工队伍。正是他们的热情服务，对乘客的关心照料，以及永不停歇的足智多谋帮助了美西南成了全球最成功的航空公司之一。公司的员工对任何事情充满了热情，他们真挚地关心公司的客户，也正是这种热情让美西南成为美国最令人尊敬的品牌之一。《财富》杂志已经连续几年评选它为美国最令人羡慕的公司。
>
> 公司花费了大量的时间和精力雇用、培训和保留那些聪慧的员工。虽然是低成本航空公司，但公司向员工队伍提供了极佳的福利方案。同时公司注重培养一种合作、信任和团队精神的工作氛围，鼓励员工具有创新性，并且对所从事的工作心怀愉悦。比如，他们所具有的标志性的幽默感能让乘客拥有一段令人愉悦和令人回想的旅行经历。员工们清楚：每一次以热情、关怀的服务态度和客户打交道的过程就是向客户展现公司可靠产品的过程。

（六）初创品牌的传播策略

在品牌初创阶段，企业资金并不宽裕，资金要用在刀刃上，用于塑造具有差异化的产品。此阶段，品牌传播不宜采用大范围、高频率的广告轰炸的方式。也不是没有品牌投入先于产品投入的，例如，洋河大曲酒建立了先有品牌后有产品的思路，成功推出梦系列。但是，企业要结合自身的实际情况，切忌急功近利，盲目抽取资金投入广告，否则很有可能打响了品牌的名声，却缺乏资金投入再生产，导致产品供不应求，或者不能保证产品和服务质量，使消费者对品牌的期望落空，最终失去对品牌的信任，第一次消费沦为最后一次消费，并且形成坏口碑，这样非但不能促进品牌的发展，反而加速品牌的死亡，而前期大量的广告投入将化为泡影。

初创企业要建立品牌可以通过口碑营销做传播。口碑营销在营销过程中，吸引消费者、媒体以及大众的自发的注意力，创造他们讨论产品和品牌的机会，并在谈资的基础上，赢得消费者正面评价及产生推荐行为，使得产品在消费者购买、使用过程中脱颖而出。口碑营销需要巧妙营造不同的接触点与消费者对话，让消费者理解产品和品牌，进而主动帮你营销。例如，Google 公司在短短数年间，成为搜索引擎服务商甚至是"搜索"代名词，其强势品牌地位主要得益于口碑营销的成功。

初创企业应灵活运用整合营销传播策略。企业可利用的营销传播工具，主要有广告、公共关系、人员促销、销售促进等。整合营销传播手段首先要求混合使用多种营销传播方式，营销者应从特性、效率和成本等角度考虑，评估并组合运用所有可用的传播工具，以便有效地在消费者脑海中建立知名度和塑造良好的品牌形象，形成所需的品牌知识。

整合营销传播策略典型的做法是借助渠道宣传做品牌，即借助于经销商、分销商、协作商甚至是竞争对手，小成本投入渠道传播，对现实消费者进行近距离宣传，直接影响或改变消费者的消费选择。不少大品牌在处于初创阶段采用的就是这种模式做品牌。ZARA 从不在媒体上做广告，其策略就是傍住最热门的商业区地段，用巨额资金在铺面位置、店门设计、店内装饰等方面打造高端形象，装修气派的门面，巨大的 ZARA 字母招牌，偌大的营业面积中人头攒动，就是 ZARA 所追求的实体广告效果。例如，"公牛插座"在电视广告零投入的情况下，通过渠道商的店面横幅和超市柜台上的横幅来进行宣传，引导消费者身临其境地感受其产品更多的感性利益。公司从初创到获得"中国驰名商标"只用了短短十年时间。

（七）初创品牌的财务策略

品牌在初创期，规模不大，实力不强，信用不高，名气不响，没有充裕的现金流。初创品牌要考虑年复一年的融资安排，必须编制可信度高的营运计划和财务预算工作，在必要时，可联合一定数量的中小企业债务人联盟，以资产和风险互保的形式，打捆向商业银行申请授信，获得银行"贷款包"的支持。

同时，要提倡精益运营，即便有更大的资金在一旁，需培养延长使用和保留早期资金的能力，避免资源要素获取上的"全额购入"，以免累积过高的初始成本。值得一提的是，进行"轻资产经营"不失为初创品牌之选。例如，耐克就是一个典型的轻资产经营品牌，只从事设计和营销商（品牌店）控制，其余中间业务全部实行外包。要经得住那些低质量、低价格的上游供应商的利益诱惑，选择较好的而不是选择最便宜的。不要轻易萌动占用客户资金的念头，在结算环节一定要进行周密的财务安排，做一个看起来不太大方但却十分守信用的客户，使品牌供应链系统健康而稳定。

第二节 成长品牌的管理

一、成长品牌的界定与模式选择

(一)成长品牌的界定

成长品牌的标志是品牌所代表产品的销量稳健增长。从消费者的角度而言,品牌初创阶段的消费者继续喜爱和购买,并影响周围的消费者也加入购买行列,品牌的消费群不断扩大。从市场的角度而言,品牌产品消费群的扩大导致产品的大规模生产,可观的利润吸引了竞争对手的加入,品牌面临同类产品的激烈竞争。从品牌本身而言,为了保持竞争优势,品牌引入新产品,开发新技术,适当降低产品价格,加大宣传力度,利用销售量的不断上升来弥补降价或者促销费用增加所造成的成本增长。

成长品牌比成熟品牌更有活力,比初创品牌更有竞争力,它们在度过了生存期之后,致力于成为强势品牌。但是,现实的问题是后续乏力,过去的经验无法指导明天的竞争,资源、资金、管理方面又无法与成熟品牌看齐。品牌管理者必须要决定到底是选择高市场占有份额,还是选择当前的高利润,明智的决策是适当地放弃当前的高利润,从而保证品牌的长远发展。

(二)品牌成长的模式选择

1. 国外的五种代表模式

(1)基于广告与传播的品牌成长模式:主要理论代表是 USP 理论、品牌形象理论和品牌定位论,这三大理论奠定了品牌成长问题研究的基石。

USP 理论是罗塞尔·瑞夫斯(Rosser Reeves)在《实效的广告》(*The Reality of Advertising*)中提出的,指在品牌推广时,必须要有一个独特的销售主张,这个主张要有广泛的吸引力,在抓住人们注意力的基础上,不断重复这个"独特卖点"。

品牌形象理论是大卫·奥格威(David Ogilvy)在《一个广告人的自白》中提出的,指企业必须决定品牌要一个怎样的形象,这个形象决定了品牌在市场上的成败,并强调了广告对品牌成长的作用。

品牌定位理论是拉·里斯和杰克·特劳特(A1 Ries&Jack Trout)提出的,指把产品定位于潜在客户的心智中,为了在潜在客户的心智中占领一个有价值的位置,要对产品的名字、价格和包装进行改变,而不是对产品本身的改变。

(2)基于"品牌设计+营销整合"的品牌成长模式:是由美国的凯文·莱恩·凯勒(Kevin Lane Keller)在《品牌战略管理》中提出的,指企业创建品牌是通过一系列的品牌创建工具实现的,即品牌构成的要素、配套的营销策略组合、影响顾客对品牌联想的各种辅助性工具。

（3）基于品牌识别的品牌成长模式：戴维·艾格在《创建强势品牌》（Building Strong Brands）中指出，品牌识别系统的建设包括三个步骤：第一步是进行品牌的战略分析，第二步是设计品牌识别系统，第三步是品牌识别的实施系统。

（4）愿景导向型品牌成长模式：戴维森（Harley Davidson，1997）支持，品牌的名称、图案、色彩、口号、广告等可见部分仅仅是冰山露出水面的一小部分，而真正支持这些可见部分的是隐没在下面的公司文化、制度、员工行为、组织、技术、营销等。所以，品牌的成长需要不同领域的角色融合为一体，以确保品牌成为一个完整的实体。

（5）品牌管理导向型的品牌成长模式：奥美公司详细描绘了打造强势品牌的过程：品牌核心价值的确定—战略目标的确定—形象的定位—消费者的定位—品牌机构的建立—品牌策略的制定—资料库的建立—评估和追踪绩效—可持续的积累—品牌经营，这是一个周而复始的循环过程。

2. 国内关于品牌成长模式的理论

（1）根据品牌成长的战略划分

①品牌升级成长方式：品牌的成长经由一般的地方性品牌、区域性品牌、国家级品牌、国际级品牌、世界级品牌，不断升级为强势品牌的过程。在这个过程中，品牌资产价值随品牌的知名度、美誉度和信任度的增加而增加。

②品牌扩张成长方式：基于产品规模不断地扩张，品牌知名度、认知度不断提高的一种成长方式。

③品牌复制成长方式：基于原有品牌产品的技术和顾客细分观念，将品牌特征连同它的营销模式整体地迁移到新的目标上去的方式称为品牌复制成长方式。

（2）按品牌成长的轨迹划分

①长跑式成长模式：品牌在长期的成长过程中随着时间的推移，经过品牌工作者的努力，品牌缓慢地向上发展的一种成长模式。许多百年老店走的就是这种成长模式。

②爆竹式成长模式：品牌在成长中像爆竹一般迅速成长，达到知名度、美誉度、信任度、追随度的顶峰，而又随即快速衰落的一种成长模式。此种品牌的生命周期极短，例如秦池、亚细亚、爱多VCD。

③波浪式成长模式：品牌的成长像波浪般高低起伏，周期变幻，波峰、波谷交替，但从总的趋势上看，品牌在向上发展的一种成长模式。

④火箭式成长模式：品牌的成长、成名像火箭般垂直升起、迅速成名，而后出现坡度上升，最后进入一定轨道，平稳发展的一种成长模式。例如步步高、农夫山泉。

⑤螺旋式成长模式：品牌是螺旋式状态上升，随着时间的推移，品牌的知名度、美誉度、信任度、追随度得到提升的一种成长模式。

⑥其他成长模式：飞跃式、脉冲式和随机式等。

（3）按品牌成长的驱动力划分

①质量导向型成长模式：品牌在成长过程中，始终以质取胜，以此不断提高品牌知名度、美誉度和信任度的一种成长模式。比如，"全聚德"北京烤鸭、"同仁堂"中药、

"狗不理"包子、"茅台"酒等。

②服务导向型成长模式：通过为用户提供优质、完善的服务，来推动品牌成长的一种模式。例如，联想的品牌理念就是"服务的联想"。

③广告导向型成长模式：品牌在成长过程中，通过强化宣传的方式，把品牌尽早灌输给消费者，从而促进和扩大产品的销售，以促使品牌成长的一种模式。例如，从前的"秦池""爱多 VCD"和现在的"脑白金"、哈药六厂的盖中盖。

④公关导向型成长模式：通过利用公关活动吸引媒体关注，由媒体主动宣传企业或品牌，树立品牌在公众中的良好形象，从而达到品牌成长的目的。例如，正大集团曾经赞助过名牌栏目《正大综艺》。

⑤管理导向型成长模式：利用管理来规划品牌的发展、开发品牌的资源，以此不断提升品牌价值的一种模式。

⑥文化导向型成长模式：品牌依托其特有的文化而不断成长，两者相辅相成、相映成辉的一种成长模式。例如"麦当劳""星巴克"。

⑦资本运营型成长模式：企业通过资本运营如同行并购、企业重组，来实现企业品牌的快速成长或品牌提升的一种模式。例如，一汽并购天汽的案例。

⑧政府推广型成长模式：品牌在成长和发展过程中，重视政府的作用，通过赢得政府的大力支持，而发展品牌的一种模式。

⑨品牌关系导向型成长模式：企业以注重品牌资产的积累和提升为原则，以建立与顾客长期稳定的关系为核心，以产品的功能利益为基础，最终建立品牌与消费者之间的互动关系，促进品牌的成长与发展。

二、成长品牌的市场策略

（一）价格策略

在成长时期，由于竞争的压力，产品价格不能过高；由于营销支出增多，成本加重，价格又不能过低。要考察市场的反馈：如果太多的人不愿意买你的产品，价格有可能太高了；如果你的产品有特别多的人买，而你又不赚钱，就说明产品价格太低了，利润率太低了，所以最终的衡量标准就是你的利润。成长期的价格策略是增是降，企业决策除了考量本行业的实际情况（如竞争与市场）、产品的价值以及企业自身的状况外，为避免判断失误，可借鉴赫尔曼·西蒙模型中考察的关键变量。赫尔曼·西蒙指出最常见的定价错误有三个：第一个是有些企业相信如果降价，销量就会大增；第二个是只想到自己降价，而没有正确估计竞争对手对你价格变动的反应；第三个是企业只想到成本加利润，成本一高利润就没了，所以赶紧提价。

德国管理学家赫尔曼·西蒙提出了一个与品牌生命周期相关联的价格弹性动态模型。西蒙的研究发现对于企业根据价格弹性的变化制定最优定价政策具有重要意义。

假定 q_{it} 为 t 时品牌 i 的销售量，C_{it} 为 t 时品牌 i 与市场上所有其他品牌的价格差异效应(也就是交叉弹性效应),B_{it} 为 t 时品牌 i 的纯粹价格效应,A_{it} 为非价格因素对 t 时品牌 i 的遗留和废弃效应,那么,动态销售反应模型就可表述为:

$$q_{it} = A_{it} + B_{it} + C_{it}$$

A_{it} 反映了由于广告反应滞后和销售变量滞后而引起的生命周期废弃因素和遗留效应的组合情况。

B_{it} 反映了销售量与纯粹价格水平的关系。西蒙假设二者之间存在着线性关系,即 $B_{it} = bP_{it}$,$b < 0$;P_{it} 为 t 时品牌 i 的价格。

C_{it} 反映了品牌 i 与市场上所有其他品牌的价格差异对品牌 i 销售的影响。最理想的效应是:当价格差异较小时,销售反应比例小;当价格差异大时,销售反应比例大。所谓价格差异,是指品牌 i 价格与市场上所有品牌价格平均值之间的差额。

针对中国市场上发生的先用低价占领市场,挤压竞争对手,然后再去获得更高利润的做法,赫尔曼·西蒙指出这种战略只在两种情况下才起作用:一是保证生产成本长期比竞争对手低,比如宜家;二是有足够的财力来支撑价格战。在品牌初创期推出新产品时想快速进入市场,运用低价策略,是可以理解的,特别是你比竞争对手强的情况下,快速推广你的新产品,这样节省了产品推广时间。在这种情况下,对企业来说这种低价格是临时的推广价格。这样做有两个作用:一是消费者一听说是推广的临时价格,会迅速购买;二是这样做,也为三个月后提价进行时间上的铺垫。然而,如果市场好,大家都在往前走,其实不应该打价格战,因为每个人都有可能在市场里获得一杯羹。没有确认自己的成本比竞争对手低的情况下打价格战,是错误的。我们的目的不是为了打倒竞争对手,而是为了盈利,所以如果市场在增长的话,就不应该打价格战。赫尔曼·西蒙指出,在中国企业中,三一在定价方面是个不错的样板,它在国际市场上注重价值,从不做最便宜的那个,产品价格卖得高,又卖得好。联想在定价方面也做得不错。海尔定价时常常定得过于激进,经常做降价活动。

然而,大家都有汤喝的好市场不会永远存在,市场情况是动态变化的,多兰(Robert J. Dolan)和朱兰德(Abel P. Jeuland)提出了将成本动态和扩散过程动态考虑在内的最优价格模型。多兰-朱兰德模型反映当需求曲线随时间的推移呈稳定状态(无扩散)且生产成本随累计价值的增加而下降时,采取撇脂战略(即先高价后低价)为最优选择;在以扩散过程为特征的耐用品需求情况下,采取渗透战略(即以低价格、低成本进入市场)为最优选择。

当行业生命周期进入快速成长期时会出现最具革命意义的转折点,这个转折点具有三个特点:第一,行业发展速度快,产品的消费结构正处于"从少数高级用户向大众化消费"的拐点上;第二,当时的市场容量扩大的幅度能够弥补降价的幅度;第三,行业集中度低。

在这个转折点到来之前,行业内主要企业往往采用撇脂定价法,产品的利润率较高,产品用户主要是具有较高购买力的少数人,但是当价格突变点到来时,产品向大众普及,涌现大量潜在消费者,此时过高的价格成为制约购买的瓶颈。能准确地把握这个价格突变点的企业就会采取大众化的定价方式,大幅度降低原先的高价格,吸引大量的潜在客户实现购买，虽然价格降低了，但是总体利润和市场份额会有较大的上升，这能为率先降价的企业带来巨大利益。

改变定价规则的风险在于对时机的把握，如果太早，临界点还没有来，大幅降价不会使市场份额的提升弥补降价的损失，企业会付出代价；如果一味等待，就会被别的企业捷足先登。行业中试图重新制定定价规则的企业，一般不会是行业中最大的或最小的1~2家企业。因为前者是既得利益者，缺乏危机感，后者实力不足，对行业的认识也不深。一般会是行业中的第二集团的企业率先采取这样的做法。中国很多行业内的领导型企业都是在市场的临界点及时抓住机遇，使自己脱颖而出，并从此一路领先。

（二）服务策略

建立品牌认知，不仅仅是让顾客熟悉其品牌名称、品牌术语、标记、符号或设计，更进一步地是要使顾客理解品牌的特性。顾客通过看、听，并通过对产品的接触和感受来认识品牌，而要提高品牌认知度，最重要的途径是加强与顾客的沟通。除了广告、包装、促销、产品接触外，售后服务是建立品牌沟通、打造口碑营销的有效途径，为今后步入成熟期打下良好基础。因此，成长期品牌可以通过建构完备的服务体系，实现品牌质量的自然延伸，使顾客更多地了解品牌及其产品，加强品牌与顾客互动，了解顾客的真实需要。

"服务"不仅仅是售后机器安装及机器出现故障以后的修修补补，而是一项从售前、售中到售后的全方位的系统工作。成长期品牌可以学习较先进的服务管理，例如，从全面质量管理移植过来的全面服务管理，同样遵循P（计划）A（实施）C（检查）D（处理）循环。同时，它更引入了ISO9000的文件保障形式，使全面"服务管理"更明确、更具体。

"海尔"曾经在市场对其冰箱的需求持续增加的时期，不合格率却非常高。张瑞敏果断砸掉低质量不合格冰箱76台。海尔为了追求"零缺陷生产"，采取美国的6西格玛管理方式，这种追求完美无瑕的数据化经营管理体系要求100万个产品中，不良品不能超过3—4个。

（三）渠道策略

分销渠道系统分为垂直分销系统和水平分销系统。垂直分销系统是一个实行专业化管理和集中计划的组织网。生产者、批发商和零售商为了提高经济效益，形成一个统一的整体，采取不同程度的一体化经营或联合经营。他们统一规划、协调行动，服从于一个领导，或是生产者，或是批发商，或是零售商。服从于谁取决于谁的能量和实力最强。最强的一方或者拥有其他各方，或者给其他各方以特许权，或者直接领导这种渠道系统的协作。这种系统的经营规模、交换能力和避免重复经营的特性，使得它有可能实现规模经济，与传统渠道系统展开有效的竞争，而且这种组织形式可以控制渠道行为，管理渠道成员和解决那些因不合作而产生的渠道冲突。

水平渠道系统就是在同一层次上的若干制造商之间、若干批发商之间、若干零售商之间自愿组织短期或长期的联合关系，共同开拓新市场的营销机构横向联合经营系统。通过这样的联合经营可以积累巨额资金，形成规模经济效应，提升品牌竞争力，减少品牌的经营风险。

三、成长品牌的传播策略

当品牌步入成长期时，企业的营销重点是提高品牌的认知度，强化消费者对品牌核心价值和品牌个性的理解。要提高品牌认知度，最重要的途径是加强与消费者的沟通。目前中国的众多产品是有知名度，但品牌认知度整体上较低，顾客甚至对国外品牌的认知度远高于国产品牌，原因在于企业没有传递给顾客能满足顾客需求的核心价值和品牌个性。要提高品牌认知度，最重要的途径是加强与顾客的沟通。顾客是通过各种接触方式获得信息的：媒体的广告、产品的包装、商店内的推销活动、产品的接触、售后服务和亲戚朋友的口碑，因此，企业要综合协调的运用各种形式的传播手段，运用整合营销传播策略来建立品牌认知，为今后步入成熟期打下良好基础。

成长期的品牌由于资源相对于消费需求的多样性和可变性总是有限的，不可能去满足市场上的所有需求，因此企业必须针对特定的目标顾客进行营销传播。品牌成长期所采用的整合营销传播方式恰当与否关系到品牌竞争力和影响力的提高，可能有媒体的选择问题、媒体投放的频率问题、企业的管理和控制能力问题、营销能力问题、推广人员的观念和执行问题等，这对成长期品牌传播的步骤、协同力和创新性提出了很高要求。

（一）品牌核心价值的传播

当品牌进入成长阶段之后，产品已经获得了部分消费者的认同，因此其传播策略在重心上发生了转移，针对产品本身的传播活动逐渐减少，品牌传播与推广的目标转向培养顾客对品牌的偏爱。这就需要品牌以宣传其核心价值为中心，逐渐形成独特的品牌文化。处在成长期的品牌已经具有较高的知名度，为了使品牌的美誉度和忠诚度得到同步提升，企业必须进行有效的顾客期望值管理。品牌的美誉度来自品牌的准确诉求和产品质量，顾客忠诚度来自产品功能和价格的组合及品牌的核心价值。因此，顾客期望值管理的重点是顾客信息的及时处理、品牌定位和诉求的及时纠偏、提高和完善产品质量、产品功能的适应性调整、价格体系的设定和监控、品牌核心价值的确立和体现等。

品牌核心价值是品牌资产的主体部分，它让消费者明确地识别并记住品牌的利益点与个性，是驱动消费者认同、喜欢乃至爱上一个品牌的主要力量。品牌核心价值传播策略的理论基础是"独特的销售主张"（USP）理论，USP 理论是罗塞尔·瑞夫斯（Rosser Reeves）首先提出的。他认为任何商品都有许多特性，如果找出消费者最喜欢的特性，那么其商品的效能就能为消费者重视。与其他品牌相比，该品牌个性越独特，其效用就越大，消费者就越喜欢。他的独特销售主张理论包含三方面内容：

（1）找出其他品牌所没有的或者无法提出的独特的个性——unique。

（2）每一条广告必须只给消费者提一条符合消费者需求的主张——selling。

（3）该主张要有足够的力量吸引新顾客购买你的产品——proposition。

根据这一理论，品牌在进入成长阶段之后，在面临大量竞争对手追击的情况下，其广告、公关以及其他一切传播活动，都应该以传播品牌的核心价值为中心，构筑不同于其他品牌的独特品牌理念，从而吸引消费者的眼球。品牌一旦确定了它的核心价值，就应该持之以恒地坚持传播下去，并且一直延续到品牌的成熟期，甚至后成熟期。

（二）建构品牌亲和力

对品牌亲和力的导入是成长期品牌传播策略的另一个重心。品牌亲和力是消费者对某种品牌的感情量度，表现为某种品牌的产品与同类产品其他品牌展开竞争时，消费者对它所持的态度。当消费者视某品牌为不可或缺的朋友，对它产生熟悉感、亲切感和信赖感，更容易接受它，认同其存在的社会意义，并与之产生互动的关系时，该品牌便具备品牌亲和力了。建构品牌亲和力的方式有以下四种。

1. 采用以非价格促销为主，价格促销为辅的消费者促销策略

在产品导入期，价格促销可以增加短期销售量，但无益于品牌的长远发展。因为该策略的频繁使用会导致消费者对未来的价格产生降价预期，而且竞争产品的类似行为会强化这种心理，最终危害品牌形象。当产品进入成长期之后，品牌管理者应严格控制在价格上大做文章的促销手段，避免陷入恶性价格竞争中。此时品牌应更多地采用非价格促销策略，如社区品牌形象推广、社区文化建设、与知名品牌联合促销、以俱乐部等形式建立与消费者长期的、稳定的关系等方式。企业须巧妙地把对品牌的宣传与培养消费者对品牌的情感结合起来，使创造品牌的知名度围绕着建立品牌与消费者之间的关系进行，从而建构了品牌的亲和力，使品牌获得竞争对手无法超越的优势。

2. 与消费者建立良好的沟通关系，增加消费者对企业的亲身体验

为了实现消费者对品牌产生情感忠诚度，企业应充分挖掘优势资源，设计有意义的体验与互动环节。在营销的每一个环节，通过体验点的设计，让消费者深刻理解品牌的核心价值与品牌个性，在消费者的心中占有一席之地。

3. 积极使用数据库营销新技术

数据库营销是企业通过收集和积累有关市场的大量信息，经过处理后预测目标市场的购买潜力，并利用这些信息给产品以精确的定位，采用适当的方式与消费者进行沟通，实现营销的目的。通过对客户的大数据研究，品牌在产品设计、分销渠道、价格规划以及传播理念等过程中，能够围绕目标对象进行有效的沟通，让他们感觉该品牌的确是为了自己而设计的，由此对品牌产生亲切感和信赖感。

本书第十章阐述了"搜索引擎营销"（search engine marketing，SEM）的妙用，它以精准的网民行为、大数据研究为基础，通过对目标消费群在网页浏览、网上交易、软件使用、作息习惯等多种行为的精准研究，有效提升营销精准度的同时，实现了品牌

与消费者之间的"亲密"沟通。例如，如果某客户曾在"淘宝"购买过抱枕，做家居用品的品牌就可以通过搜索引擎营销，在该客户浏览其他网站例如微博时，在页面开出小窗口推荐本品牌的抱枕及其搭配产品如腰枕、靠垫、坐垫、摆件等图片，具有购买潜力的客户自然会点击了解该品牌，如果该品牌的设计恰合其意，就会下单购买。这样做，同类产品的老客户，就成了本品牌的新顾客，而与寻求新顾客相比，保留老顾客的成本更低。

4. 承担企业的社会责任。在竞争产品同质化越来越高的情况下，企业参与公益活动的社会行为，可以较快地使消费者对企业和品牌产生强烈的好感，比各种广告宣传对消费者的影响力更深刻，赋予品牌一个社会使命，例如，赞助体育文化事业、扶持老弱病残、保护环境与动物、支持义务教育等，表明了一个品牌在拓展业务与赚取利润的同时，还有更值得追求的社会义务方面的目标，它更容易建构品牌的亲和力，也容易形成品牌的差异点。

（三）口碑传播策略

口碑传播是指一种以口头传播为主要形式，以传播者之间的互相信任或密切关系或兼而有之为基础的一种信息传播方式。口碑传播的三个重要特性如下。

1. 选择性

人们在传播信息时会以传播者所认为最主要的信息作为传播对象，这可能是品牌质量，也可能是价格、品牌的地位等。

2. 主观性

人们所传播的信息是经过自己的思维加工而成的，它必将带有一定的主观色彩。

3. 高效性

由于传播者之间的关系，往往一次传播将对被传播者的购买行为和态度产生决定性的影响。

品牌成长期要运用口碑原理，利用已经对品牌产生认同和信赖的目标消费者的评论或推介来进行传播，提高传播的质量和效率，缩短成长品牌向成熟品牌转变的过程。口碑传播常常通过人际传播和网络传播来实现。

（四）切忌盲目投放广告

广告可以建立知名度，但是它只是诸多营销手段中的一种，在品牌成长期需要与公关等其他营销手段协同配合，才能产生良好的品牌效应，建立品牌美誉度。任何事情都有一个度，过犹不及，广告也是如此。过度的广告宣传容易造成消费者期望值的落差，对品牌承诺的误解。做广告是长期的投入，考验一个品牌是否具有长时间承受巨额广告支出的能力；否则，品牌的市场份额会很容易消失殆尽。过量的广告投入使得企业现金流紧张，影响日常的生产经营活动和产品质量等基本的品牌要素，损害消费者对品牌的信任度。

四、成长品牌的延伸

(一)成长品牌延伸的前提：不影响原有项目的正常运行

当企业成功地走过初创期步入成长期，资本不断积累，此时的企业可走多元化道路，也可走专业化道路。虽然有不少企业选择了向其他产业渗透，实施产业多元化的经营战略。例如荣昌肛泰生产口服液，以洗衣粉起家的活力28上矿泉水项目。但是，本书主张成长期品牌应该在专业化的方向做深做精，将核心竞争力投入到更新换代新产品、丰富发展产品线、提高管理效率上去。

如果打算实施品牌延伸和多元化生产，须考虑到虽然此阶段的利润呈几何级数增长，但在开发新产品、新技术以及品牌传播和推广上的投入也相当大。企业必须拥有雄厚的资金、技术以及管理水平，须选择适当的时机、对市场充分把脉的基础上才有可能成功。否则，品牌的胡乱延伸只会导致企业资金分散，优势力量难以集中，结果往往是多个产品均营养不良，无法正常生长，最终使得好不容易闯过来的品牌最终走向覆灭。

(二)品牌延伸成败的核心因素：考虑相关、相近产业

品牌延伸过程中，原产品与新产品之间是否建立有效的战略关联，是决定品牌延伸成败的核心因素之一。与原有业务领域战略关联程度的强弱，也是品牌确定延伸方向的主要依据。一般来说，品牌应该首先选择那些与其主营产品和核心竞争力关联密切、容易获得关联优势的领域作为品牌延伸的主要进入领域。因为，进入高关联度的领域更容易借力主营产品领域建立起来的优势地位和核心竞争力，最有效地利用已有的销售网络，使品牌的部分设备得以利用，原产业和新产业的技术形成互通，以较低的成本和风险建立优势地位。如果将品牌延伸到与原产业无关的行业，则应该考虑采用新的品牌，从而有效地保护原有产业在消费者心中建立的知名度和信誉度。

(三)选择恰当的品牌延伸途径

品牌延伸通常有两种途径：通过投资新建和通过企业间并购。一般来说，行业内部的品牌延伸可以采用投资新建的方式来实现。但是对于跨行业的品牌延伸来说，投资新建的方式往往周期长、成本高、风险大。我国产权交易市场已日渐完善，为企业并购提供了良好条件，跨行业的品牌延伸可将并购作为首选途径，在并购无望的情况下才考虑采用投资新建的实现方式。因为企业并购不仅使企业在短期内进入新的产业，而且可得到并购企业多种资产，包括有形资产和无形资产。但是，在并购的过程中，要注意把尽职调查做到位；在并购之后，企业重组如果做得不成功，也有可能延伸失败。

第三节　成熟品牌的管理

一、成熟品牌的界定和自我维护

（一）成熟品牌的界定

产品的销售增长率在到达某一点后将放慢步伐，进入品牌的成熟期，品牌的产量和销量都进入了黄金时期，市场份额到达历史最高水平，品牌资金实力达到前所未有的高度，品牌的知名度也实现了最大化。品牌成熟期是品牌生命周期中的制高点，进入成熟期的品牌在市场已站稳脚跟，但竞争更加激烈。

品牌成熟期的持续时间一般要比前两个阶段长，可分为三个时期。第一个时期是成长中的成熟，此时由于市场饱和而造成销售增长率开始下降。虽然一些落后的消费者还会继续进入市场，但是市场的潜力已经不大，难以开辟新的市场。第二个时期是稳定中的成熟，由于市场已经饱和，销售量的增长与人口的增长呈现同一水平。第三个时期是衰退中的成熟，此时销售的绝对水平开始下降，顾客也开始转向其他产品和替代品。

虽然，成熟期品牌抵御危机的能力得到极大增强，但是竞争危机不容松懈，品牌要不断保持和扩大品牌的美誉度，增强顾客对品牌的忠诚度，可进行适当的品牌延伸，使品牌的成熟期能够达到最大化。

品牌忠诚度是指消费者在购买决策中，多次表现出来对某个品牌有偏向性的（而非随意的）行为反应。它是一种行为过程，也是一种心理（决策和评估）过程。它为品牌产品提供了稳定的不易转移的顾客，从而保证了该品牌的基本市场占有率。顾客的品牌忠诚度一旦形成就会很难受到竞争产品的影响。在成熟期企业可运用顾客对该品牌的忠诚来影响顾客的行为。

品牌延伸是将现有成功的品牌用于新产品或经改进的产品上的一种策略，进入成熟期的品牌为应对更激烈的竞争者，可以通过品牌延伸，建立品牌组合，实施多品牌战略，尽可能多地抢占市场，避免风险。最有成效的多品牌策略是使新品牌打入市场细分后的各个细分市场中，这种策略的前提是市场是可以细分的。

（二）注重法律保护，以防不法侵权

成熟品牌培养了大批拥趸，容易被不法分子利用，各种假冒伪劣、盗用仿造层出不穷。因此，成熟期的品牌应对品牌实施法律保护，捍卫商标权和注册权。商标权是商标所有人对其注册商标所享有的权利。在我国颁布的《民法通则》《商标法》《反不正当竞争法》《工业产品的质量责任条例》《刑法》等法律法规中，对商标的创制、使用和违法

惩罚都有明确的规定。

成熟品牌选定好商标，商标入市后不会引起法律纠纷，具防御性，难以仿制。应及时注册与续展商标，实行一标多品注册，商标差别要宽，占满每一大类商品中的每一个空位，以取得所有商品的商标独家专有权。当商标有效期满时，应及时申请续展注册。一般应当在期满前六个月（按我国商标法规定，最迟不超过有效期满后的六个月，即宽展期）内申请续展注册。成熟品牌在进入某国市场之前就应将其商标提前注册，而后再寻找合适的销售代理商。

（三）防御竞争对手，巧妙采取竞合战略

随着品牌进入成熟期，对竞争者构成了威胁，竞争者不希望自己的市场份额缩小，也不希望自己的品牌影响力被遮盖，此时竞争对手会实施阻击计划。竞争者一般从产品、媒体投放力度和推广模式等三方面设定阻击计划，例如削减价格、闪电战式的促销、产品更新或者侵犯销售领域。企业应认真分析竞争者的实力和阻击举措，而后制订相应的防御方案。

如果竞争者实力庞大且其品牌的市场定位趋于相同或相似，那么企业只有在营造产品的差异化、专注于相对狭小的市场和设立差别化服务等方面可能尚存胜出的机会，迎头反击极有可能使品牌遭受不可逆转的打击。如果竞争者实力相当，迎头反击也决非一种良策，两败俱伤是不愿见的，陷入低级别的价格战更不可取。因此，企业可以就技术、渠道、服务和产业链升级方面与竞争者建立战略联盟关系，共同分割现有市场或合力扩展至其他市场。如果合作无望，企业要分析竞争者的技术缺陷、产品组合漏洞、服务方面的不足、定位和诉求的模糊点、传播和推广的脱节等方面，相信总会找到令对手措手不及的地方。如果竞争者的实力小于企业，那么就应该是正面迎战，但也必须讲究投入与产出比。

1. 阵地防御

品牌管理者沿着目前的经营领地周围设防，修筑防御工事，以防止竞争者的攻击，即专注于对现有产品或市场的防守，放弃开拓性的品牌扩展攻势。典型的做法是企业向市场提供较多的产品品种和采用较大分销覆盖面，并尽可能地在同行业中采用低定价策略。这是一种最为保守的竞争做法，若长期实行，会使企业不思进取。美国的福特汽车公司和克勒斯勒汽车公司都由于曾经采取过这种做法而从顶峰上跌落下来。

阵地防御的主要措施有：防御性地增加规模经济；差别营销，培养顾客忠诚度；封锁销售渠道入口；提高购买者的转换成本；延伸产品线；占领技术制高点等。

2. 侧翼防御

品牌管理者除了保卫主品牌或者主推产品外，还应该建立一些副品牌或者副产品等辅助性基地作为防御阵地，必要时作为反攻基地。特别是注意保卫自己较弱的侧翼，防止对手乘虚而入。

3. 以攻为守

指在竞争对手尚未构成严重威胁或在向本品牌采取进攻行动前，先发制人，将其

削弱或挫败。企业应正确地判断何时发起进攻效果最佳，以免贻误战机。例如，日本精工公司在世界各地市场分销达 2300 种钟表产品，使竞争对手很难找到涉足的领域。日本本田公司素以生产摩托车闻名，每当有竞争对手生产同样摩托车产品时，本田公司就采取首先降价的防御措施，因此该企业得以长久保持在摩托车市场的领先地位。

4. 反击防御

当市场领导者受到竞争对手的攻击后，即以迎击正面的、迂回侧翼的、钳形包围的方式对挑战者加以有力的反击。反击防御的主要策略有：

(1)正面反击。与对手采取相同的竞争措施，迎击对方的正面进攻。如果对手开展大幅度降价和大规模促销等活动，市场领导者也适时地采取促销和降价措施有效地击退对手。

(2)攻击侧翼。选择对手的薄弱环节加以攻击。例如，某品牌男鞋受到对手的削价竞争而损失了市场份额后，分析发现本品牌女鞋的性价比超过竞争者，于是对女鞋进行大幅度降价，使对手忙于应付女鞋市场而撤销对男鞋市场的进攻。

(3)钳形攻势。即同时实施正面攻击和侧翼攻击。比如，竞争者对男鞋削价竞销，则本品牌不仅男鞋降价，女鞋也降价，同时还推出新产品，从多条战线发动进攻。

(4)退却反击。是在竞争者发动进攻时我方先从市场退却，避免正面交锋的损失，待竞争者放松进攻或麻痹大意时再发动进攻，收复市场，以较小的代价取得较大的战果。

(5)围魏救赵。是指在竞争者对我方主力市场进行攻击的同时，也对竞争者的主力市场展开攻击，迫使对方撤销进攻方案以保卫自己的阵地。例如，当富士在美国向柯达公司发动攻势时，柯达公司报复的手段是以牙还牙，攻入日本市场，迫使富士公司撤回大量资金保卫其主要市场——日本市场。

5. 机动防御

企业将其资金分散到彼此不相关的行业经营，这种防御策略要求品牌管理者不仅要固守现有的市场和产品，还要向一些有潜力的领域扩展，这些领域将来可以充当防御和进攻的中心。

机动防御的主要手段有市场扩展和多角化经营。市场扩展要求品牌管理者把精力从现有产品转移到更为基本的需求上，并且开展与之相关的技术研究和开发。所谓多角化经营是品牌管理者将资源分散到互不相关的行业进行经营，从而可以有更多的回旋余地的一种策略。

6. 退却防御

是指品牌主动放弃一些已失去竞争力的市场，而集中资源在本品牌具备较强竞争力的领域，即把资源重新分配以增援实力较强的领域。

二、成熟品牌的市场策略

(一)市场改进

成熟品牌的一个标志性特征是其市场已经趋于稳定，对成熟品牌进行市场改进，就是在市场已经基本稳定的形势下，进一步挖掘市场的潜力。产品的销售量受到两个因素的制约，如下面公式所示：

$$销售量＝品牌使用者数量×每个用户的使用频率$$

据此，增加品牌使用者数量的方法有以下手段。

1. 争取竞争对手的顾客

当品牌进入成熟期之后，其潜在用户规模已经降到了较低的水平，要增加品牌用户只有把竞争对手的用户转变为自己的用户。品牌管理者需要分析竞争对手的优、弱点，攻其劣势，避其优势，提供更多优势和收益来吸引消费者的注意，并改变他们的消费习惯。

2. 进入新的细分市场

为争取那些使用此类产品但不使用本品牌的用户，品牌要努力进入新的细分市场。强生公司是以生产婴儿护肤品而著名的品牌，但是它不局限于此，大胆进入成年人市场。

3. 每个用户的使用频率

(1)提高使用频率。品牌管理者可以通过多种方式努力使品牌的当前消费者更加频繁地使用该产品。

(2)增加每个场合的使用量。品牌管理者应该努力使每一位消费者在每次使用该品牌产品时，都增加该产品的用量。

例如，POPPY KING 的口红根据不同场合(第一次约会、面试、见家长、夜场舞会、重要会议、逛杂货店、舞会或晚宴)设计了不同特色的颜色，这样原本毫无意义的颜色被赋予了社会意义，不仅对于顾客采购具有实用的指导意义，而且会让消费者觉得非要把各种颜色收集齐全才可以自如应对生活和工作，从而增加了每个用户的使用频率。

(3)开发本品牌产品新的、更广泛的用途。品牌管理者应该努力发现该产品的各种新用途，并且要说服人们尝试更多的用途。

(二)产品改进

成熟品牌的产品改进主要指对现有产品本身进行功能和属性上的改进，而不是完全去开发或者创造出一个新的产品。

1. 质量改进

质量改进的目的是注重于增加产品的功能特性——耐用性、可靠性、速度、口味等。品牌可以通过运用"更多""更好""更大""更省力""更方便"，或者一代、二代、三代等术语，来描绘本品牌产品质量的改进状况。如，iPhone 1，iPhone 2，iPhone 3，iPhone 4，iPhone 5在运行速度、软件更新和与苹果大家族其他产品的配方方面，都做得越来越好，让消费者欲罢不能。

2. 特色改进

特色改进战略的目的是增加产品的新特色，例如尺寸、重量、材料、添加物、附件等，扩大商品的多功能性、安全性或便利性。

3. 式样改进

式样改进的目的是增加对产品的美学诉求。在包装食品和家庭用品上，一些品牌常常引进颜色和结构的变化，以及包装式样的不断更新，使包装作为该产品的一个延伸。

（三）营销组合改进

品牌管理者针对营销组合的非产品因素可以遵循以下思路，考虑一系列关键性问题：

1. 价格

价格是不是本产品的一个敏感因素？降价会吸引新的试用者和新用户吗？如果是，要不要降价？或者通过特价、数量或先购者的折扣、免费运输、更方便的信用条款等方法下调价格？或者用提高价格来显示质量较好？

产品品牌定位对定价有很大的指导和限制作用。一个企业在定价时，除了考虑成本、期望毛利率、竞争对手价格等各种因素之外，还必须考虑产品的品牌定位。既要考虑品牌在市场的现实地位，也要考虑企业对品牌的期望定位，在这两者的基础上，综合做出定价决策。

成熟期品牌已经非常清晰地看到自身品牌在市场中的地位，如果面对品牌地位比自己强的品牌，第一，推出同类产品，但是价格相对较低，低的幅度与品牌的差距成正比，品牌差距越大，价格低得越多，只有这样才能使产品的整体性价比略好；第二，主要产品集中在中档和低档，在高端的产品数量较少。而如果面对品牌地位比自己弱的品牌，第一，推出同类产品，但是价格高于弱品牌产品的价格，越是在高端，价格领先的幅度越大；第二，在中高端，产品种类相对较多；第三，高端产品的种类占的比例，高于弱势品牌的相应比例。

2. 分销

品牌在现有的分销网点上能够获得比较多的产品支持和陈列吗？销售区域应该重新划分吗？品牌能渗透更多的销售网点吗？品牌的产品能够进入某些新类型的分销渠道吗？

3．广告与公关

应该增加广告和公关费用吗？广告词句或文稿应该修改吗？宣传媒体组合应该更换吗？宣传时间、频率或规模应该变动吗？公关手段需要跟进吗？

4．促销

品牌应该采用何种促销形式——短期降价、舍弃零头、打折、担保、赠品或者竞赛？

5．人员推销

销售人员的数量和质量应该增加或提高吗？销售队伍专业化的基础应该变更吗？对销售队伍的奖励方法应该修改吗？销售访问计划需要改进吗？

6．服务

品牌能够加快交货工作吗？品牌能够扩大对消费者的技术援助吗？品牌能够提供更多的信贷吗？

（四）国际品牌的本土化

当一个品牌进入成长期时，其国际化的进程就已经开始了；当它进入成熟期时，它应该已经是一个比较成熟的国际化品牌。一个品牌是否进入成熟期，关键性的标志就是它是否是一个国际化的品牌。

1．品牌名称的本土化

当国内品牌步入国际市场时，须兼顾外国消费者的文化、生活习惯和审美心理，注意进口国的民族顾忌，通常会为品牌取一个当地化的品牌名称。按照国际惯例，出口商品包装上的文字说明应使用销售国的语言。成功的案例有不少，例如，Budweiser在中国市场叫"百威"；Heineken 叫"喜力"。而 Goodyear，针对中国重型卡车市场，译为"固特异"，暗示坚固，在轿车市场就直译为"嘉年华"，赋予产品灵巧浪漫的情调。品牌名称本土化失败的例子也不少，例如"帆船"地毯起初译为 Junk，在国外却无人问津，原来 Junk 除有帆船之义外，还有垃圾、破烂的意思，最后改为 Junco 才幸免于难。再如，"Mistatick"发夹在英国十分畅销，但在德国却受到冷落，原因是"Mist"在德语中指"动物的粪便"。

2．产品的本土化

任何一种国际品牌，无论技术多么优良、设备如何先进，如果不能符合当地人的消费习惯，就会水土不服。反之，则能收到意想不到的经营效果。宝洁公司的产品每跨一个地区，都要通过一系列严密的消费者测试调查研究，来确保产品对准消费者需求的焦点。伊莱克斯针对中国人喜欢把冰箱摆在客厅，并追求时尚的特点，开发出"新境界""省电奇冰"等节能低噪音冰箱，又推出"自选冰箱"。这些本土化新品的推出，使伊莱克斯的知名度大增。

3．人力资源的本土化

为了适应本地的社会文化环境，国际化的品牌一般都在当地设立分支机构，只派出少量的外籍主管，其余人员皆从当地聘任。这样既减少成本，帮助当地政府解决就业，获得政策上的优惠，还可以使营销、广告等行为更加地道。

4. 销售与营销的本土化

海外销售网络的构筑通常有两种方法：一是自建销售网络。例如三菱、三井、住友、东棉、日棉、日商、丸江、兼松江商、日商岩井等当前日本 9 大企业集团，他们在全球设有 150 多个分支机构和不计其数的代理商。在我国，9 大集团也各有 2～7 个分支机构。二是通过中外合资，直接利用当地品牌原有的销售网络。如德国的大众汽车公司与上海汽车公司合资经营，生产"桑塔纳"轿车，以上海汽车公司原有的销售通路直接销往全国各地。

国际品牌进入一个国家或地区时，其广告、促销、公关等行为，要尽量迎合当地的风俗习惯，从而获得本地民众的喜爱。例如，可口可乐不仅设计了中国阿福形象，还率先利用公共活动扬名，在中国推行预售制，提高广告宣传支持，提供各个零售点冰柜等设施，很快占领市场，使得销售网络遍布中国农村市场。

5. 生产的本地化

生产本地化是品牌降低成本的需要，也是品牌迅速扩张的需要。世界著名酿酒集团喜力进入地方市场的策略是直接投资、合资或者其他合作方式，一般先通过中间商代理出口到直接出口，再在当地开展特许经营或合资，最终实现在当地直接生产。

第四节　后成熟期品牌的管理

一、后成熟期品牌的界定

后成熟期品牌的重要特征是品牌所代表的产品出现市场占有率、销售额、销售利润等的大幅度持续下降，利润空间越来越小，一部分品牌在处境艰难的情况下不得不退出市场。

很多专家把这一阶段品牌的生命周期称之为"衰退期"，因为品牌常常表现出以下特征：品牌市场表现不佳、高认知率与低再现率、品牌忠诚度下降、品牌认知质量下降、品牌联想弱化。本书推荐余明阳的观点，认为这一阶段应称之为"后成熟期"，意指品牌在经过成熟期之后，并不必然走向衰退期。因为产品的生命周期是有限的，势必走向衰退与消亡。但是，品牌并不一定随着产品而衰亡和消失，品牌的生命周期事实上是可能实现永续经营的，尤其在环境越来越不稳定的今天，人们的怀旧情绪会日益加重，品牌经过一系列创新，完全可能焕发新的活力。例如，德国奔驰销售 100 多年昌盛不衰；《哈利·波特》的 10 多种文化产品，年产值 1000 多亿美元。

在这个阶段，企业可实施品牌重新定位、品牌创新等策略重新进入市场。在做出品牌再定位决策时，企业首先应考虑将品牌转移到另一个细分市场所需要的成本，包括产品品质改变费、包装费和广告费。一般来说，再定位的跨度越大，所需成本越高。

其次，要考虑品牌定位于新位置后可能产生的收益。收益大小是由以下因素决定的：某一目标市场的顾客人数；顾客的平均购买率；在同一细分市场竞争者的数量和实力，以及在该细分市场中为品牌再定位要付出的代价。

品牌创新是品牌自我发展的必然要求，是克服品牌老化的唯一途径。我们要不断更新品牌的内涵、保持品牌的生命力。

二、后成熟期品牌的管理

Berry首创品牌激活概念，并从企业实践的角度提出了品牌激活的七个步骤：千方百计提供高质量的产品或服务；仔细检查一切能影响消费者感知质量的因素；管理品牌与消费者之间的关系；理解品牌价值所在；每个品牌都必须有一些独特的品质；协调好品牌激活过程；为品牌重新上市安排一个激动人心、重要的、有报道价值的派对。

Shapiro认为，品牌之所以能够存活，是因为在品牌和消费者之间产生了情感联系。品牌激活应该从深层的消费者心理出发，理解并利用消费者心理来激活品牌。

品牌进入后成熟期以后，品牌管理者应该通过考察以下问题来判断品牌的后成熟期是可以挽救的，还是不得不放弃的。

1. 品牌所代表的产品是否质量和服务不稳定或者持续下滑

如果是，品牌管理者应该采取及时的补救措施，恢复并提高产品质量，重新完善服务体系，以赢得消费者的芳心，从而使品牌的市场占有率回升，品牌获得新生。

2. 品牌形象是否老旧古板、不再吸引消费者

如果是，品牌管理者应对品牌形象加以调整，须在继承的基础上，或使其形象发生变革，或融入时代的特性，要注意特性的衔接，新形象应当继承原有形象的核心特性。

(1)品牌标志的创新。品牌革新最简捷的途径就是对品牌标志进行创新。

(2)品牌名称的创新。

(3)广告定位主题句创新。

3. 品牌产品是否在技术和设计等方面更新换代不及时，没能跟上目标消费者的需求变化

当品牌泡沫形成，就会出现品牌空心化，根本的解决之道就是扭转重虚轻实的品牌战略，回归到重视产品并为消费者创造真正价值这一根本上来。处于逆境中的品牌只有对产品进行更新换代，围绕着拳头产品进行改造创新，利用高科技针对不同地域、不同用户，更新改造原有产品，让它们更适应市场、满足用户。

4. 品牌产品的营销策略是否恰当

如果是，品牌管理者应在广告投入、广告投放范围、公关活动、分销渠道等方面重新调整思路，密切联络经销商出谋划策，使品牌重获市场。一个处于后成熟期的品牌，其再生能力主要来自品牌优势、新产品开发优势和全新的市场营销战略。

5. 品牌是否针对内部条件和外部环境的变化采取应变措施

内部条件变化如管理层的人事变动、团队军心变化、新厂房的建立等。外部环境变化如国家关于本行业政策的变化、价格法规的变化、对资源开采的新规定等。如果是，品牌管理者应及时采取调整措施，将内、外部条件变化所引起的不利影响降低到最低限度，使品牌更新换代，焕发活力。

6. 品牌是否因相同的、替代性的且更具竞争力的产品加入市场而丧失市场份额

一种情况是指因产品技术、设计、包装等的进步而产生替代性的产品；一种是指由于社会的发展，某一类型的产品成为夕阳产品，甚至整个行业面临灭亡。

如果是前者，品牌管理者可以重新定位目标消费群、修改品牌定位、开发创新替代产品或者改变营销组合模式，从而发展品牌的第二春。

如果是后者，品牌管理者应该采取快速退出的战略，停止一切新的投资，及早减少生产量，快速削减各种研发和营销开支，转移资金，撤销该品牌有关的运营部门等，以便及时集中品牌资源，投向新品牌。

思 考 题

1. 简述品牌的生命周期概念；
2. 简述初创品牌的管理策略；
3. 简述成长品牌的市场策略；
4. 成熟品牌的市场策略。

第四章 品牌战略规划

学习目标

1. 了解品牌战略决策程序；
2. 了解品牌识别规划的基本概念；
3. 掌握品牌建设行动计划。

品牌管理

Brand management

　　品牌战略规划已经历了几十年的发展。早年的品牌战略规划在内容和形式上都比较简单。虽然有些领先的企业制定了品牌战略规划，但是绝大多数企业的品牌战略规划活动都还处于探索阶段，主要强调的还是股东价值或顾客价值的供给与需求预测、品牌资产价值的增值以及品牌战略规划的制定等单一的行为。企业的品牌战略规划还没有形成一套系统的、专门化的职能。此外，企业在单纯强调品牌战略规划的同时，没有很好地将企业战略与品牌战略进行融合，也没有在品牌战略的指导下制定品牌规划。总的来说，如何将品牌战略与品牌规划联系起来，从品牌资产评估、品牌基点状态评价、品牌环境分析、制定品牌战略、进行利益相关者价值供给与需求预测、制定品牌规划方案，以及品牌战略规划的评价与控制等方面，构建一个统一的品牌战略规划体系，是很多企业长期以来都试图解决但一直都没有解决好的一个重点和难点问题。

第一节　品牌战略体系

　　由于在品牌系统中包括开发、设计、管理、衡量、维护与改进等子系统，因此品牌战略本身也正是通过这些子系统体现出来的。所谓品牌战略是指组织或个人为取得差异化竞争优势而充分利用内外部环境和资源以开发、设计、管理、衡量、维护与改进品牌系统的一整套长远性、根本性和全局性的谋划和行动。由此可见，品牌战略是一个系统概念，更确切地说是品牌战略体系。之所以强调它是一个体系，就是要把它与庞杂无章、包罗万象的品牌战略概念加以区别，说明各种战略可以通过建立科学的联系，形成有序结构，发挥单个战略所不具有的功能，这才是体系的优势。但是长期以来，人们对于品牌战略体系的构成要素、各要素之间的（层次、价值、传递与转化）内在关系及其实施程序或步骤等问题在认识上分歧很大。结合远东品牌的实践经验和前沿的理论进展，我们把品牌战略划分为三大类，即品牌总体战略、品牌生命周期战略（含品牌竞争战略、品牌职能战略）和品牌防御战略（见图4-1）。每类战略又可细分为若干小类。每种战略有不同的适用范围，企业可以根据自身情况选择不同的品牌战略。品牌战略选择（Brand Strategy Selecting）的实质是个人或社会组织选择恰当的品牌战略，从而扬长避短，趋利避害和满足或创造利益相关者的价值需求。

第二节　品牌战略决策

一、品牌在企业战略中的地位

　　按照传统战略管理理论和营销理论的观点，品牌在企业中的战略位置偏低，即品

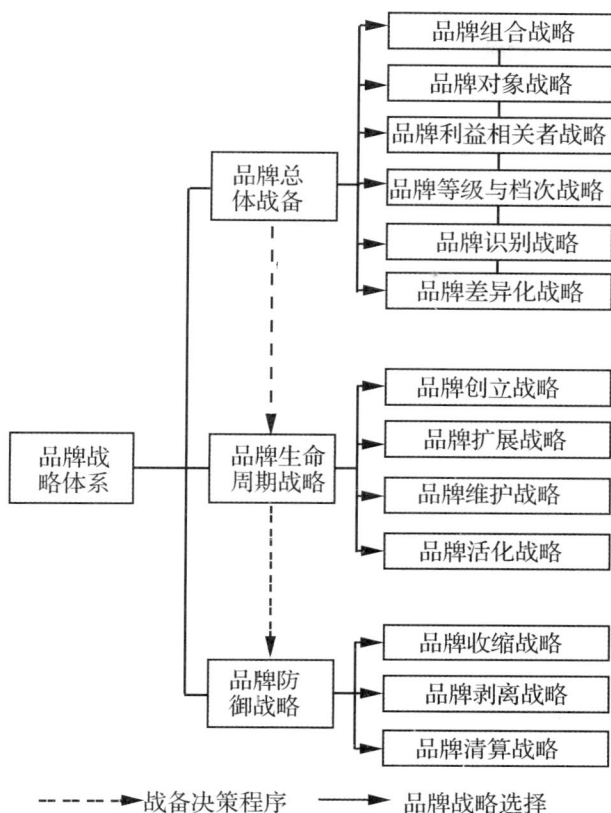

图 4-1　品牌战略体系的结构

牌在企业各项工作中居于公司愿景和使命、经营战略、营销战略、产品策略之下，所处位置和重要性远远不如企业的技术和产品研发、人力资源管理、生产制造、仓储管理甚至物流运输等重要。在传统战略理论框架下，包括战略大师迈克尔·波特、罗伯特·卡普兰等在内，对品牌与战略的关系的界定和说明不清晰，没有把品牌放到企业战略高度，更没有指出品牌战略与企业战略的关系。导致了品牌及其战略规划、管理等工作得不到应有的重视和尊重，更不可能在企业的资源配置中得到足够的支持。

　　传统的观点正不断地被质疑和挑战。例如，Temporal 在《高级品牌管理》一书中提出了"消费者创造品牌，消费者拥有品牌"的研究结论。Duncan 等在《品牌至尊：利用整合营销创造终极价值》一书中提出，品牌资产是由关系利益人对品牌的支持度累积起来的结果，即真正的品牌是存在于关系利益人的内心和想法中，因此整合营销重点应该关注：关系、关系利益人、品牌讯息的策略一致性、互动（对话）、任务营销、数据库营销、核心能力等。Lepla 等在《综合品牌塑造：通过全公司的努力实现品牌驱动》一书中系统回答了一个基本问题"管理层怎样展示和塑造一个集成于整个组织的强大品牌？"它阐述了综合品牌塑造的含义：品牌要建立在公司的真正优势上；品牌还要建立在客户的价值观上；公司品牌居于所有行动和部门的中心，品牌的塑造必须通过全公司的统一意志和行动。Miller 等在《强势品牌的商业价值》一书中提出，品牌战略不仅仅是市场营销、广告宣传、提高效率和市场定位，品牌战略就是企业战略。

随着时间的推移，持上述类似观点的学者越来越多。这些观点和研究成果奠定了品牌与企业经营战略的新理论——品牌驱动经营战略。这个理论颠覆了传统的企业经营战略规划方法——在新的品牌竞争格局下，应当用品牌愿景来代替公司愿景，用品牌战略来指导经营战略。新的品牌驱动经营战略理论，是站在消费者等利益相关者的立场和角度进行思考，关注如何将品牌与各利益相关者联系起来，最符合时代和趋势要求的战略就是加强品牌利益相关者关系，并以此为基础推动公司业务的发展和品牌的价值提升。在新的理论框架下，品牌愿景和使命（目的）已经代替了企业的愿景和使命，品牌战略已经位于经营战略之上，决定和指导经营战略，品牌被提升到了企业经营的最高位置。这个理论框架目前在以美国为代表的西方发达国家得到了广泛运用，很多强势品牌的管理模式，已经转变成为用品牌战略、品牌目的和品牌愿景来推动经营战略和企业经营活动的发展。

二、品牌战略决策程序

有些人认为创立品牌是一件十分简单的事情，取一个名字、设计一个图案，最多再花钱去有关部门注册一下。实际上，品牌是许多价值的组合体，品牌的价值内涵要依靠企业长期的苦心经营。当企业开始考虑建立品牌的时候，它将如何入手？是从自己取名和注册开始，还是租用或购买其他企业的品牌？随着品牌的发展，又将考虑如何对品牌进行发展和维护，选择怎样的品牌组合，是否需要进行品牌延伸等。解决这些问题，就需要制定和实施有效的品牌战略，从是否需要品牌到品牌如何建立和维护，直至品牌战略，都是一个连贯的决策程序。

（一）品牌情境、环境和资源分析

对于应对市场变化而言，品牌的任务情境（表4-1）、环境分析和品牌利益相关者的价值需求分析同等重要。在分析的过程中，企业领导者必须全面回答至少以下八个问题：①是需要何种类型的新构建？即新建、拆除并重新建造、激进变革还是修正并创新。②何种类型的变革将起作用？即要保持什么、去除什么，并确保所增加的东西是兼容的。③我们在此是为了什么？即定义目的和使命。④我们在此是为了谁？即理解并联结利益相关者的需求。⑤我们来自何处？从每类利益相关者的观点中分析过去5年的情况。⑥我们现在在哪里？即识别主要技术和资产、正视未来的机会并把两者联系起来。⑦我们现在是谁？即理解并联结利益相关者的需求。⑧未来竞争的关键成功因素是什么？即对客户需求、员工的需求、科学技术、合作关系、竞争、成本、新的规则——法律和规章、资源的有效性与配置八个关键方面进行分析。

表 4-1　品牌任务情境与决策

情境	策略
企业无任何品牌	无品牌——如何开发、设计和创立你的品牌？
企业有一个品牌	小品牌——如何培育、提升和扩张你的品牌？
企业有多个品牌	多品牌——如何组合、规划和管理你的品牌？大品牌——如何运营、管理和维持你的品牌？小品牌——如何培育、提升和扩张你的品牌？老品牌——如何刷新、再造和活化你的品牌？新品牌——如何开发、设计和创立新的品牌？差品牌——如何修剪、清算和剥离你的品牌？

（二）品牌化决策

在完成品牌环境和资源的分析之后，你首先要回答的一个问题就是是否需要一个品牌，或者是否一定要给你的产品或企业加注品牌名称和含义的决策，这包括采用品牌化和不采用品牌化两大战略。前述我们分析了品牌化战略的适用范围和品牌的外延。结合这些分析，你还需要不断追问品牌创建的目的，即如果实施品牌化战略是否真的能够为企业和消费者等带来预期的价值。

（三）品牌创建者决策

如果企业确信实施品牌化战略能够带来预期的价值，那么接下来的问题是：该使用谁家的品牌？品牌创建者决策就是指使用谁家品牌的抉择。根据企业的资源情况和相对生产及经营能力的强弱，可以划分并选择借用品牌和自主品牌两大战略。

对于拥有过剩和较强生产及经营能力的企业，或资源条件一般且没有显著比较优势但能寻求到合作伙伴的弱势企业及创业者，可考虑使用他人品牌，即合作者的品牌。具体来讲，可采取贴牌生产和品牌授权两类战略。虽然两者都是将他人品牌使用到自己企业的产品上面，但却存在着本质的区别：贴牌生产是品牌持有者要求制造商在产品上贴上指定的商标，制造商既无品牌的使用权也无产品的处置权；品牌授权是品牌持有者将品牌授权给某个制造商或服务商使用，被授权者拥有品牌的使用权和产品的处置权。

当然，品牌持有者既可以是制造商，也可以是服务商。

如果企业具备相对较强的生产能力，那么可以首先考虑选择贴牌生产战略。根据所贴之牌的不同，可以将贴牌生产又分成制造企业的贴牌生产和服务企业的贴牌生产（即借用零售商品牌战略）。

根据所授权的目的，可把常见的品牌授权分为五种类型：（品牌租赁）商品授权战略、促销授权战略、主题授权战略、连锁授权战略、专利授权战略等。

自主品牌战略是指品牌的使用者和拥有者是同一主体，即自创品牌、自用品牌或自有品牌。这是最常见、最传统的品牌战略模式。自主品牌又包括企业自行设计的品牌和外来品牌。外来品牌是指企业从其他企业购入（包括拍卖而得）或通过企业并购的形式获得品牌的专用权。无论是企业自行开发和设计的品牌还是企业从外部购买或转让而来的品牌，都属于企业的自主品牌。现在的多数企业都倾向于采用自主品牌战略。一般而言，正处于起步阶段的企业最好使用自有品牌。

（四）品牌总体战略的决策

除了选择贴牌生产战略以外，无论企业决定采取品牌授权战略、收购品牌战略或新创品牌战略中的任何一种，那么接下来的问题是：该如何确定品牌总体发展的战略和方向？虽然在此只需要进行一个大体的确定（在进入品牌战略与规划这一程序时将会进行详细的确认），但意义却很大，这为后续品牌目的、品牌愿景、品牌精髓（核心价值）和品牌个性等工具的开发树立了一个基本的参照系。另外，对于那些正处于扩张、维持或老化阶段的品牌，也应该根据环境的变化定期或不定期的审视、选择或调整品牌的总体战略，这非常重要。

品牌总体战略就是规定品牌发展总方向和总目标的战略。由于企业创建和实施品牌战略的起点不同，企业自身及其所属行业和产品特点的不同，因此有多种类型的总体战略可供依次决策，每种类型的总体战略又有多种策略可供选择或组合。

（五）品牌系统的开发与设计决策

关于先做产品再做品牌，还是先做品牌再做产品的问题，业界一直争论不休。两种模式的战略决策程序恰好相反。当前，最前沿的思想和实践，日益倾向于采用先做品牌再做产品这一品牌新模式。在依次完成品牌环境分析、品牌化决策、品牌创建者决策以及品牌总体战略的初步决策之后，我们便可正式进入品牌系统的开发与设计环节。在这一环节，我们将与你一起踏上品牌目的→品牌愿景→品牌精髓→品牌伦理（行为准则）→品牌个性→品牌目标→品牌原则→品牌任务→品牌战略（总体战略、生命周期战略、防御战略）与品牌定位→品牌规划→品牌管理组织→品牌故事→品牌要素的新征程。

（六）品牌阶段战略的决策

一般来说，可以将品牌的生命周期分为四个阶段：初创期、成长期、成熟期和后成熟期。但是，依次经历上述四个阶段的品牌还比较少见，大多数只经历了生命周期中的某一个或几个阶段。这种情况非常普遍，通常来说，有以下几种形式。

第一，品牌经过初创期后，直接退出市场。这可能有两种情况，或者品牌所代表的产品没有市场而遭到淘汰，品牌随之退出市场；或者品牌管理者主动采用防御战略即使用新的品牌来替代原有的品牌。

第二，品牌一直处于初创期，即品牌始终不能发展到成长期和成熟期，但也没有衰退老化至退出市场。导致这种情况的原因主要是，品牌创立之初导入市场的时候，品牌管理者由于缺乏经验或者前期调查工作不够充分，而导致品牌总体战略决策失误、品牌定位不当、品牌开发路线不准或品牌运营、营销、传播、策划等措施失当，始终无法建立起独特的品牌联想和形象，所以品牌始终无法进入成长期。但另一方面，产品还是有一定的市场，品牌管理者也在努力推广这种品牌（尽管这种努力在很大程度上是没有效果的），因此品牌也没有很快地退出市场。针对这种情况，公司可适时采取品牌防御战略而退出市场或采取品牌创新战略而进入成长期。

第三，品牌进入成长期后，就退出了市场。这有可能是因为品牌所代表的产品在最初的新鲜感过后，无法满足消费者的实际需求，被淘汰出局，品牌也随之消亡了；也有可能是品牌管理者根据环境变化，主动采取防御战略而退出市场；还可能是因为品牌管理者在经历品牌成长期产品销量快速增长的巨大成就感后，欲望极度膨胀，导致品牌扩张战略决策盲目求大，偏离正常轨道而断送了一个极有希望的品牌。针对最后一种情况，适宜采取品牌创新战略。

第四，品牌进入成长期后，无法进入成熟期。发生这种情况的原因很多，有可能是因为品牌管理者无法培养起消费者等利益相关者对该品牌的认同感和信任感，没有固定的消费群体，但产品还是有一定的市场，所以品牌也就一直徘徊在成长期。也有可能是品牌形象与竞争对手太相似，没有自己独特的个性，消费者对品牌的识别性不强，所以品牌无法进入成熟期。针对上述情况，适宜采取品牌创新战略。

第五，品牌进入成熟期后，始终保持稳定，在短期内没有老化衰退、从市场中消亡的迹象。这种状态应该是所有品牌管理者所梦寐以求的，但也是极难达到的。这需要品牌管理者的不懈努力，始终保持品牌的新鲜感，与时俱进，不断创新，对品牌进行合理和必要的延伸，并且不断满足消费者的新需求。所以，能够始终保持这种状态的品牌是很少的，在国际品牌中，也只有少数的，如可口可乐、百事可乐、麦当劳、肯德基等百年老品牌能够保持这一状态。

第六，品牌进入成熟期后，慢慢老化，逐渐退出市场。很多品牌在经历一段时期的辉煌之后，就完成了他们的历史使命。这种状态的品牌应该说是经历了整个品牌的生命周期，体验了这个生命活动的全过程，但最终面临的仍然是消亡的命运。

品牌的生命周期是一个时间序列的过程，但是品牌存在时间的长短并不是判定一个品牌处于品牌生命周期的哪一个阶段的标准。有的品牌可能创立不到半年，就已经处于生命周期的老化阶段了；而有的品牌已经存在了几百年，如可口可乐，但它仍然处于成熟期，并且没有老化的迹象。从本质上来说，判定一个品牌处于生命周期的哪个阶段，应该从灵活性和可控性两者的关系入手。一个品牌越是处于生命周期的前期，它的灵活性就越强，可控性就越弱；反之，它越是处于生命周期的后期，灵活性就越差，可控性就越强。这一情形就像婴儿和老年人之间存在的差别一样。婴儿灵活到可以把自己的脚趾伸到嘴里去，但他的动作和行为却是非常不可控的。成年人没有婴儿那么灵活，但可控力要比婴儿强。

品牌的生命周期不是一个宿命的概念，它是一个自我实现的概念。生命周期的长短把握在品牌管理者手中，品牌环境分析、品牌系统的开发与设计、品牌系统的运行与管理、品牌系统的衡量、品牌系统的维护与改进等正确与否以及成效如何，这些都是品牌管理者的任务。对品牌的生命周期进行讨论，就是希望帮助品牌管理者找出品牌在不同的生命阶段最突出的特征和问题，找出对策，从而实现对品牌的有效管理，达到品牌的永续经营。

三、品牌识别规划概述

在完成品牌组合战略规划之后，就需要针对每个重要的具体品牌进行识别规划。因为品牌识别是创建强势品牌的基础，是指导品牌创建工作的指示器，是战略品牌管理的核心。同时也是建立和积累品牌资产的重要来源与载体。因此，要创建强势品牌必须要有一个丰富而清晰的品牌识别。这样一来，规划和管理好品牌识别就成为创建强势品牌的首要任务。大卫·艾克认为，品牌识别就是指品牌战略者渴望创造或保持的一系列独特的品牌联想。这些联想代表着品牌所要表达的事物和理念，暗示着品牌对顾客的承诺。从这一定义可见，品牌识别不是简单地建立或设计某一标识物，关键在于要让它能够引发一系列的联想，突出品牌的本质，以积累品牌资产。因此，艾克强调，构建品牌识别的最终目的或方向，主要是让品牌识别通过形成功能性、情感性或自我表现利益的价值主张建立品牌与顾客等利益相关者之间的关系。品牌识别规划的内容包括品牌原型、品牌核心价值、品牌核心识别和品牌延伸识别等方面，也包括对品牌的内涵（品牌个性等人格化特征、品牌标识等物格化特征）和外延的规划。在品牌识别规划过程，还可以参考里斯提出的关于打造品牌的 22 条定律，具体内容如表 4-2 所示。

表 4-2　打造品牌的 22 条定律

分类	内容
1. 扩展定律	品牌的力量和它所代表的产品数量成反比
2. 收缩定律	收缩焦点，你的品牌才会更强大
3. 公关定律	品牌的诞生依靠的是公关，而非广告
4. 广告定律	品牌一旦诞生，就需要广告来维护
5. 词汇定律	品牌应当力争在消费者心中占据一个词汇
6. 信誉定律	任何品牌成功的关键因素是其可信度的诉求
7. 质量定律	质量很重要，但品牌的创建不仅仅依靠质量
8. 品类定律	一个领先品牌应该推动该品类的发展，而不是品牌
9. 命名定律	从长远来看，品牌不过是一个名字
10. 延伸定律	要毁灭一个品牌，最容易的方法就是把这个品牌名用在所有产品上
11, 伙伴定律	为了推动某个品类的发展，应该欢迎其他品牌的加入
12. 通用定律	给品牌起一个通用名称是招致失败的最快途径之一
13. 公司定律	品牌与公司两者并不一样
14. 副品牌定律	凡是打造品牌所创建的一切，副品牌策略都能将它毁于一旦

分类	内容
15. 兄弟定律	在合适的时间及地点推出第二品牌
16. 外形定律	品牌的标识应该设计得符合眼睛的视觉感受，符合两只眼睛的视觉感受
17. 颜色定律	品牌应该使用一种与主要竞争品牌相反的颜色
18. 国界定律	品牌全球化是无障碍存在的，——必须清楚，品牌是没有国界的
19. 连贯定律	品牌不是一夜之间创建的，成功要以数十年的时间来衡量，而非短短数年
20. 变化定律	品牌可以被改变，但只能是偶尔的，并且要极其谨慎
21. 死亡定律	没有一个品牌能永存，安乐死通常是最好的解决方法
22. 独特定律	一个品牌最重要的特性就是它的独特性

四、学习课程《创建强势品牌》和《品牌领导》

在《创建强势品牌》一书中，艾克教授深入探究了什么是品牌识别，以及怎样建设品牌识别（品牌识别规划模型）。品牌识别表达了一种抱负——品牌希望如何被顾客感知，而品牌形象是指品牌如何被顾客所感知。品牌战略制定者在创建品牌识别时，最常走进的一个误区就是过分把关注点放在与产品相关的特色上（聚焦于功能属性）。因此，在《创建强势品牌》一书中则通过引入品牌作为人、作为组织和作为符号的视角，将情感利益和自我表达利益纳入整体思考，从而突破了这个框架的限制。在管理"跳出陈规"的品牌的过程中，品牌识别（品牌战略者希望创建并维持的品牌联想）和品牌定位（品牌识别中需要积极沟通的部分）这一对相互依存的概念发挥着关键作用。在随后的《品牌领导》一书中，艾克教授进一步拓展了品牌识别概念的内涵和应用，涵盖了品牌核心概念的重新表述、不同市场中品牌多元识别的运用和对有效品牌识别的阐述，以及运用品牌识别和定位的八项建议和进行品牌识别和定位的各种方法（可以有效指导品牌传播活动和其他品牌强化方案）。此外，还阐述了品牌识别的重要意义，它有助于向包括公司合作伙伴及其员工在内的品牌实施人员清晰传达该品牌识别。

五、学习课程《品牌路线图——打造具有凝聚力的品牌之五部曲》

无论是购买汽车，选择学校，还是为慈善事业来捐赠，当今的顾客都面临着令人眼花缭乱的各种选择。因此，品牌也就成为顾客购买决策过程中的关键因素。然而，就大多数情况而言，公司内部对品牌的看法和外界对于公司品牌的认知通常会有很大的差别。

资深营销专家迈克·莫泽认为，问题并不是公司的管理者们不理解公司的品牌，而是他们不知道怎样通过某种易于传播、便于理解的方式将公司的品牌信息及品牌所体现的价值传递给每个人，包括员工、合作伙伴、顾客和投资者等任何能够接触到公司品牌的人。

在《品牌路线图》一书中，莫泽展示给我们一种行之有效的做法，这是他过去20多年来从事品牌工作的经验总结。这些经验来自他为品牌巨人"锐步""戴尔"等公司工作的经历，也来自与初出茅庐、刚刚起步的小企业及非营利组合的合作。"品牌路线图"使得每个经理人、小企业主及创业者都能拥有过去只属于一流咨询机构和广告公司的洞察力和经营战略。首先，莫泽一步一步向读者介绍了品牌战略的四个主要部分，即确认品牌核心价值、提炼和精选品牌信息、开发独特的品牌个性和选择相互一致的品牌标志。然后，他提供了整合模型，通过这个模型能将上述各部分组合成一个量身定制的品牌路线图，从而在下列各方面提供了保证：无论是公司内部的沟通还是公司与外界的沟通都体现出相同的品牌价值与品牌信息；利用相互一致的品牌表述来推动各种战略活动，决定营销资源的分配；管理层和专业设计人员在品牌战略的实施上达成共识；营销资料与营销沟通活动都能够精确地反映品牌核心价值及品牌信息。此外，书中还包含了大量生动的案例和实际的工作表，可以作为读者日常品牌工作的指南。

第三节　品牌建设行动计划

上述品牌战略规划制定完成之后，就需要制定品牌建设行动计划，或称品牌战略实施计划，这主要包括六个步骤：

第一步，对品牌建设行动进行阶段划分。然后，在此基础上依据品牌组合战略、品牌识别规划以及品牌定位，对每个阶段的品牌元素、战略意图、重点突破区域和重点目标客户进行安排，并对里程碑式的结果进行节点界定，从而形成品牌战略。

第二步，需要对每个阶段品牌的状态进行刻画，并形成品牌状态转移图景。

第三步，需要选择品牌战略标准和品牌接触点标准、定性和定量评价指标，对每个阶段状态所需要达成的目标进行设定。

第四步，依据品牌战略、状态转移和阶段目标，绘制与不同阶段相适应的品牌发展模式与路径。

第五步，制订品牌的长期实施计划；

第六步，制订一年的品牌短期计划。

思　考　题

1. 简述品牌在企业战略中的地位。
2. 简述品牌阶段战略的决策。
3. 简述品牌建设行动计划的六个步骤。

第五章 品牌设计

学习目标

1. 品牌 VIS 系统的含义、内容和设计原则；

2. 品牌名称设计的原则和策略；

3. 品牌标志设计的作用、原则和方法；

品牌管理

Brand management

第一节 品牌设计概述

一、品牌设计的含义

品牌设计有广义与狭义之分。广义的品牌设计包括品牌战略设计和品牌表现设计，其中，战略设计是无形的，是一个品牌的价值定位过程，包括品牌目标市场界定、品牌理念设计、目标消费者设计、产品概念设计和市场设计等内容；品牌表现设计是化无形为有形，用准确的视觉语言表现出来，包括规范性的品牌视觉识别设计和应用型的产品造型设计、包装设计等内容，是战略设计的外在表现。狭义的品牌设计是指后者，又称品牌视觉识别设计、品牌形象设计。目前企业界普遍采用的品牌形象识别设计方法是 VIS。

二、品牌 VIS 系统

品牌具有较强的识别作用，使之从众多同类产品中凸显出来，以利于消费者识别和购买。这种识别既表现在品牌文化、个性等内涵方面，也表现在品牌名称、标记、符号、图案等方面，令消费者产生视觉上的差别。

品牌 VIS，即品牌视觉识别系统，是一种具体化、视觉化的符号识别传达方式。它将品牌经营理念、品牌文化、服务内容、品牌制度等抽象语言，以独特的名称、标志、标准包装等视觉要素具体而形象地表现出来，从而区别于其他企业。如由醒目的运动员运球转身动作和"NBA"三个字母组成的 NBA 标志图案、麦当劳黄色大写的 M 型黄金双拱门等都给人以强烈的视觉冲击。

VIS 包括基础设计系统和应用设计系统。基础设计系统的要素有品牌名称、品牌标志、标准字体、标准色彩、标志造型和品牌广告语等；而应用设计系统要素包括事务用品、包装、环境、交通运输工具和制服等，如图 5-1 所示。

第二节 品牌名称设计

一、品牌名称的意义

每个品牌都有自己的名称。品牌名称是品牌识别中可以用文字来表述并用语言来传播的部分，也称"品名"。如可口可乐（Coca-Cola）、奔驰（BENZ）、奥迪（Audi）、海

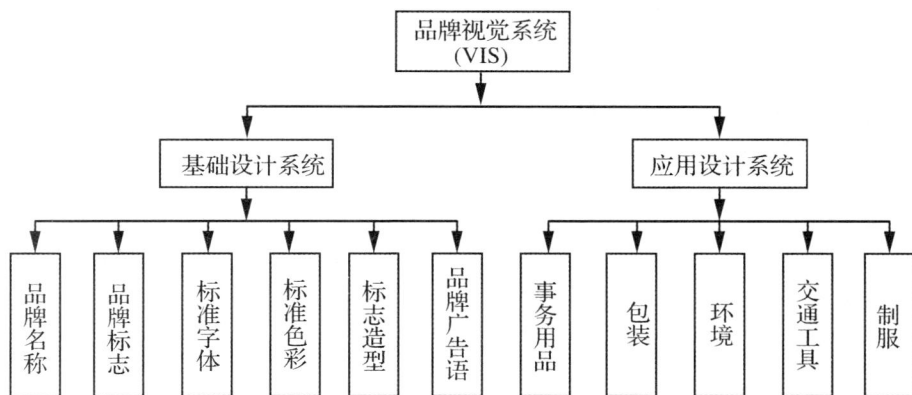

图 5-1 品牌视觉识别 VIS 系统

尔（Hair）等。好的产品好比一条龙，而为它起一个好的品牌名字就犹如画龙点睛，大大有助于品牌与外界的传播和沟通。

品牌名称能够提供品牌联想，它能最大限度地激发消费者对于品牌的一种感知联想。一提到某个品牌名称，人们马上就会自然而然地对该品牌所代表的产品或服务的质量、形象、特色等产生一个整体的印象。

品牌名称也可以从不同侧面诠释品牌的核心价值，成为品牌传播的最好载体。比如"古驰"（Gucci）皮具突出了产品古典朴素的设计；"易趣"（eBay）拍卖网站，传达的是"交易的乐趣"；帮宝适（Pampers）给宝宝提供最贴心的照顾，让他们舒适惬意，令人联想到它的柔软。这些品牌名称我们一听就可以了解到其品牌核心价值能够带给消费者怎么样的利益。

我国绝大多数品牌，汉字名称取得尚可，但在走出国门时，有些企业直接用汉字品牌的拼音作为品牌名称，结果因为外国人并不懂拼音所代表的含义而失去市场。例如长虹，其汉语拼音 CHANGHONG 被直接用作商标，而 CHANGHONG 这个音节在外国人眼里没有任何含义。海信，在走出国门前，从全球战略角度重新注册了"Hisense"这个英文商标，其 high sense "高灵敏、高清晰"的含义，非常符合家电产品特性。此外，high sense 还有"高远的见识"之意，体现了品牌的远大理想，非常巧妙，赢得了海外消费者的广泛欢迎。

二、国内外著名品牌名称设计的类型

国外众多知名企业对品牌命名都十分重视：据 P&G 报告，在其 Coast 肥皂导入市场前，为取该名花费了 100 万美元；美孚石油公司曾拨款 140 万美元用于选定品牌名字，它们组织了心理学、语言学、社会学和统计学等方面的专家，耗时 6 年，对 55 个国家的语言、民俗进行调查分析，提出了 1 万多个草案，最后才选定"Exxon"这一名字；美国 IBM 公司，为了给产品起好的、适合消费者的名字，还专门成立了品牌命名部，专门负责品牌的命名，等等。

纵观国内外一些著名品牌，它们的名称各具特色，又都遵循着共同规律，概括起来，主要有以下一些类型。

（一）地域命名

地域命名即以产品的出生地或所在地名称作为品牌的名称，以突出产品的原产地效应。原产地通常具有生产某产品的独特资源，具有独一无二的产品品质，消费者对该地域及其产品形成了信任。如青岛啤酒，人们看到青岛两字，就会联想起这座城市"红瓦、黄墙、绿树、碧海、蓝天"的壮美景色，使消费者在对青岛认同的基础上产生对青岛啤酒的认同。类似的还有蒙牛、宁夏红、鄂尔多斯、景德镇等品牌，都是以突出产地来证实这种产品的正宗的。

（二）人物命名

人物命名即以产品的发明者、企业创始人或者与商品相关的某个明星的名字作为品牌的名称，以利用名人效应，吸引消费者认同。如中国的"李宁"牌，就是体操王子李宁利用自己的体育明星效应，创造出的一个中国体育用品品牌。类似的还有"戴尔"电脑、"松下"电器、"本田"汽车等。这样取名能够借助名人的威望及消费者对名家的崇拜心理，激发人们的回忆和联想，对品牌留下深刻的印象。

（三）目标顾客命名

目标顾客命名即以目标顾客群作为品牌名称，以明确该品牌所服务的对象，使目标客户产生认同。"太太口服液"是太太药业生产的女性保健口服液，此品牌使消费者一看到该产品，就知道这是专为已婚妇女设计的营养品；类似的还有"太子奶""好孩子""娃哈哈""乖乖""商务通"等。这种命名法可以有效地获得目标消费者的认同。

（四）形象命名

形象命名即运用动物、植物或自然景观等来为品牌命名，以使人产生联想并留下深刻的印象。比如圣象地板、小天鹅洗衣机、金丝猴奶糖、盼盼安全门、苹果牌电脑等。但要注意的是，这种联想应该是积极的，与品牌的核心价值相一致，否则会适得其反，引起消费者的反感而拒绝购买。

（五）企业命名

企业命名即将企业名称直接用做品牌名称，以利于打造企业品牌，提升企业形象。企业名称有两种类型：全称式和缩写式。全称式如摩托罗拉手机、索尼电器等；缩写式名称是用企业名称的缩写来为品牌命名，即将企业名称每个单词的第一个字母组合起来，如 IBM，全称是 International Business Machine，汉译名称为国际商用机器公司；3M，全称为 Minnesota Minning & Manufacturing Co.，汉译名称为明尼苏达采矿制造公司，公司所有的产品都以 3M 为品牌名称。类似的还有 TCL、LG、NEC 等。

（六）利益价值命名

利益价值命名即用企业追求的价值来为品牌命名，以便让消费者感受到企业的价值观念以及从品牌中能够获得的利益。比如"飘柔"洗发水，明确其产品能够带给使用者飘逸柔顺的秀发；而"快译通""好记星"等，强调了产品的功能利益；武汉"健民"品牌突出了其为民众健康服务的企业追求；北京"同仁堂"、四川"德仁堂"品牌，突出了"同修仁德，济世养生"的药商追求。

（七）数字命名

数字命名即以数字或数字与文字联合组成品牌名称。这可以使品牌增强差异化识别效果，借用人们对数字的联想效应，打造品牌的特色。如"三九药业"的品牌含义就是："999"健康长久、事业恒久、友谊永久。"7-11"是世界最大的零售商和便利店特许商，在北美和远东地区有2.1万家便利店，该公司用"7-11"为企业命名的意思是开店时间是早7点到晚11点之间，目前已成为世界著名品牌。

采用数字为品牌命名容易为全球消费者所接受，但也需考虑各国对数字的含义的不同理解，避免不必要的麻烦和冲突。如日本人回避数字4，西方人忌讳数字13。其他较著名的数字品牌还有"001"天线、"555"香烟、香奈儿5号香水（Chanel N0.5）等。

三、品牌名称设计的原则

一个好的品牌名称是品牌被消费者认知、接受、满意及至忠诚的前提，品牌名称在很大程度上影响着产品的销售和市场份额。一般来说，品牌名称设计应遵循以下原则：

1. 简明独特

为便于消费者识别和记忆，迅速提高品牌的知名度。要求：音节不要太长，汉语品牌应以2～3个汉字为主，英语品牌应以5～8个字母为宜；不使用生僻字词；取材广泛，不盲从，忌抄袭。如联想、海尔、格力、奇瑞、现代、茅台、五粮液、Kodak、Kraft、Parker、Pepsi、Compaq、Crest、Disney、Dole等。

2. 寓意深刻

深刻的寓意可以引发消费者产生联想和思考，在心里产生品牌价值的认同感，从而在内心留下深刻的印象。如"三九胃泰"寓意天长地久人长久；"红豆"蕴含思念之情，情深浓重；"同仁堂"蕴含"同修仁德"之意；"海尔"蕴含"海尔是海""海之胸怀"之意；Hermes，世界高端品牌，中文名"爱马仕"蕴含高贵的身份和品位；Poison，世界著名香水品牌，原意是"毒药、毒液"，寓意独特，吸引了众多的猎奇族而风靡世界。

3. 发音响亮

品牌传播一靠媒体宣传，二靠消费者口耳相传，而发音响亮的品牌，抗干扰力强，说得清楚，听得明白，有利于品牌的传播。如英语品牌常以"K""P""C""B""D""G"等字母开头，以保证品牌的发音更响亮，提高传播的效果。

4. 视觉美观

品牌既是听觉符号，又是视觉符号，既要听起来悦耳，也要看起来悦目。调查表明，人们每天所接收到的信息中有83％来自视觉感知。可见视觉效果对于品牌的重要性。一般来说，需要做到以下三点：一要选择形体较好的字词，如结构稳定、笔画适中、繁简适宜的字词；二是选择适宜的字体；三是慎选颜色。以保证品牌名称看起来也很美。

5. 适应性广

现代社会，产品销售已经突破了地域限制，从而品牌命名不能只考虑为某一个国家或地区的消费者接受，还必须适应全球消费者的需要，这样产品才能畅通无阻。

四、品牌命名的程序

现代品牌命名是一个科学、系统的过程。一般遵循以下步骤：提出方案—评价选择—测验分析—调整决策直到确定命名。

1. 提出备选方案

品牌设计者根据品牌命名的原则，广泛收集可以描述产品特征的单词或词组。常常运用的方法是头脑风暴法。它可以通过集思广益的方式在一定时间内得到大量的候选品牌名称。如丝宝集团在为洗发水起名字的时候，便让营销人员尽可能列出与头发相关的字，并要求打破语言文字的常规组合，但要富有寓意，"舒蕾""风影"等名称便是这样产生的。此外，在媒体上刊登广告广泛征集品牌名称也是一种不错的方法，这样既可以为企业造势，也可能收获优秀的创意。

2. 评价选择

有了若干个符合条件的候选品牌名称之后，组织一个专业的评价小组，评价小组成员宜涉及语言学、心理学、美学、社会学、市场营销学等各领域的专家，由他们对备选品牌名称进行初评。初评出来的品牌名称既要能反映企业的经营理念，也要符合企业的长远发展。

3. 测验分析

事实上，消费者才是品牌名称的最终决定者。因此，对专家们初评出来的方案进行消费者调查，了解消费者对这些品牌名称的反映，是非常关键的一步。这一环节常采用调查问卷的方式展开。调查问卷应包括以下内容：名称联想调查，即选定的品牌名称是否使消费者产生不理解的品牌联想；可记性调查，品牌名称是否方便记忆，通常的做法是挑选一定数量的消费者，让他们接触被测试的品牌名称，经过一段时间后，要求他们写出所有能想起来的名称；名称属性调查，即品牌名称是否与该产品的属性、档次以及目标市场的特征一致；名称偏好调查，即调查消费者对该名称的喜爱程度。

4. 调整决策

如果测试分析结果不理想，消费者并不认同被测试的品牌名称，就必须重新对品牌进行命名，直到最后获得消费者认可为止，切不可轻率决定。

五、品牌命名的策略

（一）品牌来源策略

品牌来源策略即以产品的创始人、生产者、加工者或产地作为品牌名称，或者用文学作品中虚拟的人名或地名作为品牌名称，从而引起人们的美好联想，比如太阳神、孔乙己等。这种策略应用十分广泛，香格里拉（Shangrila），原本只是美国作家詹姆斯·希尔顿创作的小说《失落的地平线》中一个虚构的地名，风景宜人，犹如世外桃源，后来先后被用做饭店的品牌名、云南的一处地名。香格里拉·藏秘青稞干酒则再一次把香格里拉作为酒品牌予以应用。

（二）目标市场策略

目标市场策略即以目标消费者为对象，根据目标市场的特征进行命名，以暗示产品的消费对象。需要注意的是这种品牌名称要符合消费者的心理、文化和品位，其寓意要符合目标消费者的年龄、性别、身份和地位等。例如"太太""清妃""方太"等，其中"太太"这一名称就清晰地表明了这种口服液的消费者是那些太太们，同时也暗示了这一消费群体富足而悠闲的生活状态。

（三）产品定位策略

产品定位策略即以产品特征来命名，产品特征有产品本身的功能、效应、利益、使用场合、档次及其所属类型，使消费者从中领会到该产品所带来的利益。这种利益包括功能性利益和情感性利益。诉求功能性利益的比如奔驰（汽车）、飘柔（洗发水）、波音（飞机）、佳能（相机）、捷豹（汽车）、美加净（香皂）、固特异（轮胎）、锐步（运动鞋）、快捷（相纸）等；诉求情感利益的比如登喜路（服装）、金利来（服装）、美的（家电）、百威（啤酒）、家乐氏（食品）、七喜（饮料）、定康（汽车）等。

（四）本土化与全球化的选择策略

随着全球营销时代的来临，品牌命名需要考虑全球通用的问题。一个完善的品牌应当易于为世界上尽可能多的人发音、拼写、认识和记忆，在任何语言中都没有贬义，这样才利于品牌名称在全球市场上传播。由于世界各国消费者的历史文化、风俗习惯、价值观念等存在一定的差异，使得他们对同一品牌的看法也会有所不同。在一个国家非常美好的意思，到了另一个国家其含义可能完全相反。比如，在我国"蝙蝠"的"蝠"与"福"同音，被认为是美好的联想，就有厂家把生产的电扇命名为"蝙蝠"牌，而在英语里，"蝙蝠"（Bat）却是吸血鬼的意思。当然，品牌名称绝对全球通用往往不现实，因此在实际执行时，可以采用"全球思考，本土执行"和"全球兼顾当地"的做法。在向全球推广时，可采用另外起名或翻译原有名称的做法，如宝洁公司的飘柔洗发水在美国叫 Pert－Plus，在中国则叫飘柔。

拓展阅读

汉语和英语的品牌名称记忆

亚太地区的语言(如汉语)是基于形意的书写体系，而西方语言(如英语)采用的是字母体系。有学者研究了语言差异对思维影响的差异，这会进一步影响消费者对口头信息(品牌名称)的记忆。他们在北京和芝加哥分别以中国学生和美国学生为样本进行了实验研究，结果发现：汉语的口头信息的表示主要以视觉方式编码，而英语的口头信息的表示主要以音韵方式编码。因此，营销者应进一步增强讲汉语的消费者信赖视觉表示的倾向，以及讲英语的消费者信赖音韵表示的倾向。这可以通过针对汉语消费者选用视觉独特的品牌名称的书写或书法以及强调书写的图案设计来实现。另外，目标针对英语消费者的营销者应通过采用押韵和拟声的名称设计，努力运用其品牌名称的发声特点。

第三节 品牌标志设计

品牌标志是指品牌中可以识别但不能用语言表达出来的部分。运用特定的造型、图案、文字、色彩等视觉语言来表达，象征着该品牌的形象。品牌标志可以分为标志物、标志色、标志字、标志包装等，它们同品牌名称共同构成品牌的外显要素或品牌视觉识别系统。事实上，品牌标志应用相当广泛，从产品的包装系统到品牌延伸，从营销网络到零售空间，随处可见它的身影，是品牌视觉系统里应用最为广泛的要素。一个成功的品牌标志设计所构建的稳定的、具有差异化价值的、简明易记的品牌视觉识别系统将会为品牌带来潜在的传播价值。

一、品牌标志的作用

心理学家的研究结论表明：人们凭感官接受到的外界信息中，83％的印象来自视觉，11％来自听觉，3.5％来自嗅觉，1.5％来自触觉，另有1％来自口感和味觉。标志正是品牌给予消费者的视觉印象，其重要性不言而喻。与品牌名称相比，品牌标志更容易让消费者识别，品牌标志作为品牌形象的集中表现，充当着无声推销员的重要角色，其功能与作用体现在以下几方面。

(一)品牌标志生动形象，让消费者容易识别

品牌标志包括标志物、标志字、标志色、标志包装等内容，这些内容大多以图案

或符号等形式表现出来，简洁独特、富有寓意的图案符号总是很容易赚取公众的眼球，给公众留下鲜明深刻的印象。比如，不识字的幼童看到麦当劳金色的"M"，便知道是汉堡包；喜欢汽车的幼童看到四个相连的圈圈，就知道是奥迪车；看到三叉星环标志会大声叫出奔驰等。这些简洁形象的品牌标志使消费者十分容易识别品牌，并且能够给消费者留下深刻而清晰的印象。

（二）品牌标志能够引发消费者的联想

品牌标志往往能够引发消费者产生一定的联想，带给消费者不同的感受。风格独特的标志能够刺激消费者产生美好的联想，联想到品牌独特的定位、价值观和目标消费群体，因而对该品牌产品产生良好的印象。例如，奔驰的三叉星标志，使人联想到奔驰汽车在旷野上急驰的潇洒形象和它卓越的性能，及其带给消费者的成就感和满足感；星巴克"双尾鱼女神"标志能引发消费者充满异域风情，富有浪漫色彩的联想。

（三）品牌标志能够提高品牌附加值

品牌标志和包装设计的不同带给消费者不同的价值感受。因此，优秀的品牌需要优良的品牌设计和包装，这不但能突显品牌产品优良的品质，还能提升品牌的附加价值。比如，在白酒领域，新生的"水井坊"将贴花工艺创新性地用在了包装上，再加上文物保护认证、地方风物的描绘图、"世界之星"设计大赛等附加信息支持，构建起独特的品牌形象，顺利打开了高端市场。

（四）品牌标志有助于品牌宣传

品牌宣传可以丰富多彩，各种艺术化、拟人化、形象化的方式均可以采用，但核心内容应该是标志。品牌标志是最直接、最有效的广告工具和手段，企业应通过多种宣传手法让消费者认识标志、熟悉标志，理解标志的含义和意义，最终喜爱这个标志，从而不断提高品牌标志的知名度和美誉度，激发消费者的购买欲望，形成购买行为。

1. 字体标志

字体标志即以特定的字体、字体造型或字体所衍生出来的图案作为品牌标志。中文、英文大小写字母、阿拉伯数字等都可作为字体标志的设计要素。将字母或文字变形排列来作为标志，简洁而富有表现力，是一种常用的方法。如果将企业名称变形为字体标志，则既能传达企业的信息，又同时具有图形标志的功效，达到视觉、听觉合一的效果。如 IBM、Intel、TCL、联想、东芝等品牌。

2. 图形标志

图形标志即采用象形图案或几何图案来作为品牌标志。图形标志形象性极强，如果设计恰当，能够很好地表达出品牌的核心价值观和企业经营等信息。此外，由于这类标志没有文字特征，也就没有了语言方面的障碍，因而在世界任何地方都容易看懂，识别性极强，便于记忆。如奔驰、别克、劳斯莱斯、凯迪拉克等品牌。

3. 组合标志

组合标志即将上述两类结合起来，一般是将企业名称的主要单词与某种图像组合在一起作为品牌标志。组合标志兼有前两种类型的优点，又在一定程度上弥补了它们各自的缺点，既形象生动又简洁明了，为较多企业所采用。如雀巢、奥迪、宝马、麦当劳、肯德基等品牌。

二、品牌标志设计的原则

1. 反映企业理念，突出企业形象

企业精神是企业的理念、文化的象征，品牌标志设计必须将企业精神内涵表达出来，让消费者透过标志领会企业的独特经营理念、价值观和产品品质。因此标志绝不是一个简单的视觉符号或图形。标志设计的关键之一是将企业形象概念准确地转化为视觉形象，这既需要有新颖独特的创意，也需要用形象化的艺术语言表达出来。标志设计的关键之二是将企业深刻的思想与理念内涵注入标志设计中，使设计效果别出心裁，富有文化意蕴。这样才能激发大众的心理认同。许多名牌标志都富有其企业的经营内涵和产品的功能特色。如德国奔驰轿车的标志，圆环内的三叉星造型既表达了企业征服海、陆、空的精神，同时也十分形象地表达出了产品的功能特色。我国的东风汽车的标志，圆环内的燕形物则表现了东风汽车速度快的性能特征。

2. 寓意准确，名副其实

品牌标志要准确巧妙地赋予寓意，形象地暗示内容，使之耐人寻味。牢牢把握一个"准"字，要将企业的理念真实、准确地融合于品牌标志当中，切不可将两者分离开来。如雀巢公司的标志，图文并茂，一个给雀巢中小鸟喂食的母鸟，既巧妙地吻合了"依偎（nestle）"的英文词，又使人在母亲、婴儿、营养品之间产生无限遐想，别具一格的形式将企业的理念表现得淋漓尽致。

3. 构思深刻，构图简洁

一个成功的标志，需要设计者在构思时，根据标志设计的功能和特点，充分发挥想象力和创造力，在设计中充分体现构思的巧妙和手法的洗练，力求在信息视觉化过程中以最凝练的语言表达最丰富的内涵，尽可能将繁杂的信息用最简练明晰、最富特色、最动人的方式表达出来。一个好的灵感和创意，总是在千百次的提炼后才产生的。简练而构思独特是标志设计的王道。比如，世界全羊毛标志是最简单不过的了，就是一团绒线，然而，却是全世界公认的最好的标志之一。

4. 独具创意，易于识别

企业标志形象应力求生动，富于个性与创意，可使用夸张、重复、节奏、象征、寓意和抽象等多种手段，使创意具有独特的风格和出"奇"制胜的效果，便于识别和记忆。标志本身是以生动的造型图像构成的视觉语言，这种视觉语言能否吸引公众的眼球并传到他们的精神系统，留下深刻的印象是关键。平庸无奇、杂乱不堪的标志设计只会令人索然无味，兴趣全无。所以，创造性是企业标志设计的根本原则。名牌标志均有一流的创意，分布在世界各地的麦当劳快餐连锁店，那金色双拱形 M 标志，像两扇打开的金色大门，象征欢乐与美味；中国银行的标志，方圆组合为中国古代"钱币"

的象征，方口上下两竖为中国的"中"字，一目了然，传意明确；Intel 的标志，在"e"上做了处理，使标志易于识别。

5. 造型优美，符合审美规律

标志本身是以生动的造型图像表现出来的，标志的造型是否优美，是否符合人们的审美习惯，是非常重要的。所以，标志也是一件艺术品，设计标志时需要把握一个"美"字，使人们在视觉接触中唤起美感，引起对美的共鸣。另外，还要注意给图形符号搭配合适的色彩，以衬托主题，增强美感。

6. 运用世界通用语言，适于跨地区传播

企业标志设计必须运用世界通用的语言形态，避免过分强调本国传统的语言形态，而造成沟通上的困难，宜吸取民族传统的共同部分，努力创造具有本国特色的世界通用语言。对于出口企业来说，其标志设计应适应目标对象的国别、宗教信仰、文化背景、民族特征、社会风俗和政治制度等特征，严格避免触犯禁忌之类的事发生。

三、品牌标志设计的基本要素

品牌标志主要包括标志物、标志字、标志色和标志包装等。

（一）标志物

标志物是非语言的视觉符号，包括图形、图案、符号、吉祥物等。它以直观生动的形象诠释着品牌理念，传达着品牌风格。在品牌标志系统里，最能够有效克服语言文字的障碍，传播范围最广。标志物大多采用象征手法，高度艺术化的表达方式。其中，标志图案的象征寓意有具象和抽象之分：具象的标志设计是对自然形态进行概括和提炼后所形成的图案。人物、动植物、风景等自然元素皆是具象标志设计的原型；抽象的标志设计则是运用抽象的几何图案传达事物的本质特征，达到"形有限而意无穷"的效果。

标志物设计通常包括三个步骤：①制作标准标志图。对标志图的内部构成及其相互比例进行严谨的设计，以保证其优越性。②解说标志。对标志图的设计理念和具体含义做出详细说明，以促进人们对标志物的正确理解。③标志变形规范。为了扩大标志物的应用范围，在确保标志整体形象特质不变的前提下，可对标志中的关键造型和主题进行一些造型变化。当然，这种造型变化需要结合消费者的认知和联想，通常直线引发人们果断、坚毅、有力量的联想，而曲线则象征柔和、丰满、优雅、纤弱等女性美。

（二）标志字

标志字在品牌传播中应用率极高，它既能够持续传递品牌多方面的信息，也能以鲜明的文字个性和美感，传达品牌的风格。常见的有手写字体、广告字体、印刷字体或者通用字体等。风靡世界的星巴克咖啡，采用手写字体，给人一种咖啡馆里人们信手涂写的感觉，或者以粗线条的钢印字母出现，令人联想起运送咖啡的粗麻布袋上的印刷文字，体现了一种独特的风格。其实，中文作为一种象形文字，十分讲究文字间的呼应和笔触的交接，以达到图文的统一，这种独特的文字魅力具有相当的价值。

（三）标志色

色彩在标志设计中起着强化传达效果和寓意的作用，不同的色彩所传达的寓意有所不同。可口可乐标志的红底白字给人以喜庆、快乐的感觉；雪碧的绿色则带给人们清爽、清凉及回归自然的遐想。有学者认为："销售商必须用蓝色容器或至少是以蓝色为主，糖才能卖出去，坚决不能用绿色。蓝色代表'甜蜜'，绿色代表'苦涩'，谁愿意去买苦涩的糖呢？"色彩运用于品牌标志的设计同样也能给人带来丰富的联想。不同色彩带来不同的联想意义，常见的色彩与联想的意义见表5-1。

表 5-1　色彩与联想的意义

色彩	正面联想意义	负面联想意义
白色	纯真、清洁、明快、喜欢、洁白、贞洁	致哀、示弱、投降
黑色	静寂、权贵、高档、沉思、坚持、勇敢	恐怖、绝望、悲哀、沉默
灰色	中庸、平凡、温和、谦让、知识、成熟	廉价
红色	喜悦、活力、幸福、快乐、爱情、热烈	危险、不安、忌妒
橙色	积极、乐观、明亮、华丽、兴奋、快乐	欺诈、妒忌
黄色	希望、快活、智慧、权威、爱慕、财富	卑鄙、色情、病态
蓝色	幸福、深邃、宁静、希望、力量、智慧	孤独、伤感、忧愁
绿色	自然、轻松、和平、成长、安静、安全	稚嫩、妒忌、内疚
青色	诚实、沉着、海洋、广大、悠久、智慧	沉闷、消极
紫色	优雅、高贵、壮丽、神秘、永远、气魄	焦虑、忧愁、哀悼
金色	名誉、富贵、忠诚	浮华
银色	信仰、富有、纯洁	浮华

思　考　题

1. 品牌名称的来源有哪些？举出相应的例子。
2. 品牌标志的内涵和意义。
3. 品牌标志设计的原则有哪些？
4. 结合本章内容思考：中国企业在品牌命名和标志设计方面存在着什么问题？

第六章 品牌传播

学 习 目 标

1. 了解品牌传播的内涵和过程。
2. 了解品牌可以通过哪些方式进行传播。
3. 了解哪些非媒体担当了品牌传播的功能。
4. 掌握非媒体、自媒体和大众媒体对品牌传播的作用存的差异。

品牌管理

Brand management

第一节　品牌传播的内涵与意义

一、品牌传播的内涵

1. 品牌传播的定义

在人类经济、政治及文化活动中，信息传播扮演至关重要的角色。根据美国品牌专家凯文·凯勒的观点，品牌传播是指"企业告知消费者品牌信息、劝说购买品牌以及维持品牌记忆的各种直接及间接的方法"。品牌通过策划多种传播活动传达品牌的声音，与消费者进行对话、建立情感共鸣甚至维持长期良好的关系，以达到提高品牌知名度和塑造品牌积极形象的目的。

2. 品牌传播的过程

（1）发送者

一般而言，品牌传播过程如图 6-1 所示，品牌营销者在品牌信息传播过程中扮演着发送者的角色，是品牌信息的制造者。品牌营销者首先会对其目标市场进行调查，了解目标市场的需求，结合品牌传播目标，确定品牌想要传播的品牌信息。在此基础上，需要对品牌信息进行编码，以文字、图像或视频等方式表现出来，在完成品牌信息的编码之后，营销者将通过某种传播媒介，比如广告、公关、销售促进等形式向接收者传播。

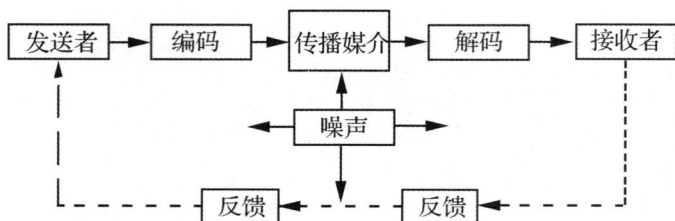

图 6-1　品牌传播过程

（2）编码

编码是营销者以消费者能够接受的方式组合信息，反映品牌传播的意图，是关于品牌信息以何种形式呈现能达到最佳的传播效果的问题，其中编码形式包括商业广告、公关软文等。综合考虑品牌、产品和消费者特征是合理编码的前提和保证。

（3）传播媒介

编码后的信息需要借助不同的媒介向外传播，网络、电视、广播、报纸杂志等信息载体是品牌传播的媒介，媒介的选择将影响传播效果。品牌营销者在选择媒介时应该考虑目标消费者是否方便与乐意接触，是否能够完全展现品牌信息，比如报纸杂志只能承载静态文字和图像，但信息量较大，广播不能展现视觉信息，电视能够展示的信息动静皆宜，但成本较高。为保证品牌信息更好地传播，品牌应制定详细的媒介策略，规划媒介组合。

（4）解码

解码指的是消费者对品牌信息进行理解的过程。个人差异会导致解码结果的不同，比如对于同样的信息，具有不同社会阶层、教育水平、经济收入、文化习俗的消费者将以不同的方式进行解码，产生不同的理解并做出不同的消费行为。此外，个人的偏好、品牌购买经验等因素也将导致消费者对品牌信息做出不同的解码。

（5）接收者

消费者是信息的接收者，接收各类媒介传播出来的品牌信息。在这个过程中，消费者是主动的，他们凭借自身的经验及偏好，选择对哪些品牌信息视而不见、对哪些品牌信息理解并记忆、对哪些品牌信息做出反应并最终产生购买行为等，其中，他们会受到从众心理、选择性心理、购物环境等因素的影响。

（6）噪声

噪声是品牌传播过程中可能遇到的各种障碍因素，主要存在于编码、媒介选择和解码的过程中。以下三种情况将出现噪声：在编码时，没有清晰地表达品牌信息，反映传播目的，或不同媒介传播的信息相互矛盾；选择消费者难以接触甚至反感的媒介进行传播；由于消费者的文化水平、经济收入、消费经验、情绪变化、处于恶劣的购物环境等因素导致的解码失真。

（7）反馈

反馈是指消费者成功解码后，与品牌进行交流的过程。营销者能够通过反馈信息了解消费者的需求和态度，并据此调节品牌传播的信息内容、编码方式和媒介策略，从而不断提高、优化品牌传播的效率和效果。

二、品牌整合营销传播

（一）整合营销传播的内涵

整合营销传播最早由美国西北大学的营销专家唐·舒尔茨（Schultz D.）教授提出，其核心是用同一种声音说话。美国广告公司协会认为整合营销传播是针对现有和潜在客户，在策划和实施各种具有劝说性的品牌信息传播活动时所采用的形式和方法，目的在于直接影响目标消费者的行为。整合营销传播主张，现有或潜在客户与品牌之间的任何接触渠道，都有作为传播媒介的潜力。

（二）品牌整合营销传播的发展趋势

1. 跨媒体整合

在新媒体生态环境下，营销者的传播形式和媒介的选择更加多样化，跨媒体整合将是未来品牌整合营销传播的主流趋势，一方面需要连接注意力碎片，实现各种媒体形式信息的无缝对接；另一方面要引导目标受众走出信息壁垒，鼓励他们主动获取信息。

2. 精准化

未来的整合营销传播对传播媒介的选择精确性要求将越来越高，营销者应根据媒介定位、媒介知名度和权威性策划媒介组合，使用大数据精准定位目标受众和传播内容，进行个性化的品牌沟通。

3. 微传播

以微博传播、微电影传播的兴起为标志，品牌营销传播已进入"微"传播时代。微传播与现代人注意力碎片化的发展趋势相契合，它面对的目标受众将比以往更狭窄和精准，传播媒介也将顺势向小众化发展。

4. 交互性

传统的品牌传播主要表现为从品牌到消费者的单向信息传递过程，未来的品牌传播将是在品牌与消费者之间进行双向沟通的过程。借助微博、微信等新媒介，品牌传播的权利得以下放，消费者参与品牌传播活动，不仅是品牌信息的接收者，更是传播信息的创造者、传播者、分享者。营销者通过消费者传播的品牌信息可以监测品牌传播的效果，可以借"消费者之口，为品牌说话"，策划口碑营销、病毒式营销。信息交互削弱营销者对品牌信息的控制能力，此时应注意避免品牌负面信息的出现。

三、品牌传播对品牌资产的作用

菲利普·科特勒在其著作《营销管理》中指出："营销者通过将品牌和一些群体、地点、节事、品牌、体验、感觉等事物联系起来，在消费者脑海中创造与品牌相关的记忆，从而建立品牌形象，塑造品牌资产。"因此，品牌传播对品牌资产具有重要作用，包括增值作用和保值作用。

1. 增值作用

品牌传播是营销者围绕品牌定位，针对目标受众，通过各种媒介传播品牌要素、产品属性、非产品属性等品牌信息。它的增值作用体现在帮助消费者学习品牌知识，提高消费者的品牌识别能力，建立品牌个性，并在此基础上形成积极的品牌形象和品牌联想，在消费者心智中独树一帜，最终增加消费者对品牌的美誉度、购买意愿和忠诚度。

2. 保值作用

品牌传播的保值作用主要体现在两个方面：一是可以挽救品牌负面信息对品牌形象造成的负面影响。营销者进行危机公关，传播信息，帮助消费者了解危机事件的起因以及解决措施，有助于消除消费者对品牌的负面态度，重建他们的品牌信任；二是防止品牌资产流失。营销者需要通过各种媒介反复就品牌信息进行传播，巩固消费者已有的品牌知识，提高品牌辨识度，强化积极的品牌形象。

四、品牌传播组合

进行品牌传播时，营销者可以选择的媒介多种多样，比如电视、广播、报纸杂志、微博、微信等。在此，我们根据品牌管理者对传播媒介的控制能力的大小将常用的品牌传播媒介分成三类——非媒体、自媒体和大众媒体传播，如图 6-2 所示。

1. 非媒体

非媒体指的是那些本身并非作为传播媒介使用，但对传播品牌信息有重要作用的信息载体，主要包括产品包装、企业领导者、员工和办公设备等。

2. 自媒体

自媒体指的是那些具有媒介性质，品牌对其具有完全自主使用权的信息载体，主要包括企业内刊、博客、微博等社会化媒体和品牌官方网站等。

3. 大众媒体

大众媒体指的是那些具有媒介性质，但品牌对其没有完全自主使用权的信息载体，营销者需要通过购买或租用来发布信息，主要包括商业广告、营销公关和销售促进等。

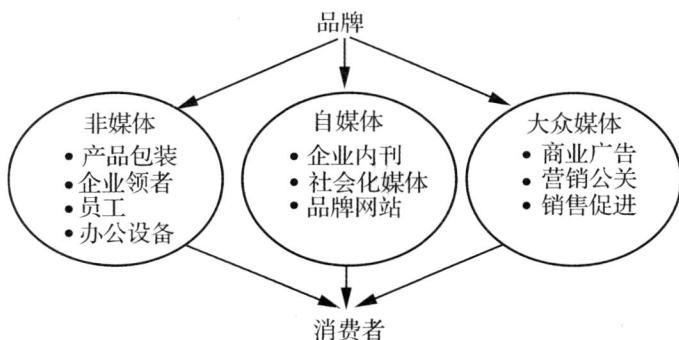

图 6-2 类媒体及其组成要素

第二节　非媒体传播

一、产品包装

1. 产品包装品牌传播的内涵

产品包装是"对在流通过程中保护产品，方便储运，促进销售的辅助物的总称"。对品牌而言，它是品牌提供给消费者的视觉体验，能让消费者对品牌"一见钟情"，产生良好的第一印象，能帮助消费者建立品牌联想，是一种不可忽视的品牌传播媒介。

2. 产品包装品牌传播的方式

"人靠衣装马靠鞍"。包装之于品牌就如衣服之于人，抢眼的包装设计能带来强烈的视觉识别力，帮助品牌从众多竞争者中脱颖而出，吸引消费者的眼球。文字、图案、造型是产品包装传播品牌信息的三要素。

（1）文字要素

文字要素主要由品牌名称、标语、正文组成。标语是用简短的文字概括和提炼品牌传播的主题，方便消费者进行记忆和识别，正文是对标语展开的具体说明。比如以可爱好玩的陈述"本产品经张君雅小妹妹试吃过评鉴为 Good Good EAT 优良产品，请您放心购买"来传达品质安全，借助"脸被捏大，长大很难嫁耶"来调侃捏碎面的吃法。凭着产品包装上可爱、好玩的文字，张君雅小妹妹成功获得孩子们的关注，成为他们的玩伴。

（2）图像要素

图像要素是指包装上的以图形呈现的各种视觉要素，主要由插图、商标、品牌 logo 组成，其中插图是主体部分，它辅助文字要素进行品牌传播，可以增强文字的说服力，形象地表达品牌传播的主题，刺激消费者产生品牌联想。为让消费者产生良好的第一印象，营销者要让插图与商标、品牌 logo 之间相互呼应，营造视觉协调性。

（3）包装造型

包装造型是产品包装的外部造型特征，比如瓶装、盒装呈现的形状等，对于品牌而言，产品包装的外部造型也具有表达品牌信息的功能。营销者应为产品包装赋予品牌个性，让包装造型成为消费者对其品牌记忆的线索，从而提高消费者的品牌识别能力。

3. 产品包装品牌传播的实践建议

在品牌传播中，应结合品牌定位设计品牌的视觉识别系统，并将各种品牌元素融入包装设计上，展示品牌独有的个性。

（1）体现品牌理念

在设计产品包装时，应该融入品牌理念，使消费者能从与产品包装的接触中联想到品牌理念。比如，知名家具品牌宜家就成功地使用产品包装来传播"为消费者创造DIY家具的乐趣和美好感受"的品牌理念。为了方便消费者触摸、搬运、安装，宜家家具多采用易于拆装和组合的包装结构设计，让消费者体验亲手参与组装的乐趣，潜移默化地接受宜家的品牌理念。

（2）统一视觉形象

设计产品包装时围绕品牌理念，整合各类品牌要素，形成统一的视觉形象，能让消费者对品牌印象深刻。宜家在策划产品包装时，就特别注意线下线上产品包装的整合传播，对于同一型号产品，网上展示的包装与卖场中的一模一样，使消费者在选购商品时有所参考，为购物带来便捷，也增加了他们对宜家的好感和满意度。

（3）与品牌活动相互配合

营销者将产品包装融入品牌整合营销传播方案之中，使其与其他的传播活动产生关联和呼应，互相促进，能提高品牌传播活动的效果。可口可乐的包装图案经常出现其赞助的世界杯、奥运会或歌星演唱会等活动的画面。借助社会热点事件吸引消费者对品牌的关注。

二、企业家

1. 企业家品牌传播的内涵

企业家是在企业内居于某一领导职位，拥有一定领导职权，承担领导责任与实施领导职能的人。企业家的仪容仪表、言行举止、个性、道德水平等个人特征都会通过各种社会活动表现出来，形成企业家的个人形象。对于品牌而言，企业家也是品牌传播媒体，消费者会不自觉地对企业家个人形象与品牌形象进行关联。因此，良好的企业家形象将提高公众对企业品牌的认知和积极态度。比如，俞敏洪是语言培训中心新东方的品牌创始人，他时常以新东方为背书出现在各大媒体的镜头中，在他通过发表演说塑造个人品牌的过程中，也将新东方的品牌形象带入公众的视野。

2. 企业家品牌传播的方式

（1）新闻报道

电视、报纸杂志、网络关于企业家的新闻或专题报道有助于企业家提高个人知名度，传播企业品牌。当企业家参加各类访谈、论坛、颁奖典礼或企业年会等社会活动时，就会成为镁光灯的焦点，成为传播品牌信息的机会。其中，企业家的访谈类节目或刊登在报纸杂志上的专刊是企业家塑造个人品牌的有效平台。如高端人物脱口秀节目《波士堂》、"赢在中国"商战真人秀等，将企业界重量级的商界精英作为主角，展现他们的个人性情、商业传奇和精彩人生，都是塑造企业家形象，进行品牌传播的有效途径。

（2）广告代言

企业家参加广告代言、拍摄杂志封面等活动也是宣传个人和企业品牌的一种方式。曾经聚美优品 CEO 陈欧所代言的广告火遍全国，其中充满正能量的广告语——我是陈欧，我为自己代言。在网络上迅速蹿红，网民将其称为"陈欧体"并据此改编出"行业体""高校体""城市体"等。该广告发布以来，陈欧的名气不断上升，而与他关系密切的聚美优品在品牌知名度和影响力上也有了很大的提高。

（3）事件营销

企业家可以通过自己制造一些热点事件来获取市场和媒体的关注，建立个人形象，传播企业品牌。比如，华为的老总任正非出版《华为的冬天》《我的父亲母亲》等著作来吸引舆论关注，成为瞩目的焦点。万科董事长王石与万科在媒体焦点中总是同时出现，主动创造攀登珠峰、倡导健康生活方式等新闻来传播个人品牌，增加万科的品牌魅力。

（4）社会化媒体

企业家可以通过开通微博、博客等社会化媒体账号，以此为平台发布个人观点，塑造个人形象。潘石屹是使用社会化媒体较为成功的企业家之一，他在新浪、搜狐、网易、搜房网等网站都注册自己的微博。他的博客内容琳琅满目，除对房地产行业的预测之外，还有出席各种活动的照片、自己的摄影作品、对舆论热点问题的评论。因其独到、幽默的见解，他的微博关注率非常高，其所发布的内容经常登上排行榜，成为热点内容。这不仅让潘石屹成为商界明星，而且提升了 SOHO 的品牌知名度和关注度。

（5）公共关系

企业家在公共场合强调诚信、社会责任等行为道德规范，进行关爱弱势群体、捐款救灾等公益活动也是用来建立个人品牌与宣传企业品牌的一种方式。

3. 企业家品牌传播的建议

品牌通过企业家进行传播是企业家在塑造个人品牌的基础上，在消费者心目中建立个人与企业品牌联系，从而扩大品牌知名度、美誉度的过程。

（1）以企业的品牌形象为准则

企业家个人品牌的塑造能与品牌形象形成合力，塑造积极的品牌资产，企业家面对社会公众时，应该以企业的品牌形象为准则，思考自己的言行举止对塑造企业品牌的影响。

（2）提高公众曝光率

企业家个人品牌传播要经常向媒体、公众传播自己的声音，要关注业界热点事件并做出自己的评论，要积极参与社会活动并表现出强烈的社会责任感。

三、员工

1. 员工品牌传播的内涵

员工是与企业存在劳动关系的各种用工形式，员工品牌是在消费者脑海中对企业员工形成的整体性认知，员工品牌能影响企业品牌。

2. 员工品牌传播的方式

（1）门卫形象

门卫主要从视觉上影响品牌形象，其精神状态、仪表衣着、言行举止能够被消费者直接感知。消费者会对服装统一、站姿规范、举止有礼、态度亲切的门卫产生良好的印象，并联想到企业具有较高的管理水平，若门卫服装散乱，举止无礼、态度恶劣则会给消费者留下不好的印象，对品牌形象造成负面影响。

（2）接话员形象

接话员在与消费者的对话中传播品牌形象。接话员亲切礼貌、悦耳动听的表达能够令消费者感到舒服、愉悦，促使他们对品牌产生好感。反之，生硬呆板、无礼冷淡的语言则会使消费者生厌、生气，并将这种负面情绪转移到品牌之上。

（3）前沿员工形象

前沿员工指的是直接面对消费者的一线员工，比如推销员、服务员、营业员等。他们的精神状态、言行举止等个人特质对消费者形成的品牌形象有重要作用，他们能够帮助品牌引起消费者的关注，博取他们的好感。在卖场中，身着特色服装的前沿员工能够吸引消费者在货架前驻足，当前沿员工能够提供高质量的服务时，消费者会把对员工产生的好感转移到品牌之上。

3. 员工品牌传播的建议

（1）员工内部品牌化

品牌化的初始受众应该是员工，一个连自己员工都不了解和认可的品牌，是无法被消费者所接受的。品牌形象塑造需要全体员工同心协力，将品牌的核心理念、价值观和远景在日常工作中践行。品牌化行为应成为企业员工的本能和共识，企业也应定时向员工进行品牌化教育，帮助员工将个人价值观和品牌精神联系起来，要为员工制定行为标准，保持统一的着装和服务行为。新加坡航空为确保品牌体验能够得到充分及持续的贯彻，始终对其机组及空乘人员进行全面而严格的培训，久而久之，"新加坡空姐"成为新加坡航空的品牌标杆，她们的形象甚至被陈列在伦敦杜莎夫人蜡像馆之中。

（2）帮助员工建立个人品牌

营销者除了要重视员工的素质和行为的修养，还要运用各种传播手段帮助员工塑造个人品牌，以建立起品牌与消费者之间的信任关系。传播员工个人品牌的具体方式有制作反映员工精神面貌的广告，发布展现员工风采的新闻报道、专题报道、文章和著作，在网站或内刊中树立和推广一批先进员工的典型，通过榜样的力量，引起全体员工的情感共鸣，走进员工的内心世界。比如，因为麦当劳注重员工培训和员工形象展示，消费者总会将热情周到、笑容满面的店员形象与麦当劳的品牌形象相结合。

（3）在传播活动中实现员工个人品牌和企业品牌的互动

在品牌传播活动中实现个人品牌和企业品牌的互动能够让员工更好地发挥品牌传播的作用，营销者应促使每个员工都参与到品牌化过程，自觉维护品牌形象。譬如，IBM公司对员工在虚拟社交游戏"第二人生"里的行为守则规定，在对企业做出评价时，每个员工都要强调自己的真实身份，防止消费者认为企业借助匿名账号进行不实的品牌宣传，以此获取消费者的信任和认同感。

四、办公设备

1. 办公设备品牌传播的内涵

办公设备涉及办公场所和办公用品，其中办公场所指的是企业的办公环境，主要包括生产厂房、办公室、销售门店、会议室、休息室等，办公用品指的是企业在日常营运过程中所用到的各种用品，包括信封、信纸、便笺、名片、徽章、工作证、请柬、文件夹、介绍信、账票、备忘录、资料袋、公文表格、公务礼品、交通工具等。在消费者与品牌互动过程，消费者有机会接触到企业的办公设备，比如许多超市安排免费大巴为购物者提供接送服务，消费者到快递公司门店投递邮件，到饭店用餐等，这时办公设备就可以成为承载品牌信息的载体，发挥品牌传播的作用。

2. 办公设备品牌传播的方式

（1）办公环境

办公环境是品牌形象在公共场合的视觉再现，营销者可以将品牌识别标志，比如品牌名称、品牌logo、品牌口号等，协调地融入企业的办公环境。比如，美国锐步（Reebok）公司以品牌logo的剑形标志为原型，设计办公楼的中庭立柱，巧妙地展示品牌形象。又如，快餐品牌汉堡王（BURGER KINg）对企业标准色进行分析，提炼出适合企业办公环境的室内配色计划，从而营造出与企业形象一脉相承，并极具味感的办公环境。

（2）办公用品

办公用品通过统一规范的视觉符号，展现品牌形象，传递品牌理念。在消费者接触或使用办公用品的过程中，能接收到上面的信息并由此形成品牌印象，企业办公用品应该有统一规范的规格和强烈的品牌特色。比如，新加坡航空公司聘请法国高级时装设计师Pierre Balmain为空姐们设计制服。让空姐们身着具有南洋特色的马来沙笼可芭雅服装为乘客提供服务，希望以此方式传播品牌形象。

3. 办公设备品牌传播的建议

（1）办公设备设计应与品牌定位相一致

办公设备的设计应从品牌定位出发，不仅要符合目标消费者的审美标准，还要展示品牌形象，应强调和突出品牌识别系统，方便消费者的识别和记忆。与品牌口号——开着卡车去长跑相契合，德邦物流位于上海的办公场所的设计主题为"奔驰的货车"，希望打造一个高效舒适的现代化办公环境，体现物流企业便捷、快速、准时的递送服务。办公空间统一选用企业形象色（蓝色和橙色），寓意员工怀抱激情的工作态度和高效的办公效率，地面和天花板设计为高速公路的快慢车道，从左到右分别写有代表车速的文字，寓意德邦快速安全送达货品的承诺。

（2）让消费者参与办公设备的设计

通过鼓励消费者参与品牌办公设备的设计能够制造热点新闻，提高品牌知名度，增强消费者与品牌的亲密关系，减少距离感。

第三节　自媒体传播

一、企业内刊

1. 企业内刊品牌传播的内涵

企业内刊是企业自办的供内部员工和外部特定受众群体阅读的沟通和推广工具，它能为企业内部员工的沟通提供平台，增进企业凝聚力，能加强品牌与外部受众的沟通，增加品牌的知名度和美誉度，有助于树立良好的企业形象。

2. 企业内刊品牌传播的方式

（1）内部导向型

内部导向型的企业内刊是内部员工的交流平台，它关注的焦点是企业内部的人和事，其主要职能在于记录企业发展历程中的重大事件、传达领导精神，对企业高层经营管理思路的上下贯通，加强各部门人员在工作、思想、文化等方面的信息交流，为企业内部的相互沟通提供一个平台，对优秀员工榜样的树立，对企业发展远景的展望等，起到对员工统一思想，鼓舞士气，协调工作的积极作用。

（2）内外兼顾导向型

①一刊两职，兼顾内外

这种企业内刊既提供内部交流平台，肩负着对内凝聚员工的职责，也承担着对外展示企业形象的作用，目前国内企业的内刊多为这种形式，是企业内外沟通的纽带和桥梁。

②内外分离，各司其职

部分企业将内刊对内、对外两种职能进行分离，同时出版对内和对外两种刊物。这时应注意保证两份刊物定位清晰，有针对地刊发品牌信息。

（3）外部导向型

这类企业内刊以客户、股东、媒体、消费者、经销商、政府部门、金融机构以及其他与品牌有关联的目标群体为对象，对外传播品牌形象。它从多方面展示品牌的核心理念、文化价值观、企业发展现状等，比如刊登企业人才队伍、研发力量、科研项目或投资动向等。

3. 企业内刊品牌传播的建议

企业内刊是品牌能够完全控制的传播媒体，对内能够推动进行员工品牌化，对外能够建立积极的品牌形象，营销者应该让内刊职能明确、突出品牌个性，与消费者产生互动。

（1）定位明确，内外分明

企业内刊是品牌文化的载体，承担着向企业内外部进行品牌传播的职能，营销者应该根据企业优劣势，在明确内刊的目标受众和传播目标的基础上对内刊的内容进行定位和策划。比如可以根据目标客户群定位，各有偏重，为不同的客户群体提供个性化的资讯服务。

（2）内容凸显企业个性

企业内刊应重点选择有助于凸显品牌形象，与品牌定位相符的内容进行刊登，要注重文化品牌和精神内涵，注重品牌个性的宣传，使内刊成为品牌的名片，选取反映品牌核心经营理念、社会责任、团队风采、主流文化等的内容，使内刊更加具有亲和力、沟通力和传播力，使员工和消费者能够通过内刊更加深入地理解品牌精神和品牌文化。

（3）利用网络提高影响力

网络有助于提高内刊的影响力，将其变成品牌与消费者互动的平台。企业可以推出网络版内刊，并与纸质内刊进行资源整合。在纸质版内刊中发布深度信息，在网络版内刊中采用论坛、在线服务、俱乐部等形式加强与目标受众的互动。《万科》周刊在网上开设电子周刊，内容除纸质刊物各期内容外，开设了财经报道栏目，反映当前经济发展中的热点问题，其中王石 ONLINE、经济人俱乐部、笑谈股经、周刊茶座等网上论坛受到较高的关注，以此扩大内刊的读者群体。

二、官方网站

1. 官方网站品牌传播的内涵

消费者浏览品牌网站时将接触到各种信息，这些信息可能会激发浏览者积极或消极的情绪，并将其附加在品牌之上。例如，宝马就成功通过网站激发浏览者的积极情感。在官方网站中，消费者可以按他们的个性对汽车进行装配，制作订制化的个人汽车。网站还展示宝马近三十年来的汽车艺术，并在线销售相关主题产品。官方网站为宝马的粉丝提供与宝马亲密接触的机会，在浏览网站的过程中，他们已经潜移默化地将积极的情感转移到品牌上。

2. 官方网站品牌传播的方式

（1）基本信息型网站

基本信息型网站功能定位于发布品牌信息，此时官网以介绍品牌的基本资料，帮助树立品牌形象为主，这些信息包括：消费者可能关心的产品方面的信息，如规格、外形、使用演示等；企业方面的信息，如企业规模、企业文化、企业新闻等；消费者购买方面的信息，如常见问题解答、意见建议等。这类网站若能够吸引消费者对品牌的关注，将有助于提升品牌知名度，维持与消费者之间的长期关系，并增加线下交易的机会。

（2）综合门户型站点

综合性企业网站整合了各种信息系统的功能，可以为企业的雇员、消费者、合作伙伴和供应商提供目的极为明确的服务，并兼具品牌形象宣传、产品展示等传播功能。联想集团的网站就是这一类网站的代表，联想集团是中国企业门户网站中的优秀网站，联想集团网站在突出在线销售功能的同时也注重品牌的塑造，在网站首页突出品牌名称和logo，其中联想官网的内容包括在线商城、公司概况、产品动态、参观联想等。

（3）主题宣传型站点

主题宣传型站点是为配合品牌的主题营销活动而建立起来的互动平台。比如，每当百事可乐发起一项宣传主题时就会建立专门设计的网站，其中发布活动主题、活动视频、线上游戏等吸引顾客参与互动的信息或应用，这类网站不仅能提高主题营销活动的效果，还能表现百事年轻、时尚的品牌定位。

3. 官方网站品牌传播的建议

（1）品牌形象明确导入

品牌网站应在视觉上与品牌识别系统相符合，在内容上与品牌文化、品牌理念和品牌精神符合，营造与目标消费者形象相符的空间。可乐公司中国网站的Logo、色彩、标准字形等围绕可口可乐品牌识别系统设计，以鲜艳的红色使人和可口可乐独享的字体产生联结，并让网民过目不忘。此外，可口可乐还在官方网站上展示可口可乐品牌的发展沿革、员工形象、公益活动等。

（2）审美及趣味性

为了让消费者在浏览过程中产生积极的情感，品牌网站应该通过丰富的信息提高网页的生动性，提供视听方面的多重感官体验。能够提供生动活泼、丰富的链接和信息资源的网站更容易使浏览者产生积极的情感。但在提供丰富内容的同时，要注意对信息进行分层，使消费者在通过点击三个以内的链接就能准确定位他们所需要的内容。

（3）鼓励消费者参与

品牌网站应该鼓励用户参与互动，给他们提供一个良好的互动体验。

三、社会化媒体

1. 社会化媒体品牌传播的内涵

社会化媒体是借助移动互联网技术，在品牌与消费者之间实现即时、双向沟通的平台。只要在微博、人人等社会化媒体上注册一个账号，品牌便可以像人一样展现魅力，建立自己的社交圈，达到传播品牌信息，塑造品牌资产的效果。

2. 社会化媒体品牌传播的方式

（1）网络百科全书

网络百科全书是允许用户自己增加、移除和改变文本信息内容的平台，以维基百科、百度百科为代表，它是消费者获取品牌信息，形成品牌认知的重要渠道。

（2）博客

品牌通过注册自己的账号与其他博客用户互动，发动与品牌相关的活动能够起到提高品牌知名度，塑造积极品牌形象的目的。

（3）内容社区

内容社区是用户分享信息的平台，以豆瓣网、Flicker、Youtube、土豆、优酷、SlideShare 为代表，可以作为品牌传播的媒介。成都为宣传城市品牌，以"快城市慢生活"为特色拍摄旅游宣传片"闲不下来的休闲成都"，并投放到优酷、土豆等视频网站，该片从第三者角度，集中展示了武侯祠、都江堰、大熊猫、川菜美食、成都老茶馆等一系列具有成都韵味的景点，向社会宣传成都旅游品牌，使成都成为许多人向往的旅游目的地。

（4）社交网络

社交网络是用户与朋友分享生活体验的平台，以 Facebook、人人网为代表。在社交网络中，品牌借助消费者的社交圈扩大信息传播的范围。比如，美国的一家花店，开发了一款 Facebook 的应用"Gimme Love"，为用户提供向朋友发送虚拟花束的功能，也可以直接连接到公司网站给朋友送上真正的鲜花。

（5）虚拟游戏

虚拟游戏是让用户在虚拟环境下体验真实生活场景的应用。品牌可以通过开发专属的虚拟游戏让用户进行品牌体验，传播品牌信息。

3. 社会化媒体品牌传播的建议

品牌应通过策划与品牌相关的热点事件接触目标受众，与他们进行持续的互动。营销者在激发一个语境后，要整合和发布具有关联性、吸引人们关注和讨论的内容，鼓励用户通过阅读、评论和分享内容与品牌建立联系，并进而形成围绕着品牌的网络社群。

（1）巧用免费模式

消费者喜欢获得赠品，品牌的社会化媒体传播策略可以利用这一点来鼓励消费者的关注、参与和转发，在扩大品牌知名度方面具有非常好的效果。比如，麦当劳通过即时通信应用开展免费获赠 200 万杯饮料的病毒传播活动，得到用户的积极参与，提供了良好品牌体验。又比如，立顿绿茶的免费派送活动受到欢迎，只要你在立顿的活动官方网站填写你想送茶的朋友姓名、地址和电话，立顿将会在上班期间免费送达。在社会化媒体上，这样的免费模式比比皆是，当消费者的兴趣被调动起来后，营销者也需要把握好活动的推广范围，礼品的数量。否则有可能无法控制用户情绪，带来许多负面的口碑传播。譬如星巴克，汉堡王这两家公司，利用其 Twitter 官方 ID 发出一些促销，优惠活动，用户疯狂转发活动的 tweets，最终主办方不得不增加活动的优惠量，延长活动时间。

（2）抓住意见领袖

网络没有绝对的权威，但是有意见领袖，他们在自己的社交圈中具有较高的人气和话语权，其观点对特定消费群体有重要影响。因此，品牌若能让意见领袖们为自己说话，则更容易获取消费者的关注、信任甚至共鸣。

（3）优秀的内容

在海量的信息中，品牌必须言之有物，要通过优秀的内容让消费者感觉自己是一个善意有趣、能够提供有用信息的朋友。在社会化媒体中，品牌要针对目标消费者，创造符合他们需求、与其生活或精神状态相匹配的内容，使他们能够产生情感共鸣，自发地对品牌信息进行二次传播，通过转帖在其社交圈内对品牌进行分享或推荐。譬如，凯迪拉克微电影《66 号公路》通过男女主人公驾驶着凯迪拉克 SRX 穿越美国极具文化内涵和标志性的 6 6 号公路，将忠于自由、回归真我的浪漫之旅和凯迪拉克自由、开拓、梦想的品牌精神融合在一起。《66 号公路》让人在体验男女主角追求自由、实现真我的情感时，不自觉地接受了凯迪拉克 SRX 广告的说服，并且会点击鼠标分享，成为品牌传播者。又如，万豪国际酒店的董事长和 CEO Bill Marriott 会在微博上定期更新各种他考察世界各国万豪酒店分店中遇到的故事，分享自己的旅行经历，与消费者形成情感共鸣。

（4）鼓励参与

进行社会化媒体传播时，品牌必须想方设法激发消费者参与的积极性，帮助同类消费者组织网络社群，并协助加强社群成员、社群与品牌之间的联系与归属感。

第四节　大众媒体传播

一、商业广告

1. 商业广告品牌传播的内涵

根据美国广告主协会对广告下的定义是："广告是付费的大众传播，其最终目的是传递信息，改变人们对广告商品或品牌的态度，诱发购买行为"。

2. 商业广告品牌传播的方式

（1）告知性广告

此类广告一般是由商品客观条件或其自身特点决定的，在导入市场初期，市场对品牌及其产品的认知度不高，此类广告的功能就在于以通俗易懂、简单明了的方式告知消费者品牌是做什么的。生活中，一般性告知广告通常以传单、报纸杂志等简单形式呈现，常出现在地铁、车站、公交车车身及座位、路边 IC 电话、快餐店等地方。

（2）环境刺激感受性广告

这类广告通过精心设计的广告情节，使消费者置身于某种环境下，由广告内容产生一定的联想或思想变化，呈现与产品相关的消费者日常生活场景或者利用名人、美女效应的广告都属于这一类型。比如南方黑芝麻糊的电视广告，在古色古香的小路，挑担的大嫂，浓浓的芝麻糊，"一股浓香，一缕温暖"，用唯美、怀旧的场景，平易近人的表现手法，以朴素自然的情景回忆来刺激人们对传统食品的记忆，将美好记忆和故乡情的感受添加到产品中，把人情味留在了人们的心中。

（3）亲身体验性广告

亲身体验性广告指的是让消费者通过亲身实践来认识商品的广告，使顾客参与其中，与商品互动交流，体验商品功能，形成对品牌的认知和好感。比如，在商场或超市中，许多品牌为消费者提供免费试吃、试用活动，让顾客在体验中产生品牌形象。第二次世界大战期间，可口可乐公司向美国部队提供可口可乐近 50 亿罐，让每一个士兵亲自体验可口可乐，从而大大提高了产品的知名度，并使可口可乐在战后声名鹊起。

3. 商业广告品牌传播的建议

（1）以品牌定位为中心

广告就是说故事，若营销者能在某种情境下，将品牌定位与目标消费者联系起来创作故事，将会使目标消费者对品牌产生积极的印象，广告应该围绕品牌定位进行创作。乐百氏在广告中不厌其烦地强调"27 层净化"；七喜在广告中强调"非可乐"；五谷道场方便面强调"非油炸"，广告围绕"非油炸，更健康"，在消费者心中独树一帜。这些都是经典的商业广告传播案例，值得借鉴。

（2）与消费者进行互动

品牌进行广告传播时，若能煽动消费者参与互动的热情，则能更快地与其建立良好关系，而消费者会把参与过程中产生的愉悦感转移到品牌上，对品牌产生好感。

（3）强化广告记忆

增加广告重复率，反复多次传播同一广告内容能够强化消费者对广告的记忆，而在媒体融合背景下，广告发布渠道和方式多样化，营销者可以通过变换广告发布渠道和方式重复传播同一广告，在有效强化广告记忆的同时，也避免了重复带来的视觉疲劳和厌烦情绪。嘉士伯自从进入中国市场以来，始终坚持通过赞助体育营销和音乐营销来进行传播品牌的"开心"文化，在欧洲杯期间，嘉士伯在中国同中央电视台合作，与中央电视台体育频道联合推出《阿尔卑斯行动》在每周一的《天下足球》栏目中播出，参与答题的观众有可能成为亲临欧洲杯赛场，成为最佳球员颁奖的幸运者。嘉士伯与新浪进行了合作，在新浪欧洲杯专题首屏通栏及嘉士伯调研广告中，加入了网友竞猜活动，通过设置一系列与比赛相关的问题，让网民进行竞猜及展望。此外，结合论坛、博客等互动产品，有效增加了消费者的互动体验，进而加深了消费者对嘉士伯品牌的认知度，其开心文化也被消费者所接受。

二、营销公关

1. 营销公关品牌传播的内涵

根据美国营销专家菲利普·科特勒的定义，营销公关指的是"在各种印刷品和广播媒体上获得报道版面以促销或推广某个产品、服务、创意、个人和组织的基础之上，达到协助新品牌上市、成熟品牌再定位、提高品牌态度、缓解品牌危机与建立品牌形象的目的。"

2. 营销公关品牌传播的方式

（1）宣传型营销公关

宣传型营销公关主要是品牌主动通过各种宣传媒介，传递品牌信息，影响公众舆论，迅速扩大品牌的认知度以及美誉度，包括新闻公关、公关广告、印刷发行营销公关刊物、路演展会、新闻发布会等。

（2）社会型营销公关

社会型营销公关以品牌的名义发起、参与公益慈善活动，对社会提供服务，以此吸引消费者关注，扩大品牌的知名度。全球知名啤酒品牌百威多年来一直致力于提倡理性饮酒，希望通过展现企业社会责任感来获取消费者的好感。

（3）娱乐型营销公关

娱乐型营销公关是以品牌名义赞助、制造一些娱乐性事件。参与娱乐活动的消费者在其中获得心理满足，也会将品牌娱乐制造者的形象记在心中。

（4）危机型营销公关

危机型营销公关是当品牌出现负面信息，面临强大的公众舆论压力和危机四伏的社会关系环境时，品牌用于缓解与消费者紧张关系的公关活动。比如，美国明星莎朗·斯通在汶川地震发生之后，在接受中国香港媒体采访时表示，地震是中国人做不好的事情的报应，她的口不择言导致她所代言的迪奥遭遇品牌危机。为此，迪奥紧急启动危机营销公关，公开发表声明称迪奥与莎朗·斯通的个人言论划清界限，称对她未经深思的突发言论绝不认同，并表示迪奥作为最早进入中国的国际品牌之一，深受中国广大消费者的喜爱和尊重，绝不支持任何伤害中国人民情感的言论。此外，在声明中，迪奥对遇难中国人民表示哀悼，对受灾地区人民表示深切的同情和慰问，并立刻撤下莎朗·斯通所代言的全部迪奥的广告，承诺会对地震灾区重建鼎力支持。对于危机事件，迪奥品牌采取积极的态度，善于捕捉和运用意外事件中出现的良机，以实际行动维护了品牌的信誉，满足公众的期望。

3. 营销公关品牌传播的建议

营销公关应与广告、促销等传播活动进行整合，在新产品上市或新市场开拓时，宣传和推广品牌，以提高品牌知名度；在品牌已有一定知名度时，拉近与消费者的距离，以提高品牌的亲和力和美誉度。在品牌发展过程中出现危机情况时，营销公关可以维护企业声誉和品牌形象。

（1）为新产品上市造势

新产品新闻发布会是提供新产品信息、吸引公众注意、提高品牌态度的好机会。对于高新技术品牌，如计算机、手机等在新品发布会制造新闻热点，吸引消费者注意的效果尤甚。

（2）影响意见领袖

品牌传播者可以通过对某个领域的意见领袖进行公关，使他们接受某品牌或某种理念，让他们代替品牌发言，用他们的影响力改变社会公众的消费理念或创造新需求，进而吸引目标消费者对品牌的关注和提高对品牌的积极态度。

（3）与公益团体合作

品牌与具有较高公信度的公益团体进行长期合作有助于获取社会公众、新闻舆论的赞同，增加品牌美誉度，形成正面的品牌形象。比如，因为消费者认为塑料包装不环保，麦当劳决定使用环保的纸包装，他们与研究固体垃圾处理问题的自然保护基金组织合作，共同在全国性报纸上发表声明，并通过其他新闻媒体广泛宣传，最终取得了社会舆论的积极反响。麦当劳不仅得到了环保组织的广泛支持，而且还在消费者心中树立了食品行业环保先导者的社会形象，品牌美誉度得以提高。

三、销售促进

1. 销售促进品牌传播的内涵

销售促进是品牌直接给予目标受众某种形式的奖励、回报或承诺，从而鼓励消费者做出购买或者做出预期的反应。销售促进增大了品牌与消费者之间的接触点，发挥了传播品牌信息的作用。

2. 销售促进品牌传播的方式

（1）货币性销售促进

货币性销售促进以改变产品价格为诱因影响消费者对品牌的认知和购买决策过程，通过向顾客提供有货币价值的好处从而加速他们的购买决策。货币型销售促进工具包括折价券、折扣、退还货款等，品牌形象会受到货币性销售促进的频率和强度的影响，频繁或大规模的折扣容易破坏品牌在消费者心中的形象。

（2）非货币性销售促进

非货币性销售促进是将非价格因素作为诱因，以建立顾客关系为目的的销售促进活动，包括附赠赠品、样品派发、抽奖、竞赛、产品展示等。消费者参与这类销售促进的过程中与品牌进行互动，消费者会把在这个过程中产生的情感体验转移到品牌上。

3. 销售促进品牌传播的建议

(1)销售促进和品牌形象应当保持一致

销售促进是提升品牌认知度的好机会，应尽力确保销售促进主题是从品牌核心概念出发，使销售促进活动与品牌形成一致的互动，从而形成以"品牌拉销售促进，以销售促进推动品牌"的良性循环，而能否做到良性互动，关键在于确定销售促进手段时是否考虑品牌资产的因素，避免采用可能会损害品牌资产的销售促进手段。比如巴伐利亚啤酒世界杯的隐形促销为品牌带来了负面形象。

(2)销售促进与其他品牌传播活动相互促进

在销售促进活动中，应充分考虑不同销售促进方法间的组合运用，使之功能互补、互为促进，从而产生良性的品牌构建效果。与此同时，销售促进活动必须从品牌权益建设的全局出发，综合考虑销售促进与其他促销手段的组合运用。广告、公共关系等营销活动都是品牌构建的基石，它们在功能上与销售促进形成互补，通过整合，可以传递更加丰满、立体的品牌形象。

(3)合理利用打折促销

打折促销虽然具有吸引消费者注意力，增加购买行为的作用，但频繁的价格折扣促销会降低品牌的"身价"，削弱消费者的品牌忠诚，因此，品牌应合理使用打折促销，避免其对品牌资产的伤害。

比如凡客诚品的社交营销就是一个成功的价格促销案例。用户上传身穿凡客产品的照片，在凡客诚品的达人街拍频道、单品销售详情页和频道页展示出来，其他用户只要通过这些图片产生的购买，这些用户都能获得10%的销售分成，他们能够随时通过后台查询自己的分成数额，实时提现。除了给予消费者一定的价格奖励，凡客诚品还开通"凡客达人明星计划"，用户有机会成为凡客诚品的签约模特，并在电子杂志——LOOKBOOK达人志中成为封面明星。

思　考　题

1. 将品牌传播分为自媒体、非媒体、大众媒体三大组合有何创新性？
2. 分析总结利用非媒体进行品牌传播的最佳公司或品牌，试分析其借鉴意义。
3. 试举例分析自媒体品牌传播对于创造品牌资产的重要价值。
4. 分析品牌的大众媒体传播的主要形式，论述如何进行大众媒体传播的创新。
5. 举例分析植入式品牌传播的主要形式和最佳实践案例。

第七章　品牌资产

学习目标

1. 理解品牌资产的内涵和特征；
2. 了解凯勒的品牌价值链理论；
3. 掌握品牌资产的构成要素；
4. 掌握构成品牌资产的无形要素；
5. 掌握提升品牌资产的方法和策略。

品牌管理

Brand management

第一节　品牌资产的内涵

"互联网＋"时代，品牌传播强调品牌与客户的互动沟通，品牌是一个以消费者为中心的概念，没有消费者，就没有品牌。也就是说对品牌资产的界定从消费者心理角度加以阐述，因为市场是由消费者构成，品牌资产实质上是一种来源或基于消费者的资产，而品牌资产增值又是由消费者品牌心理驱动的。

一、品牌资产的定义

品牌资产的内涵和外延一直是一个有争议的议题，根据品牌资产的功能，可以从财务会计、消费者与品牌的关系，以及市场品牌力三个角度描述品牌资产的概念。值得注意的是，三个视角的定义并无优劣之分，只是适用于不同的应用目的。

（一）财务会计视角的品牌资产

从财务会计的角度，品牌资产是品牌引起的价格上升和销售额增加带来的增值在其持续年度现金流的折现值。品牌资产具体表现为品牌在市场上给产品价格或销售额所带来的增值，并最终反映为公司财务报表或金融市场的价值增值。其实质意义在于方便计算品牌价值，以便向企业投资者或者股东提交财务报表，为企业并购、合资等商业活动提供企业价值的依据。这一概念认为，品牌资产本质上是一种无形资产，一个强势品牌被视为具有巨大价值的可交易资产。如美国食品和烟草巨人菲利普·莫里斯公司以 129 亿美元购买卡夫品牌，该价格是卡夫有形资产价值的 4 倍。

品牌资产的财务会计概念模型主要可用于以下目的：①向企业的投资者或股东提交财务报告，说明企业的经营绩效；②便于企业资金募集；③帮助企业制定并购决策。财务会计角度的内涵把品牌资产货币化，其现金流的折现也为品牌资产评估和品牌运作提供了依据。

（二）消费者视角的品牌资产

美国学者凯勒（K. Keller）提出了消费者视角的品牌资产的概念，他认为品牌之所以对企业和经销商等有重要价值，根本原因是由于品牌对消费者有价值。消费者视角的品牌资产主要表现为消费者与品牌之间的关系，是基于消费者对品牌的认知、认同和忠诚而存在的，消费者与品牌的关系决定着品牌资产的高低。如果品牌对于消费者来说没有任何意义，对消费者产生不了什么影响，那么它对于投资者、生产商或零售商也就没有任何意义。因此，品牌资产的核心是如何与消费者建立联系，消费者如何理解该品牌。

大卫·艾克（Aaker）提出了品牌资产的五星模型（Five－Star Model），认为品牌资产由品牌知名度、品牌联想、品牌认知质量、品牌忠诚度和其他专有资产五个部分组成。

在"互联网＋"时代，互联网和移动互联网成为传播的有效渠道，比以往更加重视品牌与消费者的互动和沟通。尽管在传播内容和传播方式上，传统媒体注重震撼性效果，提升品牌的知名度；新媒体首先精准定位，培育品牌的"铁粉"，形成第一层的忠诚客户，通过互联网的互动沟通扩展"粉丝"范围，强调口碑传播。但是传统媒体和新媒体的品牌传播活动都是围绕品牌资产的五星模型展开的。目前，部分学者认为互联网技术的发展推动了品牌传播方式的巨大变化，品牌资产的五星模型指标应该进行动态完善，实际上也没有超越品牌知名度、品牌认知质量、品牌联想、品牌忠诚和其他专有资产的范畴。

（三）品牌力视角的品牌资产

品牌力（Brand power）以渠道经营为轴，与知名度、美誉度和诚信度统一构成品牌资产的重要因素，它是指消费者对某个品牌形成的概念对其购买决策的影响程度，品牌力基本上是由品牌产品、品牌文化、品牌传播和品牌延伸这四要素在消费者心智中协同作用而成的。一个品牌要在竞争中脱颖而出，在消费者的心智中占有一席之地，就要使品牌产品赢得消费者的忠诚，树立有助于强化品牌个性的品牌文化，实施有效的品牌传播，进行正确的品牌延伸。

品牌力视角的品牌资产是由消费者拉动和经营推动所形成的，一方面品牌赢得消费者忠诚，另一方面突出表现为品牌经营战略推动的品牌扩张、行业整合的能力。赢得消费者忠诚的能力代表的品牌资产，回归到品牌力中企业角度的知名度、美誉度和诚信度。经营战略能力代表的品牌资产，回归到品牌扩张和行业整合的实现能力，这取决于品牌开拓市场、占领市场并获得利润的能力。世界品牌实验室按照品牌影响力制定了评估企业的品牌资产的三项关键指标：市场占有率、品牌忠诚度和全球领导力。

例如，全聚德以烤鸭为核心产品，在国内外具有广泛的知名度、美誉度，诚信待客，赢得了客户的忠诚，但其品牌延伸扩张的能力、进行行业整合的能力却有限。阿里巴巴充分利用移动互联网手机终端，通过"光棍节"等文化方式，大幅提高了知名度、美誉度和诚信度，具有大批忠诚的客户。关键是阿里巴巴通过电商基础上的业务衍生、业务创新，在互联网金融、投资并购等领域进行品牌拓张，先后建立了天猫、支付宝、阿里软件、阿里云、天弘基金等品牌，无疑其品牌扩张能力和行业整合能力远远高于全聚德。阿里巴巴的品牌资产相比全聚德要高出很多。

品牌力视角的品牌资产与财务会计视角的品牌资产的最大不同在于：财务会计视角的品牌资产着眼于品牌交易，是短期内利益的具体体现；而品牌力视角的品牌资产意图创造持久的、差异化的品牌优势，其研究的重心转移到品牌的长远发展潜力上，试图利用市场占有率、品牌忠诚度和全球领导力三个指标把消费者忠诚度和消费者的行为、企业文化和品牌延伸、渠道成员与差别化优势联系起来。

二、品牌资产的特征

品牌资产是企业的一项重要资产，它超越了生产、商品、厂房、设备等有形资产的范畴，是一种特殊的无形资产。品牌资产具有以下特性。

（一）品牌资产的价值性

品牌资产是企业最重要的一项无形资产。它来源于品牌的客户资源、渠道资源、品牌延伸和差异性优势等方面的综合效应，可以支撑品牌在未来很长的一段时间内持续获利可口可乐前总裁伍德拉夫说："如果可口可乐的工厂一夜之间化为灰烬，我仍然可以短的时间内再造一个可口可乐。"他有说这话的底气是因为可口可乐得到了全世界消费者的广泛认可。正因为品牌具有价值，所以在企业并购中，除了收购设备、产品、技术、人才等有形和无形资产之外，还需要对品牌进行估价。国际啤酒巨头英博（Interbrew）宣布以 58.86 亿元收购福建雪津啤酒厂，该收购价格是当时雪津净资产的10 倍之多，多出的那部分就包括雪津啤酒品牌资产的价值。

（二）品牌资产的波动性

在"互联网＋"时代，品牌的传播方式发生了巨大的变化，所形成的品牌资产也具有了突出的特点，品牌资产的增值和贬值速度在加快。品牌可以在一夜之间成名，也可以在一夜之间消失。小米的快速崛起可能不需要诺基亚手机十几年的努力才成就较高的品牌资产，当然也可能和诺基亚手机一样快速在市场上蒸发消失，品牌资产快速贬值。资产的波动性具有增大的趋势。品牌资产是企业经营的结果，是随企业经营行为的变化而变化的，同时，品牌资产也需要规划和维护，任由其发展可能会导致品牌资产的波动和下滑。无论是世界品牌实验室，还是英特品牌咨询公司，每年发布的品牌排行榜都有所变化，也表明品牌资产具有波动性。

（三）品牌资产的积累性

品牌资产来源于企业与消费者的关系，是企业和产品在与营销者、消费者的无数次互动沟通中形成的。从接触点管理的角度来讲，每一次接触都是建立消费者-品牌关系的关键，也是积累品牌资产的关键。认识到品牌资产的积累性，企业就能够时时以"为品牌资产服务"的理念来规范自己的各项行为。同时，品牌资产的积累性也表明，不存在品牌资产"速成宝典"。尽管品牌可以通过广告"轰炸"或媒体炒作而"一夜成名"，但品牌知名度只是品牌资产中若干要素的一部分，而非全部。要想建立雄厚的品牌资产，企业还需踏踏实实地"精耕细作"，把消费者-品牌关系经营好。

第二节　品牌价值链

　　要理解如何设计和实施品牌资产评估和管理系统，需要更广阔的视野来理解品牌资产的形成过程，不但从来源角度，而且从产出角度理解品牌资产。

　　模型在假设品牌价值源于用户的前提下，把品牌资产的形成分为四个阶段和三个过程。

一、品牌价值创造的四个阶段

（一）营销活动创造品牌价值

　　公司投资于某一项针对实际或潜在客户的营销活动，包括产品设计、设计与客户的互动，营销传播，包括广告、公共关系、核心客户的培养、品牌网站与品牌社区的建设，经销商的支持性活动，员工培训等。这些营销项目投资是否能够沿着价值链进一步转移增值，并确保品牌价值创造成功，主要取决于项目的精心设计、与顾客紧密相关性和目标明确性。

（二）通过顾客心智创造品牌价值

　　"互联网＋"时代，新的品牌传播途径潜移默化地影响顾客心智的特征更加明显，在新的营销方案中，品牌与顾客、顾客"粉丝"圈、品牌社区的互动沟通，都会对顾客的心智产生影响。营销方案的实施使消费者心智发生变化，比如通过分享体验、互动沟通强化了品牌认知、品牌联想，改变了品牌态度，提高了品牌忠诚度和消费者对品牌的主动活动的积极性。

（三）市场业绩影响品牌价值

　　市场业绩突出表现在市场占有率、市场盈利能力等方面。市场的营销活动也会对客户的心智形成影响，在市场形成品牌业绩。在"互联网＋"时代，品牌在消费者心中的位置越来越重要，可以推动客户购买行为的发生，从而相应的提升品牌业绩。

　　顾客的心智以五个主要维度与市场相互作用，前两个维度与溢价、价格弹性有关。消费者愿意为品牌额外支付多少？当价格上涨或下降时，这种品牌的产品需求会减少或增加多少？第三个维度是市场份额，（测评营销项目）是否驱动了品牌销售量上升。这三个维度决定了品牌的业绩。品牌价值会由于更高的市场份额、更大的溢价，以及对价格下降更富有弹性和对价格上升更缺乏弹性而得以创造。第四个维度是品牌延伸，指品牌成功支持品类延伸或新产品进入相关品类。第五个维度是成本结构，由于品牌成功占据顾客心智而减少的营销费用。把这五个维度综合起来考虑时，就产生了品牌的赢利性。

（四）股东价值推动品牌价值提升

投资团体关注市场业绩，业绩的提升会体现在财务报表的收益栏上，并在股市上以股价形式反映出来，股东从而得到价值回报。股东的价值总和就是品牌的市场价值，也就是品牌资产的产出形式。

二、品牌价值增值的三个过程

（一）项目增值过程

项目增值过程表明从营销活动投入到顾客心智受到营销质量影响的过程，营销质量的好坏由营销活动的明确性、相关性、独特性和稳定性决定。如果消费者对企业营销所传递的品牌信息不清晰、品牌信息与消费者需求没有关系、营销活动并不具有差异性、营销活动没有经过整合，那么营销活动的投入不一定能够产生理想的顾客认知和认同。

（二）顾客增值过程

从顾客心智到市场业绩受到市场条件的影响，市场条件包括竞争者反应、渠道支持和顾客规模等因素。如果竞争者也开展了有效的营销活动、渠道合作伙伴并没有大量支持、顾客规模偏小，那么市场业绩也不会很好。

（三）市场增值过程

市场业绩影响投资者情绪和投资收益，从而影响股价和企业价值，并最终影响股东价值。投资效益受到金融市场动能、成长潜力、风险概况和品牌贡献率影响。如果金融市场疲软、行业成长速度缓慢、行业面临高风险以及该品牌对公司整体的贡献不算大，那么股东价值也不会很高。

通过品牌价值链模型，可以使管理者清楚平时所做的营销工作究竟是如何反映在品牌资产上面的，也明白了"品牌资产由顾客决定"究竟是什么意思。公司营销活动首先作用于顾客心智的品牌资产，对顾客心智的品牌资产的影响力最强。当营销活动传递到产品市场和金融市场的品牌资产时，其作用力已逐渐减弱。后两种模式的品牌资产更多受营销之外的因素的影响。

第三节 品牌资产的构成

一、品牌资产构成要素

品牌资产的内涵表明品牌资产的三个视角，在分析品牌资产的构成要素时，我们只关注品牌与消费者关系为基础的构成要素，另外两个视角定义品牌资产的构成要素将在资产评估中介绍。

品牌资产由两个方面的要素构成：一是品牌传播载体部分，主要包括品牌名称、品牌标志和标记、品牌广告语、品牌广告曲和包装，称为品牌构成的有形要素；二是消费者与品牌的互动沟通和企业传播而形成的品牌知名度、品牌品质认知、品牌联想、品牌忠诚度和其他专有资产，称为品牌构成的无形要素。

品牌资产构成的有形要素在前面的章节中已经做过详细阐述，在此只做简单介绍。

品牌名称是信息传达中极有效的"缩写符号"，它简洁地反映了产品和服务的中心内容或者企业所倡导的观念、文化等核心要素。消费者了解营销信息花费的时间往往较长，而注意、理解并记住一个品牌名称却只需要几秒钟的时间。

标志和标记从产生之日起一直是表示起源、所有权或组织的一种方式。研究表明，一些接触视觉的品牌要素往往在传播品牌和建立品牌资产时起着关键作用。因为与竞争对手相区别的属性必须包含鲜明的个性和特色文化等抽象的内涵，而简洁、凝练的标志和标记则可将这些个性和丰富的内涵生动、形象而又直观地传达给目标群体。

广告语是用来传递有关品牌的描述性或说服性信息的短语，也是企业个性和核心价值的表述。恰当、独特的广告语和广告乐曲也会加深消费者对品牌的印象和认知。

包装是设计和制造产品的容器和外部包扎物，是整体产品中一个重要的组成部分。它不仅具有保护商品、便于携带和运输等基本作用，还能标明品牌，并借助描述性和说服性信息来促进销售，增加利润。因此，包装被誉为"沉默的推销员"。

二、品牌资产构成的无形要素

品牌资产构成的无形要素包括品牌知名度、品牌认知质量、品牌联想、品牌忠诚度以及其他专有资产五个方面。

（一）品牌知名度

品牌知名度是指品牌被公众知晓的程度，是评价品牌资产的量化标准之一。从消费者的心理和行为反应来看，品牌知名度就是目标群体对产品、公司、商标等信息的学习和记忆的结果。而它作为一种条件联系，形成和消退依赖于强化。这种强化的根源在于对产品各种物理特性(价格、款式、包装、质量等)以及消费者通过体验和感受这些物理特性而形成的认知。认知是一个由浅入深的变化过程。消费者对品牌认知的不同程度可用品牌认知金字塔来表示,如图 7-1 所示。

图 7-1 品牌认知层级金字塔

1.“品牌无意识”阶段

“品牌无意识”阶段位于品牌认知金字塔的最底层,消费者对该品牌没有更详细识和了解,仅仅是“知道有这个品牌”,或者“好像在什么地方见过”。在这个阶段,品牌不会对消费者的行为产生明显的影响,但该阶段是消费者对该品牌更深层次的了解和认知的基础。比如,当人们通过互联网、电视广告的告知认识了某品牌的元素时,对它所要传达的信息并没有更真切和深刻的感受。但是,能让目标群体记住这个名称就是该告知型传播要达到的效果。

2.“品牌识别”阶段

“品牌识别”阶段是消费者与其他品牌逐渐建立差别的阶段。如果被测试者能够将产品和品牌联系起来(但不一定十分强烈),那么该品牌在消费者的心目中就是处在品牌识别阶段。

3.“品牌记忆”阶段

“品牌记忆”是指消费者在得不到提示和帮助的情况下能够对某品牌产生自主记忆和回忆的心理行为。在这个阶段,品牌明晰地存在于消费者的记忆中,当消费者意识到对该产品类别的需要时,该品牌能够顺利地成为备选项。

4.“深入人心”阶段

品牌知名度的最高阶段是“深入人心”,该阶段位于金字塔的顶端。处于该阶段的品牌是消费者在无任何提示的情况下,脱口而出的第一品牌。这种品牌在消费者的心目中处于一个特殊的位置,而使其经久难忘。

一个能被人们认识、记住,尤其是深入人心的品牌,在消费者的购买决策中起着至关重要的作用。而要提高品牌的知名度,必须在商品和服务具有稳定质量的前提下,通过媒体和公共关系进行宣传和传播,使之为广大消费者所知晓。

(二)品牌品质认知

品牌品质认知是消费者的一种主观判断,它是消费者对于品牌所标示的产品或服务的全面质量和优势的感性认知，是对品牌全面的、综合的、无形的感知。品牌品质认知并不一定与产品本身真正的品质相符。不相符的原因有两个：①它是一个主观认识，主观认识是有局限性的；②不同的顾客对同一个品牌的产品有着不同的偏好和要求，其对品质质量的关注点不同，有的顾客可能因为对产品性能要求不高而感到满意，有的顾客可能对价格较高的高品质产品持有一种消极态度，还有的顾客可能因对产品的品质过分信赖而不惜代价。

对品牌的品质认知可以从内在要素和外加要素两方面去理解和认识。内在要素是指产品的具体的、物理性资产。只有在改变产品本身时，内在要素才会发生变化，而且只有当使用产品时才会消耗内在要素。例如，有关学者把耐用品的品质总结为：使用简易性、功能性、使用表现、耐久性、服务能力以及社会地位。服务行业的内在要素包括：信赖、负责、保证、认同和可见性。

外加要素与产品实体无关。即使改变它们，产品实体也不会有所改变。例如，价格、品牌名称、标志、广告、分销渠道、促销及质量保证和售后服务等都是品质的外加要素。

对品牌所体现的品质认知因消费群体的不同而各异，因为不同消费群体的目的、意图不同，甚至不同的消费群体还存在千差万别的个性、偏爱和需要等，这些都影响他们对特定产品或服务的关注点的选择。另外，在不同的市场阶段，消费者对产品或服务要素的关注点也不同。提高品质认知，首先要明确消费者对品质的关注点，然后提炼消费者关注的要素品质，再针对关注点的要素品质开展品牌塑造活动。

（三）品牌联想

品牌联想是指消费者记忆中与某品牌相关联的事情，是品牌特征在消费者心目中的具体体现。当人们想起一个特定的品牌时，会很自然地与某种特定的产品、服务、形象甚至愉快的场景等联系起来；或者当对某种产品或服务存在需求，或者体验到某种场景时，就会和某一特定的品牌对接起来，这些都是品牌联想的具体表现。例如，提到肯德基，人们就会想到和蔼可亲的山德士上校白色的西装、满头的白发、可爱的山羊胡子、亲和的微笑；提到海尔，人们就会想起勇往直前的两个小兄弟。

一个成功的品牌包含丰富的品牌信息，这些信息都可以成为品牌联想的来源。不同的消费者群体会从不同的角度理解和记忆这些信息，这就是品牌联想的支撑点，或品牌联想的来源。对于不同类别的产品，消费者会从不同的方面与该品牌联系起来。例如，提到洗衣粉的各种品牌时，人们易于联想不同品牌产品的特殊功效；提到红酒和香水等产品时人们更倾向于和其产地联系起来等。企业要根据产品特征和消费者需求，向消费者传递相关的信息，以便消费者产生积极的联想，在产生需求时能联想到自己的品牌。

产生联想的信息来源于下面几个方面。①产品设计、个性、定位等在消费者产生需求时，能与竞争对手区别开来，使联想与需求相符合；②价格，价格是成本的表现，但塑造品牌信息时，更重要的是要考虑能给消费者带来心理和感情的溢价，使其承载品质质量和服务至上、质高价优的保证；③消费者，当一个品牌所标示的产品或服务选择一个明确而又独特的目标群体时，人们有时会将品牌与特定的目标群体联系起来，从而形成品牌的消费者联想；④地区和产地；⑤生活方式，即品牌信息塑造的优势要与人们崇尚的生活方式联系在一起。

（四）品牌忠诚度

品牌忠诚是指消费者在与品牌的接触过程中，由于该品牌产品或服务的价格、质量因素，甚至是由于消费者独特的心理和情感方面的诉求所产生的一种依赖和稳定的感情，由此形成的偏爱，使消费者长期重复购买该品牌产品或服务的行为。品牌忠诚度是消费者对某品牌产生的感情的度量，测度它的指标是重复购买次数、购买的决策时间、对价格的敏感程度、对竞争者的态度、对品牌产品瑕疵的反应等，反映了一个消费者的偏好由一个品牌转向另一个品牌的可能程度。

从定义不难看出，品牌忠诚度有两个测度指标，一是品牌依赖度，当一个人使用某品牌产品的体验较好，再有新的购买机会时，自然会想到这个品牌并重复购买。只有在款式、价格等他比较敏感的因素与他的要求有很大差异时，他才会考虑其他品牌，这是一种精神上或者惰性的依赖。二是品牌转换成本，转换成本既包括了直接的购买成本和风险，也包括了使用中的转换成本。比如用户习惯了用 IOS 系统的 Iphone 手机，要更换成安卓系统的手机，就存在着更换成本。

品牌忠诚度的形成不完全依靠产品的品质、知名度、品牌联想及传播，它与消费者本身密切相关，它的形成更有赖于消费者的产品使用经历和体验。提高品牌忠诚度，对一个企业的生存和发展以及市场份额的扩大具有极其重要的作用。美国商业研究报告指出，多次光顾的消费者比初次登门者，可为企业增加 20％～80％的利润；固定客户数量每增加 5％，其带来的利润就会增加 25％。忠诚的消费者是企业的财富。品牌忠诚度是品牌价值的核心。

品牌忠诚度可以根据品牌依赖程度和转换成本的高低划分为四个层次。

1. 靠习惯维持的品牌忠诚度

消费者购买某一品牌的产品或服务后，并没有明显的不满之处，会继续购买该品牌，形成消费习惯和偏好。但是这种习惯是脆弱的，一旦有明显的诱因，如竞争者利用价格优惠等，消费者就可能改变主意和以往的习惯，转而购买其他品牌，所以这类消费者的品牌忠诚度不高。例如，我们去汽车 4S 店保养修理汽车，很难说我们有多大的依赖度、忠诚度，而是我们只能去 4S 店。

2. 基于满意的品牌忠诚度

消费者对产品或服务很满意或至少不反感，从而对某一品牌具有习惯性购买的行为。他们认为，更换品牌可能意味着风险，担心所更换的品牌不会令人满意，因此不会轻易更换品牌。例如，一个人使用具有消除冷酸过敏功能的冷酸灵牙膏，使用过程一直满意，其他品牌具有同样功能的也很多，转换成本也比较低，但他还是继续购买使用冷酸灵牙膏。

3. 以情感为纽带的品牌忠诚度

"互联网＋"时代，品牌与消费者的互动沟通，使消费者对品牌有很深的情感依赖，成为品牌的"粉丝"，通过品牌社区，消费者之间以品牌为纽带建立了自己的朋友圈子，大家常常以品牌体验为话题进行互动沟通，品牌已成为他们生活中的一部分，一旦更换品牌，就会有背叛对方的愧疚感。

4. 完全的品牌忠诚度

消费者对某品牌有着强烈的偏好，有时可能发展成一种偏执，甚至把使用该品牌视为一种实现自我追求、自我价值的表现。他们为成为该品牌的使用者而自豪，并乐于向其他人推荐该品牌。

（五）其他专有资产

除上述四个品牌资产的无形要素外，附着在品牌上的其他专有资产，也是品牌资产的重要组成部分。它主要包括与品牌密切相关的专利、专有技术、技术的变轨创新意识，分销渠道、购销网络、商业模式等，它们对品牌增值能力具有重大影响。

其他专有资产，主要表现在技术、销售渠道和商业模式上。技术是品牌升值的推动力量，在"互联网＋"时代，值得关注的技术变轨创新意识和企业为推动这种创新的实施机制。诺基亚品牌经过十几年的培育和发展，成为手机行业的领导者，在移动互联网来临的时候，几乎是一夜之间被苹果、三星取代，理光等成像照相机品牌被佳能等数码照相机取代，这都取决于技术变轨的创新意识和建立创新实施机制作用的结果。通过商业模式创新创造品牌资产的例子很多，互联网和移动互联网的兴起，阿里巴巴、腾讯、百度、京东都是通过商业模式创新创建品牌、推动品牌增值。

第四节　品牌资产提升策略

提升品牌资产的价值是多方位的，我们仅从品牌资产构成要素的视角进行分析，品牌资产的构成要素分有形和无形两种。有形要素包括品牌名称、标志、广告语等，我们已经在前面的章节详细地探讨了。下面就提升品牌资产中品牌知名度、品牌品质认知、品牌联想、品牌忠诚度等无形要素进行分析。

一、品牌知名度提升策略

（一）制造"第一"与"独特"

在信息化时代，人的记忆是有限的，人们往往对"第一"情有独钟，记忆深刻，而对第二以下却不感兴趣。例如，当有人问你世界上最高的山峰是哪一座时，你会快速答出珠穆朗玛峰，第二高峰你就不一定能答出。所以在塑造品牌知名度的过程中，要抓住"第一"做文章，比如第一个入市、第一个具有环保功能、第一个提倡24小时服务等。在许多产品中，最知名的总是那些最先进入人们心目中的品牌。当竞争对手已经捷足先登或十分强大时，企业就要注重策划，创造一个"与众不同"的特点，利用这个特点给出其品牌的定位。例如"白加黑"感冒片，"白天服白片不瞌睡，晚上服黑片睡得香"在一大堆感冒药中脱颖而出。

（二）利用名人效应

名人效应可以帮助树立品牌知名度。"互联网＋"时代，品牌产品推出前，总是通过自己的"铁粉"、网络"大 V"等的影响力在自己的"粉丝"圈内宣传品牌，也是在利用名人效应。例如，《褚橙进京》的微博推出后，王石、柳传志、潘石屹等纷纷进行评论、转发，把褚橙品牌的知名度推上了一个高峰。

（三）巧妙利用广告策划

利用广告策划提高品牌知名度有两种方式，一是通过震撼性的内容、场面、情景给消费者深刻印象，并在"粉丝"圈进行预热、传播，引起轰动效应。二是策划广告词、广告曲，让简洁易懂、容易记忆、诱人心动的词句利于重复传播。"钻石恒久远，一颗永流传"不但为需要感情依托的群体找到了感情承载体，其容易记忆的词句、优美的语韵也为人们送来了酣畅淋漓的感觉，使人心动。电视广告场景的震撼性、设计中巧妙地利用悬念等，也会让消费者快速记住品牌，并产生品牌联想。

二、品牌品质认知提升策略

在"互联网＋"时代，品质认知是品牌资产的重要组成部分，它是建立在良好的产品质量的基础上的，一旦质量出现问题，品牌可能在一夜之间消失，因此，品牌认知可算品牌资产中的长期的资产，它的建立和维护也就需要较高的能力、花费较长的时间及较大的成本。提高品质认知度的策略有以下几个方面。

（一）保证高品质

高品质是提高品质认知度的第一步，首先，承诺高品质。海尔集团的成功，关键一点是它一直坚持其产品高品质的形象。张瑞敏到任，首先，当众砸烂了76台不合格冰箱，唤起了全体员工质量控制意识和高品质意识。其次，是重视顾客参与，品质认知的决定权在于顾客，只有顾客认为你的产品拥有高品质，你的产品才真正拥有高品质。再次，追求品质文化，只有创造一种对品质追求的组织文化、行为准则、思想意识，才能使行动根深蒂固，保证品质过硬，将人为误差降到最低。

（二）设计认知信号

仅有客观的、真实的品质是不够的，必须把它转化为消费者认知上的品质。在很多情况下，人们对品质的判断并不具备客观的标准和可靠的途径。他们往往借助产品或服务本身传达的象征信号来判断。因此，产品的设计、包装、服务环境、服务水准、广告水准和数量、品牌名称和标志等都具有重要的作用和意义。为了使"品质"可见，商家要对产品进行刻意的创意设计，尤其在品牌包装设计上表现较为明显。

（三）价格暗示

价格是一种重要的品质暗示。一般人很容易认为高价格就意味着高品质。当一个人没有能力或热情去评估一种产品的品质时，他对价格暗示的依赖性就会增大。这种暗示作用也因产品类别不同而有所差异，难以评估的产品类别更可能将价格作为品质暗示。

（四）有效使用广告、产品说明书

利用广告来传达品质信息，要把真实的品质与广告创意紧密结合。同时，一份具有实际意义的、有效的说明书能够给产品或服务品质提供可信的支持和有效的保证。

（五）完善的服务系统

良好的服务能给人一种高品质的感觉，信得过的感受，能解除消费者的后顾之忧。同时，良好的服务系统还能产生更高的溢价和强劲的营销组合力。在产品趋于同质化的今天，服务的地位和作用更加突出。

三、品牌联想提升策略

（一）讲述品牌故事

品牌故事是品牌在发展过程中将优秀的素材总结、提炼出来，形成了一种清晰、容易记忆又令人浮想联翩的传导思想。其实，品牌故事是一种比广告还要高明的传播形式，它是品牌与消费者之间成功的情感传递。消费者购买的不是冷冰冰的产品，他们更希望得到产品以外的情感体验和相关联想，而且这种联想还有助于诱发消费者对品牌的好奇心和认同感。事实上，很多品牌背后都有一个精彩的故事。甚至可以说，一个成功的品牌是由无数个感人至深的故事构成的，创业故事、引资故事、营销故事等，没有故事就没有品牌。

（二）借助品牌代言人

品牌代言人是品牌在一定时期内，以契约的形式指定一个或几个能够代表品牌形象并展示、宣传品牌形象的人或物。在现代社会，品牌最好的载体就是人，特别是明星、企业家等耀眼的名人。名人代言不仅声调高，而且反响大，况且消费者有崇拜名人的心理。因此，巧用名人、明星代言品牌、企业家代言品牌都能讲述很多故事，使品牌传播达到事半功倍的效果。

（三）建立品牌感动

希望在客户和最终使用者心中塑造"环保、亲近自然"形象的著名石油公司雪佛龙，曾拍摄了一则旨在让消费者感动的形象广告。广告片的诉求表现十分真实：当太阳在西怀俄明升起的时候，奇异好斗的松鸡跳起了独特的求偶之舞。这是一个生命过程的开始，但一旦有异类侵入它们的孵育领地，这一过程就会遭到破坏。这就是铺设输油管道的人们突然停止建设的原因，他们要一直等到小松鸡孵化出来，才回到管道旁，继续工作……企业为了几只小松鸡，真的能够搁置其商业计划吗？雪佛龙这样做了！

这就是雪佛龙广告为顾客创造的一种品牌感动。这种感动不仅加深了顾客对该品牌意欲树立的环保形象的认知，而且使得社会大众将他们对环保的需求在该类联想中得到理解和融合，从而愈加认同乃至忠诚雪佛龙品牌。

四、品牌忠诚度提升策略

"互联网＋"时代，品牌忠诚度有了新的内涵，品牌依赖、转换成本、品牌黏度等概念为提升品牌忠诚度提供了新的思路和空间。从源头上去思考，品牌忠诚度提升还是要在产品、沟通、价值等因素上做文章。

（一）提高并保持产品质量

"互联网＋"时代，人们购买和使用过程成为传播的主要话题，优质的产品或服务质量仍然是建立消费者品牌忠诚的必要条件。企业产品质量过硬，高于竞争对手，又能够被消费者感知，是吸引和培养品牌忠诚消费者的有效办法。消费者选择某品牌，往往是因为他们相信品牌代表质量承诺，同时，这种品牌承诺也迎合了消费者规避购买时所面临的知觉风险的心理。从这个意义上讲，品牌就是在为产品性能和消费者利益背书。很多品牌影响力强的企业，品牌就等于产品品质，让消费者既放心，又对其产生依赖心理，因此消费者愿意为品牌付钱。但是，如果品牌产品品质、服务不能保证"始终如一"，消费者会及时地感知到，就会产生对品牌的质疑，进而选择转向其他品牌。如果出现质量问题，手指一动，一个评价、一张图片可以迅速分享给社会公众。

（二）完善服务体系，提供优质服务

美国波士顿咨询集团在调查中发现，顾客从一个品牌转向另一个品牌的原因，十人中有七人是因为服务问题，而不是质量或价格的缘故。消费者真正购买的不仅仅是产品实体本身，更多的是产品所提供的服务。目前，服务日渐成为企业营造品牌忠诚、

获取竞争优势的关键。在构建和提高品牌忠诚度中所实施的具体服务策略有：①提供售前、售中、售后服务和金融支持等的一体化服务；②提供超值、精细的服务；③设立有效补救服务，即便是最优秀的企业也难免出现服务上的失误，因而，及时采取补救失误的服务措施，消除对顾客的不良影响，是重新获得顾客对品牌忠诚的有力武器。

（三）强化与消费者的互动沟通

在质量和服务承诺的基础上，要与消费者拉近心理距离，形成共同观念和信念。互联网和移动互联网为品牌与消费者的沟通提供了技术条件，企业要研究各种便于品牌与消费者、消费者之间互动沟通的话题和主题，让趣味性、思想性、创新性强的与品牌定位和核心价值相吻合的话题和主题深入人心，建立各种互动沟通平台和渠道，让品牌主导的信息能持续地在消费者中传播，得到消费者的接受和认同。及时为消费者解决关心和遇到的问题，拉近与消费者的距离。通过品牌、企业领袖等建立"粉丝"群，培育属于品牌自己的"铁粉"，通过互动沟通，形成共同的价值观。另外，强化品牌与其目标顾客之间的说服性沟通，增强沟通的目标性，通过沟通把产品及相关信息、品牌自承诺、品牌文化传递给目标消费者，在特定目标消费者中唤起沟通者预期的意念，从而对目标顾客的行为和态度产生有效的影响。品牌忠诚的形成也是品牌与消费者互动沟通的结果。

（四）创造品牌附加价值

品牌忠诚的核心是其附加价值。品牌的附加价值主要来源于定位、个性建立起来的良好的品牌形象，品牌文化创造的共同价值观，技术的动态提升和突破增加的附加价值。

1. 稳定的品牌定位和个性，创建良好的品牌形象

消费者对品牌的依赖有强弱之分，依赖度弱则品牌的黏性就低，品牌转换的成本就低，无论其品牌知名度和认知度多好，消费者也很容易在市场上进行品牌转换，如：日用品的抽纸、洗发水、沐浴露、牙具等和电子产品手机、电脑、耳机、行车记录仪等产品就有这样的特征，消费者对低黏性品牌的忠诚度主要来源于两个方面，品牌个性和定位所产生的良好品牌形象，品牌与消费者互动沟通产生情感联系。增强品牌的忠诚度，就是强化互动沟通和其他品牌传播工作，树立良好的品牌形象。

2. 利用品牌社区、品牌文化创造共同的价值观，让消费者对品牌产生附加价值的依赖

品牌的附加价值依赖能产生较强的品牌黏性，而品牌黏性强的产品，在市场上往往不容易被抢夺。比如：LV、欧莱雅、奔驰等一些国外品牌，经过几十年甚至上百年的培育，品牌文化已经深入人心，能在消费者心中引起共鸣，品牌文化定位也在消费者心智中有了稳定的位置，文化成为品牌与消费者互动沟通的纽带，消费者对品牌的依赖是价值依赖。

3. 技术的动态提升和突破产生品牌的附加价值

消费者对品牌的崇拜来源于品牌产品的技术持续提升和适时突破，任何技术提升和突破都会给消费者带来一些全新的感受，这些全新的感受会产生品牌依赖，也造成了非常高的品牌转换成本。在市场上人们是崇尚强者品牌的，人们愿意为强者品牌的附加价值付出额外的成本，诺基亚手机品牌如果能持续技术更新并适时突破，就不会在一夜之间消失，也就不会被苹果、三星等取代。

思 考 题

1. 阐述基于消费者关系的品牌资产的定义。
2. 阐述基于品牌力的品牌资产的定义的核心。
3. 简述品牌的价值链。
4. 简述品牌资产的构成要素。
5. 简述提升品牌资产的策略。

第八章 品牌沟通及数字品牌

品牌管理
Brand management

　　品牌价值通过有效的品牌沟通传递给客户。随着信息技术的发展与应用，相对于传统品牌传播，品牌沟通更为强调与客户的多维度的、双向的乃至多向的互动沟通，强调客户主导的主动沟通，强调基于网络的沟通。

　　在这个信息技术飞跃发展、信息内容海量泛滥的时代，传播媒介的组成越来越多元，传播模式越来越多样，传播通道日趋复杂，传播成本日渐高昂，客户面临选择有效价值需求信息的困境，企业面临有效沟通品牌价值信息的困境。

　　随着科技和网络媒介的广泛发展，品牌沟通模式已从传统的企业主导的单向传播日益演化为消费者主导的个性化、主动化、互动性沟通。在新的历史时期，品牌价值沟通的核心是以低成本、高成效的方式，向目标客户群体精准传播品牌的客户价值。深入研究品牌传播的规律，系统规划品牌价值沟通方略，实施精准的品牌价值沟通模式就显得尤为重要。

　　品牌价值沟通以品牌定位为基础，在品牌定位阶段完成品牌的价值定位与个性价值建设，再结合品牌识别系统的建设完成品牌的定神、定性、定型与定行。在品牌价值沟通阶段，将以品牌传播的方略、内容、沟通模式，以网络品牌运营为代表的新媒体沟通模式，以及品牌价值体验模式、品牌危机管理为主要内容开展深入探讨，探寻如何系统构建有效的品牌价值沟通模式，见图8-1。

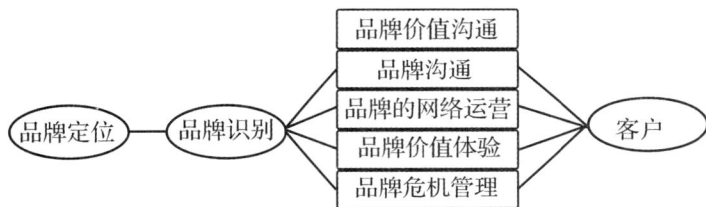

图 8-1　品牌价值沟通示意图

第一节　品牌沟通

　　品牌沟通以创建和满足客户的价值需求为目的，以品牌价值的客户化沟通为核心，以各个客户接触点的互动沟通为重点，系统规划和实施。我们将结合诸多组织的品牌传播实践，重点讨论客户沟通模式的发展演进、三维品牌营销体系建设、基于客户生命周期管理的品牌传播、五级品牌传播内容体系，以及品牌口碑营销五个方面的内容。

一、品牌沟通模式的演化

　　构建适合的品牌沟通模式，从深入调查与研究客户对于品牌的消费心理与消费行为的发展历程开始。一般而言，从消费者的角度来看，消费者对于品牌的消费心理历程，主要经历了需求激发注意到商品品牌，到产生兴趣，到产生购买欲望，到留下记忆并甄选比较，到逐步产生信赖，直至决定并产生消费行动，并通过良好购物与使用体验产生心理满足的过程。

从企业角度来看，企业通过品牌与消费者之间也是一个不断沟通与互动的过程。消费者对于品牌及产品的注意从需求引发，也可能是消费者主动的需求引发注意，并主动搜索品牌发生信息沟通，也可能是由厂商创建或发起的品牌广告等信息引导消费者产生的需求与注意品牌信息。而后，消费者对于品牌的需求进一步受到企业通过品牌沟通释放的产品特色等良性信息刺激而产生兴趣，引发个人对于品牌相关信息的进一步关注和了解；随后消费者结合自身情况产生品牌联想，匹配品牌定位与个人的契合度、品牌价值与价格的契合度、品牌价格与购买力的契合度等，逐步构建品牌与个人的深度品牌关系联系。当消费者与品牌的关系随着与企业品牌进一步接触和沟通，包括品牌声誉、品牌价值价格匹配性等正向影响加强到一定程度，会进一步产生购买欲望，渴望拥有品牌及产品，建立真实的品牌关系。在这个消费环节，消费者对于不同品牌间的利益与关系比较，以及对于该品牌与消费者在定位与形象匹配性、价值与价格匹配性等方面关系的比较，在心理层面就比较焦灼，这时候品牌价格、热销程度、促销因素就会起到关键作用，促进消费者坚定购买信念，并通过良好的品牌终端环境和消费体验设计以及促销行动促成消费者决心交易，产生购买行为。而品牌所依附的产品与服务质量，以及后续的服务体验，是产生品牌满意、品牌忠诚和品牌口碑的关键因素，见图 8-2。

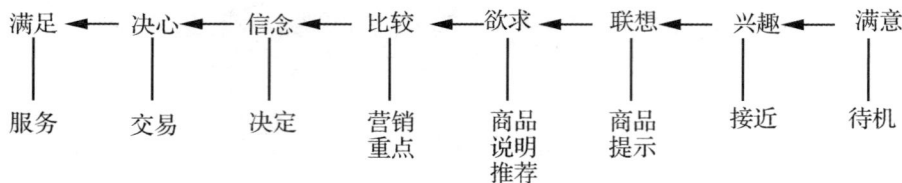

图 8-2　企业与消费者互动沟通示意图

随着社会经济文化的发展以及技术进步，消费者的品牌消费和品牌信息沟通模式也发生了巨大的变迁与进化。以往的品牌传播，更大意义上是企业主导的单向的品牌传播，通过有限的强势媒体、渠道和终端体系达成客户的品牌传播，客户被动地接收品牌信息，开展品牌消费。近年来，随着媒介信息的海量增长，尤其是随着互联网应用的快速发展和普及，以及终端数量的急剧增长。消费者品牌信息沟通模式也发生了巨大的变迁。在品牌信息的初步接触阶段，消费者多数是通过企业品牌信息的主动推介而被动接收品牌信息，表现为消费者被引起注意，被引起兴趣。在品牌选择阶段，由于信息检索工具的发展和经济收入和交通工具发展带来的时空便利性，消费者具有更多的选择主动权。

信息泛滥和产品过剩，以及假冒伪劣产品的存在和社会信用体系的局部缺失，使得品牌的信息价值和信用价值得以体现。消费者通常主动搜索自身的价值需求，搜索品牌的价值信息和品牌使用者的评论信息，甚至现场观摩产品、试用产品，通过复杂的品牌体验和品牌沟通后发生品牌购买行动，并将品牌价值体验通过网络、电话等媒介主动与熟悉的以及不熟悉的品牌信息关注者分享与互动，或者组建和参与品牌使用者密切互动的群体社区，产生新的品牌沟通和品牌体验模式。在无处不在、无时不在的网络面前，在消费者维权意识觉醒的时代背景下，品牌传播与客户沟通，正从与品牌价值脱离的企业自弹自唱阶段回归到品牌的价值本质：优秀的产品品质，优良的产品功效，优秀的价值体验，以及长久的客户口碑与客户关系经营。

二、发展三维品牌沟通体系

品牌沟通是个有组织的系统的过程，对企业而言，也是一个逐步走向成熟和完善的过程。在企业的初创和成长阶段，企业的资源有限，利润至上，品牌营销往往更为注重短期效应，更为注重单纯的产品营销和单一的广告宣传，致力于在目标客户中尽快建立品牌知晓度，促进产品销售。随着企业的发展和成熟，随着企业实力的增长和组织营销能力的提高，企业的品牌建设也应逐步发展，系统构建三维品牌营销体系，在直接面对消费者的营销、面对零售终端的客户营销，以及面对外部利益相关者营销三方面系统展开，针对三种不同的传播对象，选择不同的营销方式，并选择最适当的时间、地点与消费者交流品牌的信息，并在品牌形象、客户关系和产品营销中达到均衡。

1. 消费者沟通

在消费者沟通方面，企业需要在下述三方面重点关注。

第一，企业需要寻找最适当的时间以最合适的方式与消费者进行有效沟通。科学技术的进步、消费模式的变化、流行风尚的转变和社会热点的更替，都会导致新的沟通内容和沟通方式的发展。而社会公众节假日的到来、社会和企业重要的纪念日、企业新产品上市日和重要社会事件的发生等，又可以成为企业推广品牌的重要选择时间。

第二，企业需要加强客户接触点的管理，并合理运用各种接触方式和媒介资源与消费者沟通品牌信息。客户接触点管理方式如表 8-1 所示。

表 8-1 品牌接触点管理工具表

目标分段:						
接触点	每个点上的预算	每个点上的体验	传达的信息	积极或消极	接触点重要性	改进的目标

第三，企业在制定传播策略的时候应该注重客户价值导向，主要从品牌的核心价

值和客户利益出发实施品牌传播，注重通过营销的主要要素来传播品牌的核心价值和主要客户诉求，保持品牌价值属性的连贯一致，避免琐碎而意义不大的小活动。

品牌识别体系建设步骤见图 8-3。

图 8-3　品牌识别体系建设步骤

2. 经销商沟通

在经销商沟通方面，企业首先要注重经销商的价值需求和利益营销。其次，企业可以在创造客户价值需求的共同利益诉求下与经销商和终端协同发展品牌营销。企业可以通过强化渠道和终端建设，通过发展经销商和零售终端规模来扩大客户接触点，增强品牌的终端形象建设，增强品牌和产品销售力。企业可以与经销商和终端合作，综合利用店外路演活动，店面陈列，店内促销、家访式促销等来扩大品牌沟通，增进客户关系，促进产品销量增长。

3. 利益相关者沟通

在利益相关者沟通方面，企业可以通过新闻发布会、会议、活动等方式开展面对面的直接沟通，综合利用电视广告、平面媒体、广播、户外广告、网络广告等单向营销模式，包括直接邮件、交互式媒体、社会关系网络等交互式营销模式等多种模式展开。企业也可以通过第三方营销对消费者施加影响力，包括通过将公司董事会管理和业务状况向公众进行及时有效的信息发布与沟通，提升公司在利益相关者中的良好形象；通过行业协会、专业组织等来树立企业可信的产品品牌形象；通过对于社会公益事业和慈善机构的捐助提高公司的社会形象等。

三、发展基于客户生命周期管理的品牌沟通

品牌的经营是一个空间与时间发展的进程。客户对于企业的品牌定位价值的认识是一个过程，包括品牌认知、品牌兴趣、品牌欲望、品牌尝试、品牌使用、品牌偏好、品牌忠诚等一系列品牌消费与体验的心理和行动历程。品牌与消费者的关系建立、发展与维护也是一个长效的时空发展历程。

相应地，企业需要在一定时期建立相对稳定的清晰的品牌价值定位与品牌形象，并发展长期有效的基于客户生命周期的品牌价值沟通模式，在客户消费心理发展的每

一阶段发展相应的品牌价值沟通策略，通过合适的品牌传播内容和品牌沟通媒介实施复合的多层次的品牌价值传播，向消费者传递清晰的品牌价值定位和品牌形象，与消费者建立和维系有力的品牌关系。促进客户的开发、转化和优化，最终通过客户消费和品牌体验实现品牌价值。

在客户开发阶段，品牌沟通的要点在于建设品牌知晓度和品牌知名度，建立客户的品牌认知和品牌兴趣。品牌的名称、形象和核心价值是主要的传播内容，电视、平面、网络、户外、广播都是有效的品牌价值传播手段。中国中央电视台由于其权威地位和覆盖全国的广泛传播影响力，对于企业扩大品牌知名度和建立客户信任具有独特的地位和作用。在客户转化阶段，要点在于增强客户的品牌价值体验，促进客户的品牌欲望、品牌阐释和品牌使用。客户品牌的具体价值属性、客户利益、产品知识、差异化特点、比较优势等深度品牌价值信息成为主要的品牌传播内容。互联网、渠道营销、电话营销、促销与直销营销、活动沟通、公关等因具有深度信息交流载体和互动交流特点而更为有效。在客户优化阶段，要点在于深化客户的品牌美誉与品牌忠诚。产品的价值利益、服务利益、客户情感沟通等深度的、互动性的品牌价值信息和情感联系成为重要的品牌传播和品牌互动内容。直接的电话沟通、面对面的客户服务、会员活动，以及基于网络的交流与互动将是重要的品牌沟通模式。对于口碑营销的深度理解和经营也将为企业的品牌沟通建立独特的优势。

四、构建五级品牌沟通体系

在品牌沟通方式与内容上，成熟的品牌沟通体系，应该在国家和地域层面、产业层面、公司层面、产品层面和客户层面构建五级品牌传播模式，展开系统规划和实施。同时企业应该注重品牌沟通载体的规划与经营，以促成更好的品牌沟通效果。

（一）构建五级品牌传播模式

1. 国家和地域层面

在国家和地域层面，品牌沟通应致力于全球化的领导品牌，企业应该更注重品牌的国家形象和特色，注重在此基础上的本地化营销，通过目标市场的国家和地域主流媒体，以及国家层面的统一市场活动、促销活动塑造和维护品牌的整体形象，通过参与社会活动美化品牌的社会形象。

2. 产业层面

在产业层面，第一，企业的品牌营销应该更加注重对于行业市场的需求教育和应用知识教育，以提升品牌行业影响力。第二，企业需要加强与行业主管部门与行业协会的联系，并通过行业机构的营销来有效扩大企业在客户中的信任度和影响力，在此基础上加强行业市场的客户拓展。第三，企业需要加强与合作伙伴共同营销，增进与上下游合作伙伴的协作关系，提升产业链的效率和效能，扩大在行业中的认可度和影响力。

3. 公司层面

在公司层面，企业在注重传播产品的功能价值和产品品质的同时，需要进一步增强公司产品和产品使用知识搜索的便利性，产品购买和安装服务的便利性，产品使用的简单、易用和舒适性，产品维修的及时周到性。同时，企业也需要增强对公司优秀团队、公司的开发能力和服务能力、公司的实力与社会责任的营销，以赢得更多的客户支持、客户信任和客户忠诚。

4. 客户层面

在客户层面，企业应更多地关注和宣传合作伙伴和消费者。传播合作伙伴的成功经验，传播标杆用户的成功业绩，分享客户的产品使用经验，增强已有客户的消费黏性和使用忠诚，并通过已有客户的宣传传播真实可信的产品品牌形象，增强客户对于产品的感知和体验，更有力地影响新客户的购买需求，促进企业业绩的持续增长。

（二）注重品牌沟通载体经营

品牌沟通的载体通常是指品牌传播的媒介和内容，包括：①传统平面媒体，如报纸、杂志，邮购刊物、图书、促销单等；②户外媒体，如户外广告、电梯广告、户外显示屏等；③视听媒体，如电视、收音机、电脑互联网、手机互联网等。

在品牌沟通实践上，品牌传播的载体经营还有一层含义，是指在品牌沟通中如何借势、借力、借人、借物而行，实施有效的品牌沟通。对于品牌沟通载体的运营在品牌沟通实践中有许多方略和技巧，并成为创意规划和实施高成效品牌沟通的关键因素。品牌的有效传播需要合适的载体，将品牌与合适的信息、合适的媒介、合适的时机、合适的事件产生关联，以协同传播，会取得最好的效果。一定时间、空间内，将社会公众以及目标客户群体关注的信息，如热门人物、文体明星、热门事件、竞争信息、兴趣爱好相关的奥运会、歌舞比赛等热点活动，以及日常健康生活相关的生活等内容，通过赞助、公众参与活动、促销抽奖等形式与品牌协同营销，都会激发消费者的关注与兴趣，促进消费者与品牌的接触与沟通，增强品牌关系。

某些时候，企业的品牌传播活动由企业独自开展；另一些时候，品牌信息通过合适的营销载体协同传播，更容易为消费者关注和获取，也有利于获得更好的传播效果。通过有影响力的社会活动与事件，与有力的传播载体协同展开，将品牌价值和社会热点事件、热点思潮有效契合，有助于提高社会关注度，从而取得最大的传播效果。

美国百事可乐公司的品牌营销，经常以音乐、体育等青少年和目标客户群体喜欢和热爱的音乐、体育节目实施品牌传播。百事的广告代言人，通常都是体育明星和影视明星、歌星，百事的品牌推广活动，也有很多是通过赞助体育赛事、音乐节目展开的。

在韩国三星集团的品牌全球化进程中，奥运会营销起到了重要作用，通过成为奥运会赞助商，三星成功地提升了品牌价值，并通过奥运会及奥运营销，向全球公众广泛传播了三星的品牌形象。

国内企业目前对于传播载体的应用也日益增多。伊拉克战争期间，统一润滑油发布了"多一些润滑，少一些摩擦"的企业广告，并通过中央电视台的战争直播报道特别广告广为传播。广告将统一润滑油的品牌功效价值与社会公益价值有效结合，获得了广泛的大众心理认同，统一润滑油在半年时间里成长为知名品牌，销量也大幅增长。"非典"期间，白云山制药依托企业优势生产抗非典药物，并制作了以"防治病毒，白云山献爱心"为主题的公益广告，扩大了企业的品牌影响力。

中国许多知名企业配合"神五飞船"成功飞天推出的品牌营销也及时而有力。中国的"神舟五号"飞船成功升空后，蒙牛迅速推出了"中国航天员专用牛奶"广告，飞亚达推出了"中国航天员专用佩戴手表"广告，农夫山泉推出了"中国航天员专用饮用水"广告，中国人寿推出了"中国航天员保险商"广告。神五飞船以科技、爱国、奉献、合作为核心的强大品牌形象与企业品牌的整合营销，促进了品牌价值的牵引与共享，有力地提升了相关品牌的品牌价值和品牌形象。

五、品牌口碑营销

随着互联网应用的快速发展，论坛、博客、微博、视频网站、Twitter、Facebook、微信等快速兴起，社会公众拥有了更多的自由发表意见的空间与工具。网络正成为世界范围内社会公众和消费者可以公开互动交流并唯一由消费者主宰的大众传媒。网民沟通的渠道和技术的多样化，使网络信息传播与意见交互空前迅捷，网络信息的内容海量丰富，网民的表达诉求也日益多元化。

在品牌口碑层面，消费者与利益相关者对于品牌的认知、体验与意见也常常通过网络交流与表达来展现，并广泛传播。品牌的网络舆论有正面的，也有负面的，负面的品牌信息如果监测不及时，处理不善，容易在网络上快速复制而广泛传播，并通过更多的网民浏览与参与而放大负面影响，就会对品牌造成较大的伤害。品牌口碑营销对于企业主来说不但意味着正面口碑引导，更重要的是意味着品牌声誉管理。

（一）口碑营销的概念与内涵

口碑（word of mouth）源于传播学，口碑是消费者与消费者之间关于组织及组织的产品或服务的特性、使用经验及提供商等信息的交换和沟通。口碑包括传统口碑和网络口碑。口碑是品牌声誉的重要组成部分，好的口碑有助于企业构建和经营良好的品牌声誉。

传统口碑是消费者通过口耳相传的方式进行沟通，通过亲戚、朋友间的相互交流将自己的产品信息或者品牌传播开来。传统口碑对顾客态度、购买行为的说服效果已被证实，口碑传播双方多属强连接关系，对于口碑接收者而言，口碑传播者的信息可信度高，说服力强。网络口碑主要是消费者应用互联网媒介将针对特定产品的自身经验、相关知识的分享形成网络口碑。大部分研究认为网络口碑较传统口碑具有较高的说服效果，提供意见的人基本上是匿名的，信息传播者非常愿意提供真实的意见或分享第一手经验，无论是正面或负面的评论。网络口碑与传统口碑传播相比，具有波及范围大、传播速度快等特点。因此，对消费者信息搜寻、购买决策、态度的形成和变化都具有更强的影响力，并且网络不受时空地理位置的限制，加上信息的易复制性，因此，网络口碑的能见度与传播效果远远超过传统口碑。见表8-2。

表 8-2　网络口碑与传统口碑传播特征的比较

比较项目	传统口碑	网络口碑
传播媒介	主要是人际间的面对面接触	新闻、新闻组、在线论坛、博客、微博、微信、QQ、视频、音频、图片、电子邮件
传播形式	语言、声音和表情、图画、影像	数字化的多媒体信息，包括文字、图片、声音、音乐、视频等
传播速度	人与人之间进行一对一、一对多的沟通，传播速度慢	一对多甚至多对多的传播，以病毒式的速度传播
传播环境	人际沟通的社会环境中，受到时空限制，网络结构有限	开放的虚拟社会环境中没有受到时空限制，传播范围广
信息量和结构	信息数量有限，网络结构简单	信息数量庞大，网络结构复杂
传播双方的关系	传播双方身份公开，以强连接关系为主	传播双方匿名，身份隐藏，以弱连接关系为主

（二）口碑营销的机理

口碑营销基于信任产生，基于信任传播并获取更高程度的信任。在组织的品牌营销中，一方面海量信息使得客户难以选择，另一方面有些假冒伪劣产品充斥市场，难辨真伪，难建信任。消费者对厂家以及媒体主导宣传的广告麻木甚至反感，缺乏信任度，对市场上的卖家缺乏信任度，阻碍了消费者与品牌的关系营建。口碑营销的心理学基础是基于熟人信任，基于品牌使用者的相互信任，从而逐步建立消费者对于品牌的信任关系。人们信赖身边的亲人，信任专家和知名人士以及有良好声誉的媒体对于品牌信息的意见和声音，信任权威机构，信任品牌产品和服务使用者的使用体验，其相关的意见和态度尤其重要。在互联网上，一旦到处都有消费者和专家推荐某个品牌的产品及服务，口碑自然形成。

网络口碑营销中的消费者行为模式分析如下。

（1）关注（attention）——需求以及高度关注的话题或许可以引起一定的关注。

（2）兴趣（interesting）——具备某种"关系"基础平台所产生的言论或许能精准地引起消费者的某方面兴趣。

（3）搜索（searching）——正面或者中性的资讯或者口碑会有帮助，人们这时通常会更为关注负面口碑。

（4）行动（action）——让消费者做出最后的消费选择，可能来源于产品价值价格的匹配性，也可能源于其他使用者的好评，更多的可能是来自他所信服的人的影响。

（5）分享（share）——80％的网络言论常常由20％的网民制造的，旁观者往往多于经常发表意见的活跃网民，愿意分享消费感受的人可能还不到20％，这部分通常已经是该品牌的消费者了。消费者中，满意的部分人会分享满意，不满意的多数人分享抱怨。

（6）品牌圈——已购物的品牌消费者间通常还会有互动，甚至形成使用者圈子。已购物的消费者中有时会形成某个专家型的意见领袖，时常发布些品牌产品评测、应用技巧等相关信息，意向购买者有时也会请教购买者产品品质等问题。

（三）口碑营销的价值

研究指出，"良好的口碑引起7次销售，坏的口碑丧失30个客户"，道出了品牌口碑的重要性。口碑营销的价值主要有可信度高、沟通成本低、互动性强、易于传播等特点。由于品牌口碑来源于品牌消费者及关注者群体，针对性强且具有群体性，易于影响消费者决策、促成潜在消费者消费的概率很高、品牌口碑的好坏将会直接影响品牌声誉与产品销量。一直以来，"酒香不怕巷子深"，"桃李不言，下自成蹊"，"有口皆碑"，都是所有企业追求的结果。品牌口碑可以造就企业，也可以极大地伤害企业的声誉，企业应特别注重品牌声誉的管理。口碑营销的价值如下。

1. 沟通成本低

以口口相传的网络沟通模式，相对于付费购买的媒介广告，可以显著降低企业的营销成本。口碑营销以大众舆论和品牌消费者的互动沟通感召目标消费群体，而不是用单向的、企业主导的广告，可以降低消费者的怀疑和反感，有利于迅速扩大产品知晓度与美誉度，拓展理性的潜在消费者客户群。

2. 可信度高

基于熟人圈子、专家推荐和使用者体验的口碑营销，易于建立消费者信任，易于更为专业地介绍产品和服务及应用体验，更有质感地传播产品与服务品质，便于建立品牌偏好与品牌美誉，易于消费者接受与尝试，促进消费者信任建立与产品消费，促进产品销量的增长。

3. 互动性强

品牌消费者间以及潜在消费者之间互动性强，利于传播和人际关系建立，通过口碑营销易于建立良性互动，形成品牌圈子乃至品牌社区、经营消费者社区，发展和集聚忠诚客户群体，促进重复购买。

（四）口碑营销的经营

我们认为，品牌口碑营销本质上是产品与服务品质的口碑营销，以诚信为本，以满足顾客需求和理性消费为宗旨，以赢得顾客满意和顾客忠诚开展经营，才能获得更多正向口碑，才能构建品牌与消费者的长久联系。口碑以品质、以时间磨砺而成；短期的话题，喧嚣一时，似快实慢，终不长久。

品牌口碑营销的基础是信任营销，应基于信任规划与实施，从主动引导、建立信任、吸引关注、互动沟通、强化服务几个方面着力，可以引导而不可主导，在有为与无为之间把握分寸，以取得春风化雨，润物无声的效果。

1. 主动引导

品牌口碑具有自组织性，有很多自生自发的行为，都可以合理引导。企业首先应利用各种网络交互性平台，主动及时地发布并更新企业或公司权威的正向信息，并且密切关注和及时回复平台上客户对于企业的相关疑问以及咨询，与用户充分互动，以有效地引导舆论。我们曾经规划和实施过的品牌口碑服务内容包括以下几项。

(1)知识百科词条的建立和维护。

(2)BLOG 的建立和维护。

(3)论坛信息的传播。

(4)营销稿件发布。

(5)原创稿件内容编辑。

(6)微信营销平台规划、设计与维护。

(7)微博营销平台规划与维护。

2. 建立信任

调查报告显示："在消费者有相应需求时往往先通过身边的亲朋了解某相关产品或公司的口碑，而且亲朋的建议对最终决策起到了很大的作用。"大部分的品牌推荐产生在熟人之间，我们很难想象会向一个不太认识的人去推荐品牌。而"意见领袖"往往能够引起更多的推进作用，并成为口碑传播的中心。我们会更加相信权威人士的推荐，崇拜与模仿偶像的言行举止与消费方式。

品牌口碑营销以建立信任为核心，企业应逐步构建和维护由可信的组织、可信的人、可信的产品、可信的事情组成的体系，发挥意见领袖的引领作用，系统地建立品牌信任。在一定场合，政府、行业协会、科研机构、专家教授对于品牌的点评言论，可信度更高；企业与企业家的公益慈善活动、经营业绩与管理思想，也能有效提升品牌声誉；第三方产品与技术专家对于产品的评测，消费者更为信任，产品消费者对于产品与服务的使用体验言论具有更高的可靠性。精心组织、维护品牌正向的言论，会逐步构筑品牌良好的口碑。

3. 吸引关注

口碑营销的重点是创造话题，吸引关注，促进沟通，扩大传播。我们把互联网上具有高关注度与广泛传播性的热点信息叫做"病毒"。病毒侵袭性大、传染性强，可以穿透所有社交网络，感染所有人。相关的口碑营销也被称为"病毒营销"，也成为重要的品牌营销手段。

口碑营销的关键是通过创意的策划与公众及消费者寻找共同话题，建立共同的"关系基础""语言基础""意识形态基础"。而后通过"个体"制造口碑，我们通过"关系"

传播口碑，制造有吸引力的热点内容，将品牌信息和热点信息与公众产生关联，实现良性的结合与互动，激发公众的参与热情，通过网络的自组织与网民的共同参与迅速传播热点内容，通过广泛的人际传播扩大品牌的影响力，并对品牌价值与品牌形象产生良好的促进作用。

企业可以通过新闻发布、网上展览、知识讲座、互动答疑、征集反馈、促销产品、诠释品牌、代理招商、海选招募、文娱比赛、趣味视频、贴合热点事件的创意营销等方式，吸引社会公众关注和参与。需要指出的是，主题活动的社会热点性、活动的创意性与吸引力、活动参与的精神与物质激励，将会大大提高用户的关注度以及参与意识。

4. 建设品牌圈子

品牌的力量与凝聚力在于品牌消费者群体的关系与凝聚力。系统规划和实施口碑营销，整合网络资源、版主资源、专家资源、供应商资源、渠道商资源、满意用户、媒介记者等，通过论坛、博客、消费者网络群体、Twitter 等多种媒介互动传播信息，引导口碑营销，增进品牌的认知度和美誉度。

5. 危机公关

当网络出现企业的危机信息和恶意信息时，企业在及时处理问题的同时，应在网络上立刻反馈与澄清信息，并综合利用多种管道，通过多人群、多视角的声音，以多种网络传播途径发布正面信息，系统纠正和覆盖不良信息，及时、系统地改善和提高企业的品牌形象。

第二节　数字品牌经营

一、数字品牌经营(网络品牌运营)时代的到来

手机网民成为拉动中国总体网民规模攀升的主要动力，半年内新增 4334 万人，达到近 3.7 亿人，增幅为 18.6%。作为基于手机平台的移动互联网代表性应用，目前腾讯的微信注册用户已达到 3 亿人。网络信息沟通已成为企业和公众进行品牌沟通的重要渠道。大众使用网络，尤其是手机网络对于品牌实施信息搜索、沟通及网络应用的权重日益增大。

同时，互联网商务化程度迅速提高，网络消费也已成为重要的消费渠道。全国网络购物用户达到 1.4 亿人，网上支付、网络购物和网上银行半年用户增长率均在 30% 左右，远远超过其他类网络应用。调查数据显示，在调查的 19 类商品与服务中，消费者通过互联网获取相关商品和服务消费信息比例最高的有 17 类，互联网作为主流媒介对多领域消费影响力正大幅领先其他媒体。

二、品牌网络经营的概念

品牌的网络经营是指在信息时空利用网络技术建设与经营品牌。品牌的网络经营有两方面的含义，一是利用互联网建设和经营传统品牌，网络是品牌经营的重要模式，以及载体和工具；二是直接经营通过互联网建设运营起来的品牌，网络是品牌经营的主要方式。品牌的网络经营一方面传承了传统的品牌建设理论、模式、工具与方法，另一方面更为注重对于信息技术与网络技术的应用，并在品牌监测与评估、二维码技术应用移动互联网营销、客户关系管理等领域开创了诸多先进的品牌建设理论、模式、工具与方法。

组织的网络品牌运营是整体品牌管理与经营系统的一部分，在系统的品牌规划完成后，组织的网络品牌经营应服从与服务于整体品牌经营，需要始终注意线上的网络平台与线下的传统营销载体品牌营销的配合与均衡；同时需要充分利用先进的信息技术与工具的特点与优势为组织的品牌经营带来新鲜与活力，构建独特的品牌经营优势。

对于许多企业而言，网络品牌经营模式是对企业传统营销的一个改进和升级，也是一场巨大的变革，将对企业的组织、营销、文化整体产生重大影响。公司的组织结构、人员配置、营销组织、企业文化等都将随着网络品牌经营模式的实施发生显著变化。企业传统的经营方式与人员构成可能不再适合网络品牌经营的需求，对网络技术人才与网络营销人才和技术人才的需求也更为急迫。企业领导者需要从公司整体上考虑，要对公司的组织结构、人员配置、管理模式、业务流程等各个方面进行系统变革，整体实施，才能保证网络营销和公司传统营销的有效结合，发挥协同效应。

三、品牌网络沟通的特点

把握网络品牌经营，需要深入了解网络传播的特点，并从中探寻网络品牌沟通的模式与方法。

1. 品牌网络传播的特征

实施高效的网络品牌运营，需要了解网络传播的特点。不同于传统媒体，网民超越组织主导而成为网络传播的主体和自组织者，多维度的互动沟通超越组织发起的单向传播，网络信息的自组织发展成为网络传播的重要特征。如下文所示。

（1）传播参与者多——企业、利益相关者、专家、草根、媒体、政府、网民成为传播的主体和自组织者。

（2）传播内容丰富——行业、公司、产品、事情、客户、竞争对手，并自组织化发展。

（3）传播形式丰富——图片、文字、动画、视频、音频，并自发创造倍增效应。

（4）传播互动性强——多主体、多维度、多向沟通，自生自发。

（5）传播方式多——传播方式包括单向、双向、多向等，方式多样，互动性强。

(6)传播时效性强——动态实时、可复制扩散发酵，并长效存在。

(7)传播范围广——跨地域、无疆界，跨族群。

(8)传播影响力大。

2. 品牌网络传播模式

品牌网络传播模式，包括了传播策略规划、传播内容组织、传播形式设计、传播渠道选择、传播介质选择等方面。其传播策略和内容与以传统媒体为载体的传播策略有一定的相似之处，企业需要根据网络媒介的传播多样性、动态性、互动性和实时性特点，设计有效的品牌传播策略，增强客户的网络沟通价值体验。

3. 品牌网络传播方法

在品牌认知阶段，消费者一般是被动接受品牌信息的，企业可以利用网络发布企业信息、产品信息等，扩大品牌认知。在品牌理解比较阶段，消费者对品牌产品的功能、参数、使用体验等信息较为关注，企业可以通过视频、图片、动画、文字等多样化的信息表达方式和网上互动交流实现与客户的密切沟通。在品牌购买阶段，消费者主要关注产品的价格信息和相关的竞争产品信息。企业可以在网络上及时发布源于第三方的产品比较信息和产品体验信息，源于实体和网络经销商的产品价格信息和试用信息，以及促销信息，促进消费者购买。在购买后阶段，消费者更为关注产品的使用技巧、使用心得与群体品牌认同体验。在社区论坛、资讯类网站发布相关信息将有更好的品牌沟通效果。

四、品牌网络运营的构成因素

品牌网络运营需要深入了解网络品牌经营中需要关注的主要因素，包括以下几项。

1. 搜索引擎——展示信息

搜索引擎已经是网民应用网络的主要入口。网民通过设置关键词在搜索引擎上对品牌进行搜索以主动地查阅使用相关信息。搜索引擎的结果包括：网页搜索结果、新闻搜索结果、论坛搜索结果、微博搜索结果以及相关搜索和下拉框中的结果。

数据显示，中国网民对品牌的认知70.6%来源于搜索引擎。百度、360搜索、谷歌、必应搜索居于前四位，目前63.16%的市场份额来源于百度搜索引擎。

2. 媒体新闻报道——展示形象

企业的品牌形象如何，还要看网络媒介对企业品牌的关注度和友好度，以及报道企业品牌的媒体的权重，这些都会影响到企业品牌的网络形象，主要包含以下内容。

(1)新闻的标题和内容是否包含企业敏感词汇与良性认知，由此判断媒体的友好度。

(2)相同新闻的数量越多，新闻的影响力越大。

(3)报道新闻的媒体权重越高，新闻的影响力越大，网民的信任度就会越高。

(4)网页快照更新的时间越新，说明企业品牌宣传效果越好。

（5）搜索结果显示条数越多，说明企业网络品牌传播面越广、影响力越大、网民认知越深入。

3. 网民声音——展示口碑

网友的评论是影响企业品牌网络形象的直接因素，健康的网络环境不仅能引导网友对企业品牌形成正确认知，而且会让网友自发主动地传播企业品牌的营销理念和企业文化。网民的情感表达具有聚类、互动频繁、传播迅速等特点。

网民表达情感的主要平台如下。

（1）四大微博：新浪微博、腾讯微博、搜狐微博、网易微博等。

（2）门户社区：天涯社区、强国论坛、猫扑社区等。

（3）百科：维基百科、百度文库、百度知道、贴吧等。

（4）博客：知名博客、主流论坛、问答等。

（5）即时通信工具：QQ，如 QQ 群、QQ 好友；微信，如微信公众账号、微信朋友圈等。

（6）视频：优酷土豆、乐视网、爱奇艺等。

五、网络品牌经营模式

组织的网络品牌经营是一个有组织的系统工程，需要系统规划、整体实施才能取得更好的成效。组织的网络品牌经营，应根据品牌经营的各个发展阶段需求，研究行业客户以及目标客户人群消费特征，根据客户的需求价值为取向，确定统一的品牌经营策略。研究制定品牌营销传播的整体方向，以此为核心展开各项品牌营销活动。

组织的网络品牌经营应始终以客户价值沟通为中心，清晰传播品牌定位与品牌价值，构建鲜明的品牌形象、个性与品位；应注重品牌沟通内容的相关性、差异性与一致性，以及品牌传播方式的鲜活性与互动性；应围绕客户接触点展开，促进客户品牌识别与品牌交易，强化品牌沟通与情感认同，维系品牌忠诚。

从网络品牌经营的整体解决方案视角来看，网络营销不仅仅是建设了漂亮的企业网站或进行了搜索引擎推广就足够了。网络品牌经营还需要系统规划和运营各种网络营销工具与营销方法，在消费者的各个品牌接触点持续增强品牌沟通和客户体验，才能通过整合营销沟通发挥更大的作用和价值。统筹线下与线上的品牌经营活动，协调使用各具特色的网络传播工具，利用不同工具的优势，从而实现低成本与高影响力的目的。

对组织而言，利用高访问量门户类的新闻网站、行业网站、电商网站、视频网站等适合做品牌推广的网络，提升品牌形象；建设企业网站、电商网站，企业微信平台、App 应用、搜索引擎等工具平台应用适合企业自主推广，方便客户沟通；经营博客、社区、论坛、微博、微信朋友圈等工具平台便于大众及消费者之间互动交流，改善客户口碑；利用即时通信工具如 QQ、微信、网络机器人等适合提供在线客户服务的工具，提高客户服务的便捷性与满意度。

（一）网络品牌监测与诊断

品牌的网络建设与经营，从网络品牌监测与诊断开始。网络品牌诊断应有效应用基于网络技术的先进品牌监测工具，全面、实时地监测品牌的网络发展态势，重点评估品牌的网络知晓度与品牌传播态势、品牌的美誉度与客户口碑、竞争情报分析、品牌危机等，以此为基础阶段性地、系统地评估与诊断品牌，分析品牌的优劣势及存在的问题，及时调整品牌经营策略与品牌传播方法，调整品牌投入重点，持续地改善和提升品牌，为企业持续提升品牌资产和建立强势品牌打下坚实基础。

组织的品牌监测在实践环节主要关注下列内容（相关内容在品牌监测章节详细探讨）。

1. 组织网站营销平台建设与运营情况

（1）企业网站的建设情况、访问量？

（2）企业的微博、微信平台等网络营销工具建设与经营情况、访问量与回馈？

（3）企业对于网络品牌经营的成效（投入产出比）如何？

（4）企业对于网络品牌经营的组织、规划、预算投入情况？

2. 网络媒体报道情况

（1）媒体对企业的报道关注度如何？关注重点是什么？

（2）媒体对企业品牌美誉度如何？

（3）媒体报道的信息是否符合企业的品牌传播策略与内容？

3. 搜索引擎结果

（1）搜索引擎结果中是否出现敏感负面信息？

（2）搜索引擎结果中企业品牌正面信息占比？

（3）搜索引擎结果中企业品牌的宣传广度与力度如何？

（二）网民口碑

（1）网民如何看待品牌？

（2）对企业品牌的认知度如何？

（3）网民对企业品牌的美誉度与负面意见如何？

（4）网民对企业品牌的互动沟通态势如何？

（三）竞争态势

（1）竞争对手的网络品牌经营状况如何？

（2）竞争对手的媒介关注度如何？

（3）竞争对手的搜索引擎结果如何？

（4）竞争对手的品牌口碑如何？

（四）网站建设与推广

企业有效的网站建设与运营，需要考虑很多因素。第一，网站建设与经营的目标和服务对象应明确；第二，网站需要规划合理的商业模式；第三，网站需要结合目标客户群体的需求，充分展示公司的产品和服务，并通过有吸引力的内容促进网络用户的访问；第四，网站需要创新设计建立网站风格特色与竞争差异化；第五，网站要简单易用，满足客户与网站访问者的便利性需要；第六，网站要在程序和内容上优化设计，便于网络搜索引擎的定位、搜索与推广；第七，网站需要定期更新，最好定期有新闻、有活动，保持新鲜与活力，吸引网民关注与参与。

一般而言，多数企业的网站主要用于品牌宣传，其内容包括下列模块。

1. 公司信息

公司介绍、团队介绍、公司新闻、企业文化、社会责任、投资者关系等。

2. 产品展示

网站可作为产品展示厅、销售手册、用户资料下载等。

3. 人力资源招聘

网站也是企业宣传用人理念，吸引人才、招聘人才的重要渠道。

4. 客户服务

网站可以作为客户沟通、交易和服务的重要平台。

5. 内部管理

建立员工服务和内容交流平台，以提升企业运营管理的效率。

6. 外部推广

（1）将组织的网站图片、网址等信息链接在其他高浏览量网站上，便于消费者检索。

（2）将组织网址印在信纸、名片、宣传册、印刷品上，便于消费者检索。

（3）与付费搜索引擎合作，用付费点击方式主动推广网站，扩大网站浏览量。

（4）发布电子刊物，通过多媒体影音、动画、图文等多种形式表现有价值的内容。

（5）建立邮件列表，定期向目标用户发送产品、服务、促销等有价值的新闻邮件或其他信息。

7. 电子商务系统建设

一些企业致力于建设电子商务系统，也是网络品牌经营的重要模式。电子商务系统建设，一是自建电子商务网站，包括经营多企业产品的跨领域综合性电子商务网站，以及聚焦于行业产品的垂直类商务网站；二是将企业自有产品通过其他企业的电子商务平台进行营销。

建设电子商务系统，难点在于：一是消费者的价格敏感性，以及随之而来的高客户迁移率与低客户忠诚率；二是客户流量的导入与扩大，这方面往往需要企业有较大的广告与营销投入；三是物流配送体系的建设成本高昂。因此对于多数非电商主业的企业而言，在一定发展阶段，加入阿里巴巴、天猫、京东等主要电子商务平台开展网络经营，也是一种合适的网络品牌营销模式。

电子商务系统建设要取得成功，其关键环节如下。

一是增强产品与服务的基础和附加客户价值，增强产品竞争力。

二是多内容、多介质、多样化、多维度提升品牌形象，提升品牌接触点与吸引力。

三是通过优化搜索引擎、广告、促销等方式吸引和积聚客户流量，提高销售转化率。

四是加强物流配送体系的建设或协作，满足消费者购买、付款等服务的便捷性需求。

五是增强售后服务能力，提高客户的服务体验，促进客户忠诚与重复购买。

发展客户金融领域相关的融资、贷款与租赁服务，发展全产品生命周期管理，发展全客户生命周期管理，也是增强电子商务系统竞争的重要方式，需要深入探讨。

（五）网络广告与营销工具应用

随着大众对于互联网与移动互联网的广泛应用，电视、平面媒体等传统媒体的市场份额正日渐下降，但中央电视台，省级卫视和主流报纸的权威性与影响力仍不容小觑。而基于网络，包括网站、即时通信工具、App 应用等为代表的品牌营销工具与方法成长迅速，新媒体营销作为企业实施网络营销的重要方法，营业额也因此迅速增长。

企业需要注意的是，在营销过程中传统媒介营销与网络营销，以及网络营销与终端促销的配合与均衡，通过协同营销达到最佳的营销效果。

网络广告营销的主要平台与工具如下。

(1)媒体类网站：新华网、人民网、网易、腾讯、新浪等。

(2)电商类网站：阿里巴巴、亚马逊、天猫、淘宝、京东、苏宁、当当等。

(3)视频类网站：CNTV、优酷土豆、乐视、爱奇艺、Youtube、Hulu 等。

(4)微博类：Twiter、新浪微博、腾讯微博等。

(5)即时通信工具：国外 WhatsApp、line、微信、QQ 等。

(6)社交应用：Facebook、微信朋友圈、QQ 好友、人人网等。

(7)App 应用：点评网、高德地图、百度地图等。

网络品牌营销的主要方法如下。

(1)建立企业的博客、微博与微信平台，定期发布有价值的信息，提供有价值的服务，吸引消费者关注。

(2)建立企业的 App 应用，提供有价值的服务内容。

(3)使用主流网站平台发布视频、文字、图片广告。

(4)在主流电商网站开展产品营销活动。

(5)与主流网站合作或在自有网站开展在线活动、促销活动。

(6)与传统媒体合作开展纸质传媒与网络传媒协同营销。

（7）网上发布活动信息，与线下商场等合作开展营销活动和促销活动，协同营销。

（六）搜索引擎优化

目前消费者已经习惯运用搜索引擎寻找自己喜欢和关注的信息。搜索引擎营销也已成为重要的网络推广模式，对于搜索引擎的有效利用也是企业扩大网络营销的重要方法。

搜索引擎优化需要结合组织的具体情况，合理地制定优化策略，确定优化的渠道、优化的方向和优化的对象，其内容主要包括以下几项。

（1）品牌关键词优化：对涉及公司品牌、领导人等相关信息进行百度搜索结果的优化，提高正面信息占比，对负面信息进行压制。

（2）行业关键词优化：提高企业品牌信息在行业关键词搜索结果中的位置。

（3）官方网站优化：对官方网站进行搜索引擎优化，在搜索企业品牌、行业关键词时，官方网站排名靠前。

（4）下拉框、相关搜索词优化：优化关键词搜索结果的下拉框、相关搜索词。

通过内容和网络技术应用可以合理有效地优化搜索效果，增强企业品牌的搜索排名，优化网络营销效果，搜索引擎优化方法如下。

（1）将网站提交到主要的检索目录。

（2）向搜索引擎提交网页。

（3）添加网页标题。

（4）添加描述性 META 标签。

（5）导航设计要易于搜索引擎搜索。

（6）针对某些特别重要的关键词，专门做几个页面。

（7）在网页粗体文字，一般为文章标题中也填上你的关键词。

（8）确保在你的正文第一段就出现关键词。

（9）调整主要内容页面以提高排名。

（10）网站内容专业化。

（11）请求互换链接。

（12）发表免费文章，附带站点签名。

（七）品牌口碑维护

品牌口碑维护是组织通过优化网络环境，系统建设并维护有利于自身发展的健康、良性的网络环境。掌控舆论，引导舆论，推动正面声音，引导中间声音，化解负面声音。

1. 品牌——网络形象纠正

（1）百科类平台（百度百科、维基百科等）维护，确保关键词都是最新的准确的信息。

（2）品牌相关的介绍统一口径，树立正确的企业品牌形象认知。

2．互动维护

(1)对发布的论坛信息进行正面跟帖，形成健康的舆论环境。

(2)对发布的新闻进行正面评论，对其他网友的负面评论进行正面引导。

(3)对敏感信息及时进行正面引导和压制。

(4)话题跟踪、收录分析、互动分析、传播汇报。

3．舆论引导

(1)针对各类互动平台出现的热门主题，策划并撰写话题，撰写内容角度围绕企业品牌网络传播推广策略进行制定。

(2)针对企业品牌和产品，撰写与发布微博信息，发布互动类微博稿件等。

(八)网络危机管理

(1)监测网络环境，对出现的重大危机事件，在三小时内提供事件分析报告，快速分析事态发展及影响程度，并提供策略性建议。

(2)对网络上出现的媒体的不实报道和网友的不实言论，与媒体沟通进行撤稿。

(3)对网络上敏感、负面信息进行压制和引导。

思　考　题

1．简述发展三维品牌沟通体系。

2．简述品牌口碑营销。

3．简述品牌网络沟通的特点。

第九章 品牌形象

品牌管理

Brand management

贝因美的品牌形象塑造

贝因美是"being"与"mate"的组合，是一个创造性的英语词汇，英文原意为"生命伴侣"，中文音译是"贝因美"，寓意"宝贝因爱而美"。beingmate 中"G"的心形演化，意在诠释贝因美爱的品牌精神，字母 G 还蕴涵"good"之意，体现贝因美追求优质的产品和服务，表达贝因美的专心、爱心、恒心与决心。贝因美的品牌名称从字、形、意多角度都给公众温馨可亲的感觉，且符合其婴童行业的定位，成功的 CI 设计为品牌形象塑造打好了基础。

1. 导入 CIS

认识到组织识别系统对于企业形象塑造的重要性，贝因美积极导入 CIS，力图从企业理念文化、行为文化和更为具体的视觉识别三个角度，全方位塑造贝因美的品牌形象。

理念识别——MI

企业宗旨是打造伟大企业，追求成功人生。企业核心价值观是忠信仁爱。历史使命是重塑亲子文化，提升国民素养。口号是：个个是育婴专家，人人是母婴顾问；造就冠军宝贝。企业文化的核心即品牌精神是爱。追求"五大价值"（顾客价值、股东价值、员工价值、社会价值、合作伙伴价值）的高度统一，追求"中国婴童行业第一品牌"的目标。

行为识别——BI

根据产品进行目标市场细分，分为婴幼儿营养奶粉；婴幼儿营养米粉等。产品定位是专为中国宝宝研制。企业节日是贝因美将每年的 11 月 11 日定为"育婴专家节"，将 2 月 14 日定为爱婴日。公关策划的活动有"贝因美杯首届全国婴童产业创富大赛""圆好妈妈一个幸福梦想"好妈妈评选活动、冠军宝贝总动员等。贝因美公司通过"爱婴工程""育婴工程"和"亲母工程"这三项常态化的社会公益事业体系诠释"爱"的品牌精神，展示品牌形象的人性化维度。

视觉识别——VI

活泼可爱的小龙人卡通形象是贝因美的 VI 设计，贝因美公司通过以上的文字与图像设计来诠释品牌形象的符号维度。根据 CIS 各个部分的特点，贝因美对自己进行了明确的市场定位，确立了自己的品牌形象识别系统。

2. 塑造"育婴专家"形象

贝因美长期坚持三大公益事业体系，从生育、养育、教育多个层面为中国宝宝的健康成长提供服务，奉献爱心——"爱婴工程"提供社会人道援助；"育婴工程"传播科学育儿知识；"亲母工程"关爱母亲，成就母爱。贝因美公司通过以上这三项常态化的社会公益事业体系，诠释"爱"的品牌精神，宣传了企业，展示了企业品牌形象的人性化维度。

第一节 品牌形象塑造的内涵

一、什么是品牌形象

品牌形象是公众对品牌的总的看法和根本印象，是公众对品牌感知、理解和联想的总和。品牌形象是品牌文化外在的综合反映，是通过品牌组织和社会公众之间的信息传播而形成的。

品牌组织将某种品牌与目标消费者生活工作中的某种事物、某些事件之间建立起一种联系，这种被联系的对象经常就是品牌的形象。品牌形象是一个综合的概念，它是受感知主体的主观感受、感知方式、感知背景影响的。不同的消费者，对品牌形象的认知和评价很可能是不同的。当然，作为品牌组织总是力图在所有消费者心目中都树立一个清晰、健康、良好的形象。

二、品牌形象的构成要素

品牌形象的构成要素如下。

1. 品牌的外观形象

指品牌名称、外观设计、商标图案、包装装潢等直观的视觉、听觉效果。如"Adidas"牌运动服的中文读法是阿迪达斯"奥迪"牌汽车的商标是串联着的四个圆圈，"南山"牌奶粉外观设计的主题背景是绿色的草原等，都属于品牌的外观形象，这是品牌形象系统中最外层、最表面化的形象。

2. 品牌的功能形象

指品牌能够让消费者产生的对产品的诸如实用性、可靠性、安全性、便利性、先进性、舒适性、环保性等各种物理功能特性的联想。如一听到"索尼"，便让人联想到高质量，就会习惯性地认为只要是"索尼"的质量即是有保证的；一看到"微软"，便让人联想到高科技等，那么只要是"微软"的，即是较先进的；等等。

3. 品牌的情感形象

指被消费者所普遍认同的品牌所具有的情感性的特征，也就是品牌能够让消费者产生的情感感受，如"多喜爱"让人感觉到温馨与爱意，"梦洁"让人感觉到浪漫与甜蜜等。

4. 品牌的文化形象

指被消费者所普遍认同的品牌所具有的文化性的特征，也就是消费者从品牌身上所能够感受到的某种文化品位或生活方式，如"可口可乐"代表了自由与激情，万宝路"

代表了坚韧与豪迈，"海尔"代表了团结与真诚等。

5. 品牌的社会形象

指被消费者所普遍认同的品牌所具有的社会性的特征，也就是消费者从品牌身上所能够感受的某种社会价值，如开"宝马"车体现了地位，吃"肯德基"象征着时髦，穿"金利来"代表着品位等。

6. 品牌的心理形象

指被消费者所普遍认同的品牌能够带给消费者的某种自我价值的心理体验，是能够让消费者产生强烈心理共鸣的某种品牌特性。如广告语："春兰空调，高层次的追求"，似乎是在说只要是高层次的人都会追求"春兰"牌空调，那么，只要购买"春兰"牌空调的人，就会在心理上感受到自己已经符合高层次的条件了。同样的还有："每一个成功的男人都要有一件柒牌立领"，等等。

三、什么是品牌形象塑造

在品牌的形象系统中，最核心的形象是品牌的心理形象，它是品牌形象系统中最深层的形象，是品牌的灵魂形象，然后才是品牌的社会形象、文化形象、情感形象、功能形象和外观形象。由此可见，品牌形象塑造其实是在对一个形象系统的设计策划，品牌形象策划并不只是简单地为产品取名字、设计商标，而是要科学、系统、全面地设计品牌的各种目标形象。

品牌形象塑造是指在赋予品牌某种定位的基础上，为了使公众对品牌的总的看法和根本印象达到预期的品牌感知、理解和联想的目标，而付诸行动的过程或活动。

品牌形象塑造是一项长期而艰巨的任务，它不是哪一个具体行动就可以完成的。它需要按照一定的原则，通过一定的途径，全方位地精心塑造。

四、品牌形象塑造的原则

1. 系统性原则

品牌形象的塑造涉及多方面因素，要做大量艰苦细致的工作，是一项系统工程。它需要企业增强品牌意识，重视品牌战略，周密计划，科学组织，上下配合，各方协调，不断加强和完善品牌管理；需要动员各方面力量，合理利用企业的人、财、物、时间、信息、荣誉等各种资源，并对各种资源优化组合，使之发挥最大作用，产生最佳效益。另外，品牌形象的塑造不是单在企业内部即可完成，而要通过公众才能完成，因为品牌形象最终要树立在公众的脑海中。它需要面向社会，和社会相配合，并动员社会中的有生力量，利用社会中的积极因素。这一切都说明，品牌形象的塑造是一项复杂的社会系统工程。

2. 民族化原则

在国际化的今天，品牌的成功之源仍是品牌的民族文化特质。品牌在空间上的国际化、本土化，并不意味着品牌自身的文化丧失。相反，品牌的文化内涵从来都是民族性的，而不是国际化的。一个成功的、历史悠久的国际品牌，总是体现着这个国家、这个民族最根本的民族性和文化内涵。例如德国的民族文化内涵是严谨、注重细节，强调质量、不强调速度，这在西门子品牌中得到了充分的体现：尖端的技术和过硬的质量，表现出来的仍是德国人的严谨和踏实，就是在公司的发展战略上，西门子公司同样也保持着德国人的严谨与稳健。

3. 统一性原则

品牌形象的统一性原则是指品牌识别，即品牌的名称、标志物、标志字、标志色、标志性包装的设计和使用必须标准统一，不能随意变动。例如同一企业或产品的名称在一个国家或地区的翻译名称要统一，像日本的松下、丰田和美国的通用、微软等的中文名称就不能随便采用其他汉字来代替。

说起来有点令人难以置信，但却再也真实不过了——一只鸡腿跑遍了全世界。肯德基是一家国际性的连锁店，其最大特征是：一家是一家，十家是一家，千家还是一家，无论你身处何地，只要到了肯德基，你就会发现自己并没走多远。因为那红白条的屋顶、大胡子山德士上校、宽敞明亮的大玻璃窗、笑容可掬的侍应生，还有香喷喷、脆松松、金灿灿的油炸鸡腿，都是你再熟悉不过的了，这就是统一的力量。

4. 特色性原则

所谓特色性其实就是指品牌形象的差异化或个性化。品牌的特色性可以表现为质量特色、服务特色、技术特色、文化特色或经营特色等。品牌形象只有独具个性和特色，才能吸引公众，才能通过鲜明的对比，在众多品牌中脱颖而出。抄袭模仿、步入后尘的品牌形象不可能有好的效果，也不可能有什么魅力。比如人家说自己生产的摩托车轻便、快捷、安全，你也说自己生产的摩托车轻便、快捷、安全，那就不会有什么特色。特色性原则中还有一点也很重要，就是品牌形象的民族化。民族化的东西总是富有特色的。"只有民族的，才是世界的。"抓住民族特色而赋予品牌形象一定的含义，往往能收到意想不到的效果。

5. 长期性原则

品牌形象还是企业形象的重要组成部分，塑造品牌形象也应与塑造企业形象相互一致，相互促进，以谋求企业的长远发展。例如，M&M巧克力的广告语"只溶在口，不溶在手"，十分形象地体现出产品的特色，而且上升到了精神领域，具有了真正的内涵，让竞争者难以效仿赶超，而且自从打入中国市场就一直使用，让消费者难以忘怀。

第二节　国家品牌形象塑造

一、国家品牌形象塑造的内涵

就国家形象的本源而言，它是一个国家在历史文化传统的基础上对其国家或民族的精神气质经过发掘提炼所形成的一种主体意识。"国家形象"作为对于一个国家及其民众的历史、现实、政治、经济、文化、生活方式以及价值观等的综合印象，在一定程度上体现着一个国家的整体实力和竞争力。近年来，我国加强了国家形象对外传播的力度。

从国家形象的形成原理来看，一国的国家形象是其自身实力和现实特征的外化表现，其决定因素是自身实力的提高和现实特征的变化。即一个国家可以通过改变自己的实力和特征，来达到改变国家形象的目的。国家通过自己的行为来塑造自身形象，就是国家形象的"自塑"过程。心理学家戈夫曼的"戏剧理论"可以应用到国家形象的管理上。我们可以把国际社会看作一个大舞台，各个主权国家在其中分别扮演某种角色。在别国面前，一个国家总是企图控制别国对自己的评价和印象。获得赞许的需要、控制交往结果的愿望，促使人们进行印象管理。印象管理就是在自我期待和别人评价的博弈中寻求平衡。所以我们在国家形象管理上的那种单向的宣传灌输思维要有所改变。

二、国家品牌形象塑造的路径

1. 通过公益类广告塑造国家形象

通过电视短片来宣传国家或者城市形象是世界各国普遍采用的宣传手法。在全球化的语境中，保护环境、爱护动物、温室效应、反恐反战等已成为各国关注的社会问题，通过公益广告来宣传国家理念，树立正面的国家形象，和其他国家达成观念上的默契是一种行之有效的沟通方式和外交策略。

2. 通过旅游业广告塑造国家形象

任何国家在他国人民心中都有一个形象，这个形象是本国政府政治、经济、历史、地理、文化等诸要素综合起来形成的。人们可以通过本国媒体或工作、旅行、学习等多种途径与机会获得关于他国的综合信息，而很多国家的对外形象就取决于本国在与他国国民接触中所提供的产品与服务状况。旅游业就是人们对他国品牌形象进行了解的一个最直接简便的方法。有很多国家的国际形象都是通过旅游广告宣传而来的，如新加坡、马来西亚等国家，都是通过公益性的国家形象广告宣传被更多的世界人民所了解。因此，旅游业是国家形象塑造中最具竞争力的市场力量。

3. 通过产品塑造国家形象

产品的品牌形象很多时候是直接和国家形象联系在一起的，优质产品的完美品质和可靠性能可以提升国家形象。日本和韩国就是突出的例子。20世纪80年代，丰田、索尼等一些成功的日本企业出现，日本成了工业产品质量优异和技术精良的代名词；韩国则在很大程度上是依靠"三星""现代"等一批知名产品品牌树立起来的；同样的，如法国的服饰名品、瑞士的钟表、德国的奔驰汽车、西门子电器等。所以，一个国家的强大同样能够推动一个产品的成长。比如中国的海尔电器、青岛啤酒等知名品牌的建立，正是一个国家国情整体实力提升并成为一个产品强有力后盾的标志，这些产品也当之无愧地在海外市场占有了一席之地。因此，商业品牌和国家形象是相辅相成的。

4. 通过民族传统和经典文化塑造国家形象

在世界各国中，具有独特文化传统的国家总会给人留下深刻的印象。比如"金字塔"可以使人联想到埃及；"斗牛"使人联想到西班牙；"木屐"使人联想到日本；而提到"京剧""丝绸""瓷器""旗袍""长城"等概念时，人们就知道这个国家叫中国。可以说，国家形象里展现的正是一个国家在发展进程中所凝聚的独特的民族精神和深刻的民族个性。

5. 特殊事件对国家形象的影响

有些特殊事件会成为国家品牌的免费广告，因为这些事件往往直接影响国家形象。比如"9·11事件"带给了美国人民难以愈合的伤痛，而且使美国的"世界强国"的形象也因此大打折扣。相反，好的事件会推动国家经济及文化的发展，比如2022年冬奥会将在北京、张家口召开，这是中国形象构建中一次千载难逢的机会。为了迎接这一盛事，我国政府在各方面都进行着积极的努力和准备：修建新公路、铁路、机场航站楼和其他设施，以及提升城市形象，对此政府投入了大笔资金。奥运会不仅是一个展示中国国家形象的平台，它更肩负着在世界范围内重新构建中华民族形象的历史重任。

第三节 地区（城市）品牌形象塑造

一、地区（城市）品牌形象塑造的内涵

地区（城市）品牌从广义而言，是一个地区或城市的历史文化、地理资源、人文性格、城市景观、经济形态等诸要素被社会与公众广泛认知且认同的某种最具典型意义的象征与印象。在全球化进程加剧的当下，地区或城市品牌已经成为城市最大的无形资产，良好的品牌效应不仅可以提升地区或城市形象，还能增加地区或城市的竞争软实力，置换出更大的政治、经济、文化和环境效益。随着中国社会的城市化发展宏观

进程，国家与政府对旅游产业、创意产业以及文化产业的重视与推进，目前的政府、城市管理者对所谓"地区或城市品牌"的重视与投入程度也愈来愈大。

地区或城市形象塑造是指，运用现代城市营销的观念与手段来整合、提升城市形象，以现状调查为基础策划出特定的城市形象作为主题，然后在实践中要求所有的城市活动都围绕这个主题展开，并使之得以不断强化，同时将实践成果借助传播媒介向外扩散，及时进行反馈、控制与评价，把城市魅力充分显示出来，努力创造和谐优美城市形象的过程。

地区或城市形象，对地区或城市建设乃至整个国际的经济建设意义重大，它不仅有助于提高地区或城市的凝聚力、向心力，发挥城市的综合功能优势，提升城市形象，而且有助于提高城市的竞争力，增大广泛引资、广结良缘的机遇，从而促进城市建设的飞速发展。塑造地区或城市品牌形象的重大意义还在于它强大的"名牌效应"。一个名牌城市可以吸引更多的投资商来投资，加快本地的经济发展，还可以解决部分的就业问题，同时可以吸引人才的流入。名牌城市还可以吸引外地游客来旅游观光，增加本地经济收入。一个好的地区或城市品牌会使本地区的社会公众充满自豪感、优越感和认同感，更加鼓舞他们去响应城市的环境建设、文化建设，同时也提高自身的素质。

二、地区（城市）品牌形象塑造的影响因素

1. 自然环境因素

地理位置：地区或城市是一个空间范畴，因而这一范畴的地理特征对这一地区或城市的发展或形象构成至关重要，它是地区或城市以自然形态呈现在人们眼前的直观形象，所以地区或城市品牌的形成同地区或城市的地理特征关联密切。如地势平坦的平原城市天府之国成都、依山傍水的高原姑苏丽江市都是因独特的地理环境形成的特色旅游城市。

自然风光：天然存在的自然风光可作为一个地区或城市品牌资源形成的重要依据，是地区或城市品牌差异化的本原要素之一，世界各地的旅游城市都是这类城市的具体代表。以城市风光和景观为主导来创建地区或城市品牌，一是拥有特殊的自然地理资源而将旅游业作为城市的根本动力来发展，如以滨海风光闻名的海南三亚；二是通过人为的建设景观地标来提升地区或城市形象，如纽约的自由女神像和帝国大厦、迪拜的帆船大酒店等都成为城市的景观地标。

自然资源：地区或城市品牌形成的自然物质基础是强大的自然资源的支撑，大多数地区或城市品牌都是依托于自然资源的优势而形成的，而且它也是形成人类社会一切其他物质的基础。独特而优越的自然条件是形成地区或城市品牌的原始动因之一。

2. 经济因素

经济基础：是指在一个时期全社会的经济总量规模、结构关系及政府调度资源并投入建设的经济可行性，由此可以测度社会的经济能力与政府的经济能力。一个地区

或城市的经济基础是地区或城市品牌得以生存及发展的经济土壤和宏观经济环境，地区或城市经济总体状况和经济总量、人均经济指标等都会对地区或城市品牌的形成产生重大的影响。这些因素也决定了地区或城市品牌形成的现状与发展潜力。

产业结构布局：产业结构布局是指产业在某一地区内的空间组合。建设合理的产业结构布局是地区或城市经济可持续健康发展的保障，它包括产业趋同系数、产业比重和产业潜力三个要素指标。当产业趋同程度高时，地区或城市之间的竞争相对比较激烈，该地区或城市就应尽量避免与实力远强于自身的其他地区或城市进行正面较量，选择差异比较大的产业进行发展。

优势特色产业：以企业为主要内容的地区或城市经济，在地区或城市品牌建设中，建立名牌企业群是必然选择。优势特色产业是指某地区或城市的某种产品稳定地在一个较大的范围内拥有突出优势，占有较大的市场份额，或者某地区或城市独有的特产都可以构成地区或城市品牌形成的要素，如山西煤矿产业，名牌企业群通过强强联合，增加各个组成机体的软硬实力，提高特色产业的知名度，品牌形象也就应运而生了。

3. 人文文化因素

历史角色：悠久的历史向人们诉说着这个地区或城市过去的故事，某一地区或城市在历史上曾经扮演过什么角色，而这种角色对地区或城市内外产生的影响便很容易成为地区或城市的品牌。洛阳以"九朝古都"闻名，南京则被称为"六朝古都"。

文化底蕴：丰富的文化既有深层次的积淀，也有浅层次的表现，但是只要成为文化，它对人的价值取向、道德规范、行为方式都会有一定影响，进一步又对经济发展和社会变迁都必然产生巨大影响。"时尚之都"巴黎、"动感之都"香港的美称，都是以这些城市的文化底蕴为背景的。

民风民俗：城市以人为本，有时我们去一个城市并非为了看风景，也不是为了吃美食，而是这个地方的民风民俗吸引了我们。在西双版纳，我们可以体验到浓浓的傣家风情；到呼伦贝尔，我们可以感受到豪放的蒙古族人民的胸怀。

居民素质：居民是组成某一地区或城市的最基本元素，一个地区或城市的居民从根本上影响着地区或城市品牌，居民特性是一个地区或城市最本质的特性。居民素质包括道德素质、法律意识、文化素质和身体素质。居民的素质是这个地区或城市的教育、医疗等基础设施建设以及法律宣传、文化氛围营造等共同努力的结果，它同时又反过来影响该地区或城市各方面的建设，影响地区或城市品牌的形象。

4. 营销因素

地区或城市品牌定位：地区或城市品牌建设须首先进行准确鲜明的地区或城市品牌定位，它既是建立地区或城市品牌的基础，也是对该地区或城市核心价值的探索和确定的过程。地区或城市品牌的价值是一个地区或城市独一无二的定位和不可替代的个性，特色和个性是地区或城市品牌的生命源泉。

地区或城市服务：地区或城市服务是一个地区或城市对外品牌建设的重要窗口，具有公用性、公众性和公益性。其范围几乎涉及所有的社会生活，因此最能够体现地区或城市品牌的物质性价值就在服务行业之中。人们在接受服务的同时，能够通过服务态度、服务制度、服务手段等方面所体现的服务意识、服务价值等文化内涵，感受到一个地区或城市的素质，并由此形成对一个地区或城市的初步系统的印象。

地区或城市整合营销传播：地区或城市品牌理念一旦确立，就必须通过传播系统来具体地扩散。传播系统是指以利益相关者为核心，通过重组地区或城市品牌要素，综合协调各种形式的传播方式，以统一的目标和统一的传播形象，传递清晰、一致的该地区或城市的信息，目的是实现与利益相关者之间的双向沟通，在最大程度上树立、巩固地区或城市形象在利益相关者心目中的地位。

三、如何塑造地区（城市）品牌形象

1. 找准定位

只有明确自身所处的位置及大环境才可能找到正确的发展出路。地区或城市定位本身就是一项非常复杂的工作，一旦找到适合自己发展的核心主体，那么这个地区或城市将会有生机、有活力。首先，结合地区或城市的发展现状进行 SWOT 分析。其次，综合优势，科学定位。城市品牌形象应该定位在其特有的、独一无二的城市特色中。

2. 选择推广内容

"酒香也怕巷子深"，有好的定位是不够的，还需要合理地利用其自身条件和周边各种资源对其加以提炼、拓展和推广。从推广的目的确定品牌推广的内容。品牌推广的内容有如下三个方面。

地区或城市理念：包括城市战略品牌、活动领域、组织目标、价值观、行为准则、行动口号、发展策略、城市精神、座右铭、发展方针等要素。

地区或城市行为：包括地区或城市群体和个体的管理、教育，以及对外宣传、广告活动、招商活动、公关活动、公益活动等内容。

地区或城市视觉品牌：包括城市标志、城市名称标准字（包括中英文名称、简称）、城市标准色、标准组合形式、专用印刷字体等。

3. 广告宣传

现在的地区或城市形象广告可谓百花齐放。大到一个省，小到一个区、一个交易会，都通过广告来为自己做宣传。除了通过影视广告来宣传外，还有网络的广告宣传和户外广告的宣传。网络媒体是一个新兴的且具有强大生命力的媒体，每一个城市都应该有属于自己的网站，利用网络资源，为宣传提供更大的影响力和更广的影响面。

4. 活动营销

国内外很多成功城市的经验都是借助于节庆活动、体育赛事来展开宣传。通过开展一些适合自己特点、具有重大影响力的"活动"可以起到扩大城市影响力和知名度的作用。如：法国戛纳国际电影节，一个地地道道的小城，全城居民仅有七万余人，然而每年一次的"国际电影节"蜚声世界；青岛"国际啤酒节"，不仅使城市的国际知名度大幅提高，城市文化也得到了相应的提升，而且带来了良好的经济效益。

第四节　政府品牌形象塑造

一、政府品牌形象塑造的含义

政府是一个由多个因素构成的具有结构功能和特殊行为的系统，而政府系统则是相互联系并与周围环境发生关系的各组成部分的总和。政府形象是以自身的素质、行为及表现为基础，政府形象是社会公众对政府机关及其对社会公共事务的管理活动的总体印象和评价。其内涵主要包含三个方面的内容：一是组织风格，也就是政府区别于其他组织的独特特征，如政府行政理念、政府行为规范、精神面貌、服务水准及在公众中的信誉等；二是政府公务员的形象，即政府工作人员的工作态度、言行举止、工作能力和衣着仪表等；三是政府的象征物，如国旗、国徽等。

政府品牌形象塑造就是政府的理念、行为及效果的集中表现和综合形成的系统过程，体现着政府主体特征与公众感知反映的互动的过程。

二、政府品牌形象塑造的特征

政府品牌形象塑造具有如下特征。

1. 客观内容与主观形式的有机统一

政府形象塑造是政府的实际执政行为和政府运行的各种要素共同作用于公众，从而在公众头脑中所形成的一种主观反映。这种反映是以政府行为为基础，并且受到政府执政理念和目标的限制，具有一定的客观性。但另一方面，政府形象的形成又受到公众的主观认识的影响，因此难免打上公众主观的烙印，而与政府本身的形象并不一致。所以，这种对政府形象的感知从某种程度上来讲，很难做到准确、客观、全面。鉴于此，政府形象的塑造首先要切实改善政府实际形象，同时也要加强政府与公众之间的交流与沟通，主动引导，使公众能够正确、全面地了解政府。

2. 整体性与个体性的有机统一

一方面，公众是一个整体概念，它是大大小小的群体组织乃至国家；另一方面，公众也是由一个个不同的个体所组成的，由于每个人的生长环境、教育背景、价值观念等各不相同，每个群体或组织的地位、利益和需求也不相同，因此，对政府也有着不同的衡量标准。由此可知，同样的政府行为，在不同的个体或群体组织中的反映也会有很大的差异，也就产生出无数个不同的政府形象。这就是政府形象的个体性特征。

另一方面，政府形象不是某些少数个体的形象反映，也不是个体心中映像的简单相加，而是公众的个体映像与整体意识的有机统一。

3. 稳定性和动态性的有机统一

政府形象的稳定性是指政府的形象在公众心中的一种长期积淀，是在一段时期内公众对政府总的看法和评价。它并非因公众对一时一事的感受所形成的，而是在长期的与政府大量接触中不断累积起来的印象所形成的。因此，这种映像具有一定的稳定性。一方面，政府所处内外环境在变，政府自身也在变，不管是环境迫使政府改变，还是政府为适应环境而主动发生改变，最终的结果都是不断地在变化。随着政府自身的变化，公众对政府的感受也在不断地发生变化。另一方面，公众自身也在变化，随着他们的自身所处环境、经验、利益需求发生变化，他们对政府的看法、评价也会发生改变，政府形象同样会发生变化。因此，政府形象塑造是稳定性和动态性的有机统一。

三、政府品牌形象塑造的策略

1. 提升公务人员素质，塑造政府内部形象

首先，领导人作为社会中的精英，是媒体和广大人民群众关注的焦点，领导人在塑造政府形象方面起着不可替代的作用。一个组织其形象的好坏，是通过"知名度、美誉度、认可度"来表现的，领导人要通过这三个方面进行塑造，要做到言必正，行必慎，言行一致；同时，领导人还要不断提升自己的眼界、能力等综合素质，通过塑造领导人的形象进而塑造政府的形象。其次，公务员是政府形象的重要组成部分，提高公务员的道德素质，加强公务员自省自律，也是美化政府内部形象的重要举措。一方面，公务员在入岗后，应该由所在机关或部门对其进行统一培训，包括个人品行、办事原则、工作态度等，不能匆匆了事，一定要严格对其进行教育，做到恪尽职守，全心全意为人民服务；另一方面，还应加强公务员制度建设，提高自省自律，建立对其的监督体系或机构，严格执行公务员相关法律、法规，年终或期中对公务员的作风和表现进行考核调查，不能一劳永逸，政府公务员宁缺毋滥，必须保证高质量的人员素质。

2. 树立传媒形象意识，加强与媒体的良性互动

政府形象是一面镜子，媒体具有特殊的地位，他们代表最广大的人民群众利益，敢说真话，其影响力和传播速度都是相当快的，一旦有些不好的形象被媒体宣传后，需要做很大努力进行改善，政府必须与媒体加强互动，在有重要对外活动中提前设计好形象宣传，同时邀请媒体进行配合，增加美誉度，提高知名度。政府形象的塑造手段是多样化的，对于媒体一方面可以采用召开新闻发布会、听证会、开放日等形式；另一方面还应积极利用网络媒体，不断探索新的塑造媒介。网络媒体是适应时代发展的产物，网络媒体在众多类型的形象宣传方式中占据十分重要且特殊的地位，这就决

定了政府要想树立良好的政府形象，必须与时俱进，必须积极发挥网络媒体的优势，为政府形象的塑造添砖加瓦。

3. 提高应急管理能力，树立良好形象

危机自始至终伴随人类，天总有不测风云的时候，危机总是突然到来，让人措手不及。正因为危机的不确定和破坏性十分大，政府必须具有一定的危机管理意识，防患于未然，将危机管理作为日常生活中不可或缺的工作，在危机发生的第一时间，就要及时地做好公关宣传工作。首先，保证公关的时效性和透明性。一方面，政府要加强对各级组织领导的管理，尽快调动人员安排，随时掌握最新信息，将主动权掌握在政府手里，先确保事态的稳定；另一方面，要正确合理地与公众和媒体进行良性沟通，不能欺骗，更不能哄骗。其次，要健全新闻信息的发布制度，积极地与各方面进行沟通，将处理进度尽量同步同时，防止不法分子肆意挑拨，不要造成危机的扩大化。最后，做好危机公关的对外宣传工作，运用现代传播工具，提高应急能力，减少危机带来的破坏和不良影响，建立健全完善的危机管理机制。

第五节　企业品牌形象塑造

一、企业品牌形象塑造的含义

良好的品牌形象是企业在市场竞争中的有力武器，深深地吸引着消费者。品牌形象内容主要由两方面构成：第一方面是有形的内容，第二方面是无形的内容。

品牌形象的有形内容又称为"品牌的功能性"，即与品牌产品或服务相联系的特征。从消费和用户角度讲，"品牌的功能性"就是品牌产品或服务能满足其功能性需求的能力。例如，洗衣机具有减轻家庭负担的能力，照相机具有留住人们美好的瞬间的能力等。品牌形象的这一有形内容是最基本的，是生成形象的基础。品牌形象的有形内容把产品或服务提供给消费者的功能性满足与品牌形象紧紧联系起来，使人们一接触品牌，便可以马上将其功能性特征与品牌形象有机结合起来，形成感性的认识。

品牌形象的无形内容主要指品牌的独特魅力，是营销者赋予品牌的，并为消费者感知、接受的个性特征。随着社会经济的发展，商品丰富，人们的消费水平、消费需求也不断提高，人们对商品的要求不仅包括了商品本身的功能等有形表现，也把要求转向了商品带来的无形感受。在这里品牌形象的无形内容主要反映了人们的情感，显示了人们的身份、地位、心理等个性化要求。

即使是最有价值的企业品牌，其品牌形象也必须是不断丰富、内涵不断发展，既要继承品牌形象一贯的传统，又要兼顾市场、消费者以及竞争等需求。因此，企业品牌形象的塑造是一个长期的过程，必须不断地发展，顺应时代、顺应潮流。

二、企业品牌形象塑造的主要内容

1. 品牌知名度

品牌知名度是指潜在购买者认识到或记起某一品牌、某类产品的能力。品牌知名度是品牌资产的重要组成部分之一，是形成品牌形象，打造成功品牌的先决条件。品牌知名度越高，消费者购买此品牌的可能性也越高，抵御竞争对手的能力也越强。如果消费者在市场上根本就不知道某个品牌，他对这个品牌的消费可能性就比较小，或者说他根本不会去消费这个品牌。在竞争激烈的细分市场中，提升品牌知名度并使其产生实际的销售收益对企业至关重要。

2. 品牌美誉度

品牌美誉度是指市场中人们对某一品牌的好感和信任程度，它是现代企业品牌形象塑造的重要组成部分。品牌美誉度源自消费者自身的感觉，消费者自身的感觉不一定是正确的，但是消费者认为这个产品最好的时候，就是对品牌的美誉。品牌的美誉度，是经过认知度、知名度、满意度层层累积而成的，所以当品牌拥有美誉度时，说明它在消费者心目中已经有了较好的形象，更要时刻以消费者为中心，一切服务于消费者，维护并提高品牌的美誉度。

3. 品牌忠诚度

品牌忠诚度是指消费者在购买决策中，多次表现出来的对某个品牌有偏向性的而非随意的行为反应。提高品牌的忠诚度，对一个企业的生存与发展，扩大市场份额极其重要。品牌忠诚度是品牌形象价值的核心。品牌的忠诚度，是品牌的最高境界，是品牌资产中最重要的部分，也是品牌知名度、美誉度的最终体现。品牌忠诚度的形成，使得竞争品牌受到消费者的排斥。消费者基于长期消费经验积累起来的对品牌的好感、依赖、联想度、习惯、消费行为等，不是一蹴而就的，所以忠诚度的形成不容易。企业要维护好品牌，因为消费者一旦对品牌形成了忠诚度，就会重复购买。品牌忠诚度是在品牌知名度和美誉度的基础上长期累积获取的。一个没有知名度、美誉度的品牌，是无法成就忠诚度的。

4. 品牌联想

品牌联想是指提到某一品牌时消费者大脑中会浮现出来的所有与这一品牌有关的信息。领导品牌、强势品牌的一个重要特点就是能引发消费者丰富多彩的联想。品牌是消费者通过产生联想形成的资产，品牌联想在品牌建设实践中具有重要意义。品牌联想是指一切可以让消费者联想到的某个品牌的因素。品牌联想还是一种力量。这种内涵给顾客的经验越多，或者通过传播使顾客接触的机会越多，顾客就越有可能将这种内涵和品牌联系起来。品牌因素越多，顾客就越容易产生联想。

5. 品牌定位

在产品同质化日益严重的今天，需要靠品牌定位找到产品特征，而这个产品特征是在严格的市场细分的情况下确立的。一个好的品牌，一定是定位很好的品牌，往往有吸引力很强的品牌联想来支持。我们强调品牌可以借势，借强势品牌来让消费者产生联想。品牌联想越强，产品定位才可能越有吸引力。如何给品牌定位也是企业在发展中的一个重要任务。通过定位，要突显产品和品牌的特色，要与众不同，只有这样才能体现出品牌在消费者心目中的特殊地位。

三、企业品牌形象塑造的路径

1. 加快产品创新能力

在激烈的市场竞争中，产品的创新周期越来越短，产品老化的速度也越来越快，在同一产品领域中，新研发出的产品总能提供更好的功效和质量，占据更多的市场份额。而产品形象是品牌形象的内在表现，企业品牌形象的好与坏，取决于产品的水平和质量。因此，企业应不断地引进先进的科学生产技术，扩大产品的研发团队，增加产品研发的力度，使企业的产品在市场中具有强大的竞争力。联想集团一直不断创新、不断超越，从一家十几个人、20万元投入的小公司，逐步成长为年销售额逾130亿美元的全球第三大 PC 厂商。

2. 提高服务质量体系

服务质量体系是企业品牌形象建设的重要方面。一个企业的品牌形象是通过很多方面潜移默化地传达给消费者的，作为产品的服务质量，则是企业形象的重中之重。企业不仅仅要提高产品的创新能力，更要提高服务质量，优秀的服务能够不断提高消费者满意度，也更能赢取消费者的忠诚度。当今社会，消费者对其购买产品的要求越来越高，他们不仅仅看重产品的质量，更看重产品的服务质量，当消费者遇到服务质量差的产品时，就会产生抱怨和不满，给品牌形象带来极坏的影响。因此，服务质量已成为影响消费者对品牌的信任度、追随度的重要因素，成为消费者选择品牌的关键因素。"国际星级服务"是海尔启动的全球化品牌战略，这一战略的成功运作，使海尔当之无愧地成为一个国际大品牌。

3. 加大品牌体验的力度

品牌建设要依靠组织流程来进行有序的管理，但管理的目的是让消费者、经销商、供应商更多地认知品牌，感知品牌，因此品牌体验就显得尤为重要。不同的产品，要根据产品不同的诉求，和顾客有亲密的接触，让产品真正地走进消费者的心中，大大提升品牌忠诚度。宜家家居不仅通过品牌名称、标识等来进行品牌建设，更注重"家的感觉"，让消费者来进行更多的品牌体验。

4. 推行品牌经营战略

当今社会已进入品牌时代，品牌的竞争更多地取代了产品的竞争。在品牌建设方面，将品牌作为市场营销对象，推行企业品牌经营战略是企业经营战略中不可忽视的重要问题。品牌塑造的方向不是一成不变的，一个企业要经营好自己的品牌，必须制定适合自身品牌发展的经营战略。

5. 品牌愿景规划

品牌在今天已变得越来越重要，由于市场和经济变幻莫测，技术进步和创新突飞猛进，市场细分越来越细，使得未能打造出强势品牌的公司，纷纷面临亏损和倒闭。不论是百年老店，还是新创公司，如果不能很好打造一个强势品牌，就很难在市场上生存和发展。每一个强势品牌都有一样东西在引领着品牌发展的方向，正向灯塔的光线是为旅行者提供清楚的方向，品牌愿景是企业的管理者通过品牌传递给人们的，更是企业长久发展的基石。树立一个品牌原景，就一定要告诉消费者和社会公众：品牌今天代表的是什么？品牌明天代表的是什么？品牌为消费者带来的产品和服务是什么？品牌与其他同类商品相比的优势是什么？品牌愿景的正确规划，能够让企业在激烈的市场竞争中把握方向，确定更好的目标，从而塑造出更强势的、更长久的品牌。

第六节　个人品牌形象塑造

一、个人品牌形象塑造的含义

个人品牌是指他人头脑中持有的一种印象。个人品牌形象是指根据自己的性格特点、特长、爱好及希望建立的目标形象做出准确的定位，然后进行包装，而传达给他人的个人信息，以体现个性魅力，实现社会、社区的关注度。塑造个人品牌的中心问题就是别人如何看待你。突出的个人品牌都需要清楚界定自己代表的东西，以让目标受众能够快速领会。对于个人品牌来说，受众就是我们拥有（或者想拥有）的各个关系人。

美国管理学家汤姆·彼得斯指出，"21世纪的工作生存法则，就是建立个人品牌。那些拥有优秀个人品牌的人总是与众不同，令人印象深刻"。然而，个人品牌并不像大多数人认为的那样是一种高高在上，无法接近的抽象事物，只有名人才会拥有。其实，这是人们对个人品牌的误解。美国首屈一指的个人品牌大师彼得·蒙托亚一针见血地指出，"你就是品牌"。每个人都拥有个人品牌，个人品牌就是你的公众标志，也是你的信誉所在。

二、个人品牌形象塑造的影响因素

1. 个人的专业技能

个人的专业技能即我们通常说的"吃饭的本事"，没有精深的专业技能的人想建立个人品牌是很困难的。就像一件产品，如果三天两头出现质量问题，也会让客户避而远之的。

2. 个人对社会的责任和贡献

人的生存依赖于社会，就必须对社会承担责任，一个没有社会责任感的人是难有作为的，即使偶有成就，也不会在历史的长河中行之甚远，而往往会走向历史的反面。纵观人类的文明史，每一个响当当的名字都是与他们对社会、对人类的杰出贡献紧密联系在一起的。

3. 个人的传播力

广告大师大卫·奥格威说过，传播可以增加品牌的价值，通过传播，不但传达品牌的个性信息，也向受众传达了品牌价值以及你的承诺。在传播个人品牌的过程中，个人本身的特点、个人声誉也会被更多人知道。在合作风行的时代，一个人必须善于与他人、与媒体沟通，善于整合多方资源，才能为社会创造更大的价值，进而才能为个人品牌价值加分。

4. 个人品牌的知名度和美誉度

企业需要优秀的人才，同时，个人也希望找到好的展示自我的平台。但是企业和个人如何才能成功对接呢？这实际上是一个很复杂的问题，猎头公司的存在足以证明这一点。因此，个人必须想方设法在目标受众中，提高个人品牌的知名度和美誉度，占领目标受众的心智，让目标受众认可个人品牌，从而可以在一定程度上提升个人品牌的价值。

5. 品牌生命力

如果一个品牌只是昙花一现，那么这个品牌也就没有什么价值。品牌的生命力越持久，能从这个品牌中挣到的钱也就越多，这个品牌的价值也就越高。

三、个人品牌形象塑造如何定位

1. 从认识自我开始

只有准确地认识自我，分析并了解自身状况，才能准确地进行个人品牌定位。认识自我，就是要客观地评价自己，既不高估，也不贬低。要认识自己的优势、劣势、自己的与众不同和发展潜力；要认识自己的生理特点，认识自己的理想、价值观、兴趣、爱好、能力、性格等心理特点。对自己认识得越准确，越能在职场上大显身手，获得成功的可能性也将大大提高。

2. 注重人品修炼

个人品牌像企业品牌、产品品牌一样，要有知名度、美誉度，更重要的是要有忠诚度。从某种意义上讲，个人品牌就是个人的能力和人品，其最基本的特征是具备业务技能的高质量和人品的高质量，既要有才，更要有德，要具有人格力量和人格魅力。

3. 个人品牌要有知名度和忠诚度

忠诚是一个人最可贵的品质，忠诚是衡量个人品牌的重要砝码，一个经得住诱惑考验的人，他的个人品牌在无形中就会得到提升。因此，既要忠诚于自己所在的企业或组织，忠诚于自己的同事、自己的团队，又要忠诚于朋友、自己所在的社区。诚信是社会的要求，也是一种美德。信用能为产品带来市场，为企业带来顾客，为顾客带来信心。经济上的损失，将会挽回，但信誉的损失，却难以弥补。能做到言行一致、重承诺、守信用，做事就会产生一个正向的循环，就越能成功地打开局面。

4. 培养责任心

讲诚信、守信誉、有责任心是做人的基本原则。责任感是取得事业成功的第一要素，放弃了自己对社会的责任，就意味着放弃了自身在这个社会中更好的生存机会。因此，一个有良好品牌的人，必须是一个有责任感的人。

5. 敬业是个人品牌重要的品质保证

敬业是一种职业态度，是职业道德的崇高表现，也是个人品牌的品质保证。一个人无论从事什么行业，只有全心全意、尽职、尽责地工作，才能在自己的领域里出类拔萃，才能树立起自己的个人品牌。

四、个人品牌形象塑造的路径

1. 努力提升自己的专业能力

拥有"个人品牌"的人，与其不断地努力分不开，特别是专业能力，它代表的是知识、技能。"拥有专业能力"的人是一种内涵的呈现。由于不断地有新知识及新技术推出，必须不断地增进专业能力，这是"个人品牌"保持水准及提高其品质的方法。

2. 态度谦虚，充满自信

即使你已经拥有很好的成绩，懂得谦虚仍是非常迷人的特质。愈是有成就的人，对人愈谦和。同时，自信心是一种绝佳的魅力，它可以吸引他人的认同及跟随。即使面对未曾经历的工作，也要有自信心及勇气去克服它。自信心是不断培养起来的，只要不断地累积成功经验，自信就会随之积累起来。

3. 不断学习，提升自己的领导才能

不断学习，才能增强素质。把学习当成一种习惯和乐趣，通过学习不断提升自己的计划、组织、控制等能力，从谦、情、实、容等方面提升个人素质，用领导的影响力推动各项工作的开展。

4. 广结善缘，建立完善的关系网

成功学家卡耐基说"一个人的成功，只有15％是由于他的专业技术，而85％则靠人际关系和他做人处世的能力。"可见，良好的人际关系是一个人成功的基础和保证。美国《幸福》杂志对美国500位年薪50万美元以上的企业高级管理人员和300名政界人士进行的调查结果表明，93.7％的人认为人际关系畅通是事业成功的最关键因素。建立关系网络，就是创造有利于自我发展的空间，努力得到别人的认可、支持和合作。良好的人际关系不仅带给你工作上的成功与顺利，还带给你安宁、愉快、轻松、友好的心理环境。

5. 不怕挫折，增强容忍力

人生不总是一帆风顺，会遇到各种困难和阻碍。因此，挫折在所难免，受挫折并不可怕，只要有信心、有意志，就不会被挫折吓倒，就会达到胜利的终点。挫折容忍力是属于 EQ 的层面，是一种绝佳的竞争力。挫折容忍力是保护自己渡过难关的个性特质，透过兴趣的培养、人际的支持、运动等方法，都可以有效地提升挫折容忍力。挫折容忍力高的人不会随便情绪化，可以冷静地面对各种挑战。

第七节　知　识　链　接

"品牌形象"含义的演变

品牌形象是一个综合性的概念，各个企业都有形象，但是可能这种形象在不同的消费者心里是不一样的，而每一个企业都希望能建立起企业自身想要建立的形象，让消费者都感受相似，而品牌的形象又受形象感知主体主观感受及感知方式、感知前景等影响。总地来说，品牌形象是消费者在心理上形成的一个联想性的集合体，品牌形象是一种企业独特的资产，在很大程度上可以说是企业在市场上竞争的核心竞争力之一。

大体上，我们可以根据不同学者对品牌形象的不同定义将这些定义所强调的不同重点加以区分，分为强调消费者心理要素、强调意义、强调消费者自我意义和强调消费者个性四种类型。下面分别对这四种定义进行简单的阐述。

1. 强调消费者心理要素的定义

有些研究者关注消费者对品牌的心理反应，这些学者通常是直接采用心理学术语来对品牌的形象进行描述和定义，这种基于消费者心理要素来定义品牌形象概念的做法在品牌形象看作是消费者记忆中有关品牌的联想或知觉。这里的定义主要是强调消费者的心理因素，以消费者的心理因素来界定品牌形象的。

2. 强调意义的定义

一些学者认为品牌形象的概念或者意义是消费者赋予的，他们认为由于消费者对每一类产品都有不同的认知，所以不同的产品对消费者来说是有不同意义的，而正是这些意义将品牌清晰地区分开来。在这里主要是强调品牌的意义，而这种意义对于大多数人来说太广泛了，在某种情况下说，不具备描述性，所以用这种定义来定义品牌还是显得太空泛了。

3. 强调消费者自我意义的定义

在强调意义的基础上，有些学者开始细化意义，加之这种意义要和消费者相结合，所以这些学者就开始将角度集中于关注消费者所寻求的特殊意义，即"自我意义"。这些学者认为消费者在购买很多产品的时候并不是纯粹将这些产品作为消费产品，而更多地是寻求这些产品的象征意义，和使用这些产品的社会地位、形象等方面的意义。换句话说，就是这些消费者在当下社会更多关注的是自我的意识，追求精神上的满足和自我需求。

4. 强调消费者"个性"的定义

在众多学者关注了消费者自我意义的时候，部分学者又开始进一步将消费者的这种自我意义定义为消费者的自我"个性"，更加关注的是消费者自身特征，强调消费者的自身特征。这和消费者的自我定义进一步区分开来了，消费者的"个性"强调的是消费者以自我为中心，要用产品的形象来反映自身的个性，而消费者的自我定义则是消费者被自身所购买的产品的形象所定义了，一个是定义品牌形象，是以消费者为中心的，另一个则是以产品为中心的。当然，所有的品牌的品牌形象都要以消费者的行为为中心，只是在定义的时候有所侧重。

一方面，必须将品牌形象的定义界定准确才能有效帮助更多的学者展开与品牌形象相关的研究，为学术界做贡献。另一方面，要建立良好的品牌形象就必须精确掌握消费者的行为，只有精准掌握了消费者的心理因素和购买行为，才能更进一步地根据这些行为要素来构建有市场竞争力的品牌和品牌形象；更重要的是，也只有准确地掌握消费者的心理和行为才有可能以此为依据制定市场策略。

第八节　品　牌　人　物

周鸿祎：创新不能被"神话"

再次登上演讲台，周鸿祎依旧穿着其标志性的"红色 T 恤衫"，更深刻剖析互联网时代的挑战与机遇。他说："我一直被认为是很二的创业者。"的确，"二"所带来的争议性似乎一直伴随着周鸿祎。

互联网"老兵"

翻开这位 1970 年出生的"牛人"履历，多少让人"看不清，摸不透"。生于湖北、成长于河南，因为父母是测绘工程技术人员，周鸿祎很早开始接触计算机。1992 年周鸿祎被保送西安交通大学读研究生。读研期间编过游戏软件、杀毒产品。为了卖自己的产品还开过两家小公司，最后以失败告终。

而周鸿祎的这种"不务正业"一直延续到其离开方正集团。1995 年，周鸿祎研究生毕业后加入了方正集团。1997 年 10 月，周鸿祎组织开发成功中国第一款自主版权的互联网软件方正飞扬电子邮件，虽然互联网不属于方正的主营业务，方正飞扬同样没有取得预期的成功，但周鸿祎还是在这个项目中练了手。

1998 年以前，第一代网民使用着复杂的英文网址，依旧兴奋，周鸿祎正是抓住了网民对于冲浪的迫切需求，试图说服领导开发相应的产品，但此次的产品设想并未获得领导的认可。1998 年 10 月，28 岁的周鸿祎离开方正，成立国风因特软件有限公司。公司网站名叫 3721，取自"不管三七二十一"的意思。新公司起步于 5 个人，全是他在方正的同事。同年，周鸿祎推出了 3721"网络实名"的前身——中文网址。网络实名的本质，实际上是在英文域名的体系下，构建一套中文寻址系统，专为中国人上网服务。

这一年，李彦宏根据在硅谷工作以及生活的经验，在内地出版了《硅谷商战》一书，而马化腾则凑了 50 万元创办了腾讯。1999 年，李彦宏带着风险投资回国创办了百度，丁磊 50 万元创办了网易，陈天桥创办盛大，马云注册了阿里巴巴。

由于定位准确，产品管用，加上强悍的市场合作与推广手段，网络实名所向披靡，并以插件形式快速安装到千千万万用户的电脑中。两年后，3721 大获成功，中文上网插件一度覆盖 90% 以上的中国互联网用户，每天使用量超过 8000 万人次。2001 年，3721 率先在互联网行业宣布盈利。到 2002 年，3721 的销售额达到 2 亿元，毛利 6000 万元，成为当时国内互联网行业一颗耀眼的明星。

但这颗明星并没有成为巨星闪耀到最后，2003 年雅虎收购 3721 公司。周鸿祎其后就任雅虎中国总裁。2005 年 8 月，周鸿祎在执掌雅虎中国 18 个月后功成身退。

周鸿祎后来以投资合伙人的身份正式加盟 IDG（国际数据集团风险投资基金），先后投资了多个创业项目，其主要投资成果包括迅雷、Discuz!、酷狗等多个知名的互联网产品。

颠覆式创新

周鸿祎曾说过后悔卖掉 3721，错失了一个 10 亿美元的市场，或者说错失了一个价值观输出的机会。而投资 360 或许是为了圆梦。2006 年 8 月，周鸿祎投资奇虎 360 科技有限公司。论商业模式，360 通过免费的方式聚集海量用户，将增值应用贩卖给用户获得收入，只是 360 向上游的第三方应用提供者收费。以 2008 年为例，奇虎 360 全年近 1700 万美元收入中，66% 来自杀毒软件的销售分成，34% 来自推荐第三方软件下载的佣金。

但"360"的免费策略改变了杀毒软件行业此前收费杀毒的业务模式，给杀毒软件行业带来了新的变化，一方面，用户普遍欢迎免费软件；另一方面，免费策略必然对长期从事收费杀毒模式的企业带来一定的冲击。与此同时，360 杀毒也"杀掉了"一些互联网企业的商业模式。

2006 年 7 月，奇虎一款免费软件"360 安全卫士"正式对外推出，专门扫描安装在用户电脑里的恶意软件，并且帮助用户卸载流氓软件。

当时成为一些互联网公司收入的一部分的"流氓软件"已经泛滥成灾，用户也需要一个工具来帮助卸载、清理各种流氓软件。360 安全卫士发布仅 2 个月，就有超过 600 万网民下载安装，每天卸载的恶意软件超过 100 万次。截至目前 360 安全卫士的累计用户量已经突破 4 亿，成为仅次于腾讯 QQ 的第二大客户端软件。

　　就在传统杀毒公司与"互联网大佬"的战场中，2011 年 3 月 30 日，奇虎360 公司正式在纽约证券交易所挂牌交易。"360 从来没有刻意与谁为敌。以往为了用户利益，360 多次冒'业界'之大不韪，向一切灰色利益和潜规则宣战。曾有许多人因为失去暴利而合伙报复 360，究其原因，360 打破了潜规则、挡了灰色利益的路。"周鸿祎曾说。这种打破，周鸿祎称之为颠覆式创新。"颠覆式创新"又叫破坏性创新，理论来源于克里斯坦森的创新者系列书籍，是创业者如何跟巨头作战的教科书。破坏性创新的核心是主动响应市场变迁。

　　周鸿祎认为，颠覆式创新并不是专门为 IT 企业或者为互联网准备的，"现在有一个不好的现象，就是把创新神话了，一说创新就是大企业要弄几个研究院搞大的项目、大的发明，更多定义成了创新一定是发明一个新玩意，发明一个别人没有做过的东西。"

　　创新就是即使没有发明一个新东西，但是能够利用一些技术，把一个很成熟的市场换一个思维来做，这也是创新。所有的颠覆和破坏都是用技术来解决两个问题，一种是用户体验的创新，一种是商业模式的颠覆。

　　"你能把原来收费的东西变得免费，这件事就能产生巨大的颠覆。实际上它就是通过让东西更好用，让东西更便宜，使得更多低端用户最后也能进入这个市场，最后让市场获得一个 5 倍或者是 10 倍基数的扩大。"周鸿祎表示。

聚焦和专注

　　从 2012 年以来，互联网对传统行业的颠覆在金融领域迅速发展，2020 年已硝烟四起，原来的电商各种"耍宝"式互联网金融产品密集上线，余额宝、全额宝、收益宝、活期宝、现金宝、易付宝、盈利宝等不一而足。尽管模式尚不成熟，但互联网金融还是吸引着各大巨头"遥相呼应"。

　　2013 年的"双十一"无疑成为互联网金融的一次"演练"。天猫"双十一"购物节首次推出以赚钱为主打的理财分会场，相关网页推出了 6 款"赚钱宝贝"，涵盖基金和保险，其中数款定制产品收益率高达 6％～7％。

　　不过，周鸿祎感觉还是"千军万马在过独木桥"，"如果互联网公司什么都干，也就失去创新的动力了，我还是希望中国互联网公司能够有更多的创新，能推出一些创新产品。"周鸿祎认为，中国的很多商业巨头是没什么创新的，"马云的支付宝做了多少年了，人家就是往这个目标走，走到互联网金融，还是顺理成章，但其他互联网巨头也觉得这是块大肥肉，冲进来，让人感觉不过是追随和抄袭，我倒觉得有的公司电商做得好，有的支付做得好，我们可以选择与他们合作，未必是自己去干，而要想做好事情，必须要做到极致，要做到极致，就必须要聚焦和专注。"

　　谈到 360 未来的"专注"，周鸿祎表示，还是将持续聚焦于安全，追求极致。在安全上，360 将会更专注，更聚焦。360 的使命是要成为中国乃至全球最大的互联网安全公司。在平台策略上，360 走开放和合作的道路。

　　2019 年福布斯全球亿万富豪榜排名第 452 位，财富值 43 亿美元。

　　2019 年 10 月，周鸿祎以 430 亿元人民币财富位居 2019 年胡润百富榜第 62 位。

2019 年福布斯中国 400 富豪榜排名第 63 位，财富值 335.9 亿元人民币。

2020 年 2 月 26 日，周鸿祎以 430 亿元人民币财富名列《2020 世茂深港国际中心·胡润全球富豪榜》第 357 位。

2020 年 5 月 12 日，周鸿祎以 385.9 亿元人民币财富名列《2020 新财富 500 富人榜》第 59 位。

思 考 题

1. 简述品牌形象的构成要素。
2. 简述品牌形象塑造的原则。
3. 简述国家品牌形象塑造的路径。
4. 简述地区（城市）品牌形象塑造的影响因素。
5. 简述政府品牌形象塑造的特征。
6. 简述企业品牌形象塑造的主要内容。
7. 简述个人品牌形象塑造的路径。

第十章 品牌体验

学习目标

1. 了解体验营销对品牌创建的影响；
2. 掌握品牌创建的体验营销实施工具；
3. 掌握顾客体验管理的步骤。

品牌管理

Brand management

20 世纪 90 年代后期以来，随着传统营销存在的不足日益显现和体验经济的到来，建立在心理学、社会学和美学等基础之上的真正以顾客为中心的体验营销思想日益流传开来。体验营销思想为品牌创建与管理提供了新的理论指导。本章先介绍体验营销对品牌创建的影响，然后详细阐述品牌创建的体验营销策略，最后阐述品牌创建的顾客体验管理。

第一节　体验营销对品牌创建的影响

一、体验的含义与类型

（一）体验的不同释义

作为人类自身存在和发展的一项基本活动，体验活动早已存在，但将体验作为一种主要的经济供给品来提供以满足人类社会发展的需要，还是在服务经济高度发达和体验经济到来之后的事情。今天，随着体验经济和体验营销的兴起，与体验有关的问题日益引起人们的关注。

那么，究竟什么是体验呢？对这个问题，人们有不同的认识。例如，我国《现代汉语词典》将"体验"解释为：①通过实践来认识周围的事物；②亲身经历。从这一释义不难看出，体验实质上是心理活动和实践活动的统一。

最早提出体验经济概念和思想的美国战略地平线 LLP（Strategic Horizons LLP）公司两位创始人约瑟夫·派恩（B. Joseph Pine）和詹姆斯·吉尔摩（James H. Gilmore）认为，体验是"使每个人以个性化的方式参与其中的事件"。因此，顾客购买体验，实际上就是花时间享受企业所提供的一系列值得记忆的事件。例如，游客逛迪斯尼公园，让游客流连忘返的不仅仅是消遣，更重要的是让游客参与一系列尚未展开的故事。由此，他们认为，在体验经济到来的今天，企业不仅可以提供产品和服务，而且还可以提供体验。在体验经济到来之前，企业提供的供给品都停留在顾客之外，而体验经济到来之后，企业提供的供给品——面向顾客的体验则可以将顾客融入其中。这是因为，无论是有形的商品，还是无形的服务，它们都是外在的，只有体验是内在的，可以将顾客融入其中。同时，从本质上来讲，体验是个人的，是来自个人的心境与事件（真实的、梦幻般的或虚拟的）的互动，存在于每个人的心中。没有两个人的体验是完全一样的。这也是体验经济不同于其他经济形态的重要区别之一。有鉴于此，约瑟夫·派恩和詹姆斯·吉尔摩进一步认为，"体验事实上是当一个人达到情绪、体力、智力甚至精神的某一特定水平时，他意识中所产生的美好感觉。"

体验营销的创始人伯恩德·H. 施密特（Bemd H. Schmitt）认为，"体验就是对一定的刺激（如售前、售后市场营销工作所提供的）作出反应而发生的个人事件"。"体验常常来源于对事件的直接观察或参与，不论这一事件是真实的、想象的还是虚幻的"。"体验通常不是自发而生的，需要诱导"。这就意味着，"为了让顾客获得所期望的体验，营销人员需要为顾客体验提供合适的环境和设施。"

从上述几方面的释义来看，体验基本上可以从 3 个方面来界定：①从心理学来看，体验作为一种心理活动，是个体对外部刺激所作出的内在反应；②从行为学来看，体验是一种亲力亲为的实践活动，既可以积极地参与，也可以被动地融入；③从经济学来讲，体验是一种经济供给品，是使每个人以个性化的方式参与其中的事件。

(二)体验的类型

由于体验的主体、体验的对象和体验的过程千差万别，由此，很难对体验作出统一的划分。但是为了加强对顾客的体验管理，有效地开展体验营销以创建品牌，有必要对体验的类型作进一步的了解。

从已有的研究成果来看，对体验类型的划分主要有这样几种思路：

1. 根据体验的环境不同进行划分

据此，美国著名的未来学家阿尔文·托夫勒(Alivin Toffler)认为，根据体验情境(模拟环境和真实环境)的不同，可以将顾客体验划分为两种类型：一是间接体验。所谓间接体验是指基于模拟环境的顾客体验。在模拟环境下，顾客身临其境地参与到企业预先安排好的活动中，从中体验冒险、奇遇、感性刺激和其他乐趣而无损于顾客的现实生活和名声。二是直接体验。所谓直接体验是指基于真实环境的顾客体验。在真实环境下，顾客除了有身临其境的体验外还将得到实质性的收获。

2. 根据体验活动中顾客的参与程度以及顾客与相关事件的关系情况进行划分

其中，顾客的参与程度可以分为主动和被动两种情况。所谓主动参与，是指顾客参与并直接影响体验的绩效，如滑雪，人们参与并创造自己的体验；所谓被动参与，是指顾客参与但不直接影响体验的绩效，如听音乐会，顾客只是地道的观众而已。同样，顾客与相关事件的关系也可以分为身心投入(mind absorption)和身体溶入(physical immersion)两种情况。所谓身心投入，是指体验浸入身心而引起自己的注意，如看电视，人们就很容易投入到故事情节中去；所谓身体溶入，是指顾客亲自参与到体验活动中去，然后投入其中，如玩游戏，玩一段时间之后，就会很投入。据此，体验经济的最早倡导者约瑟夫·派恩和詹姆斯·吉尔摩根据这两个维度 4 种因素的组合，把体验分为 4 种类型：①娱乐体验。即人们被动参与并身心投入的一种体验。它主要是通过感官来实现，如看电影、看演出、听音乐会、读书等。②教育体验。即人们主动参与并身心投入的一种体验(顺便一提的是，现在很多教育没有让学生主动参与其间)。③遁世(Escapist)体验。即人们主动参与并溶入其间的一种体验，是体验活动中主动性与溶入性最突出的一种体验，如逛主题公园、参加蹦极运动、登山旅游、网上冲浪等，人们极力想得到自己的体验。④美学(Esthetic)体验。即人们溶入其间但处于被动状态的一种体验，如参观美术馆、博物馆，观看大峡谷等，虽溶入其间，非常感慨，但只能是欣赏而已，不能对体验品有何直接影响。如果用一个字来概括这四种体验的差异，那就是娱乐体验重在"悟（sense）"；教育体验重在"学（learn）"；遁世体验重在"做（do）"；美学体验重在"赏（be there）。"可以说，对体验的这种划分，为我们理解体验经济提供了一把重要的钥匙。具体情况如图 10-1 所示。

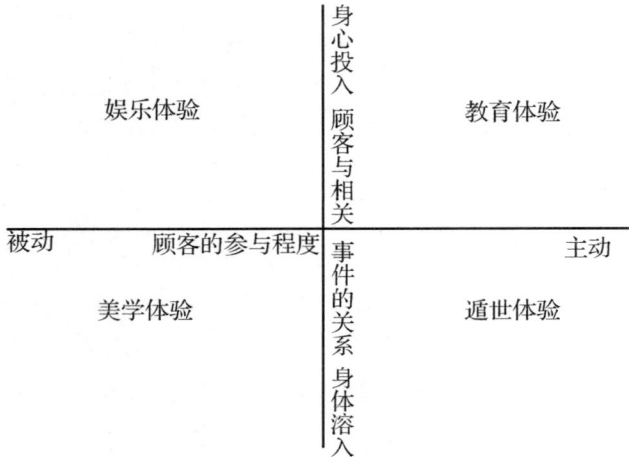

图 10-1　约瑟夫·派恩和詹姆斯·吉尔摩的体验类型图

3. 根据神经生物学中的人脑模块说，心理学和社会学的有关知识进行划分

据此，体验营销的创始人伯恩德·H. 施密特将顾客体验分为 5 种类型，它们分别是："感觉（sense）体验、情感（feel）体验、思考（think）体验、行动（act）体验和关联（relate）体验"。其中，感觉体验是指通过视觉、听觉、味觉、嗅觉、触觉而创造的体验；情感体验是指通过激发人们内心的情绪和情感而创造的体验；思考体验是指开启人们的智力而创造认知和解决问题的体验；行动体验是指通过增强人们的身体体验，向人们展示不同的做事方式、生活方式以及互动方式来丰富人们的生活；关联体验是指将个人与理想中的自我、他人或文化联结在一起而产生的体验。其中前 4 种体验主要是个体体验，后两种体验是群体体验，"行动体验"是个体体验与群体体验共有的体验。个体体验与群体体验共同构成全面的客户体验。具体情况如图 10-2 所示。

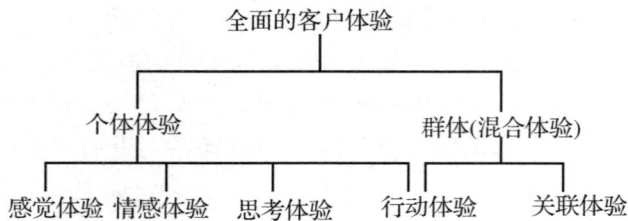

图 10-2　伯恩德·H. 施密特的体验类型图

4. 根据体验品的性质不同进行划分

我们可以把体验分为实体体验和虚拟体验。所谓实体体验，是指对现实世界中的真实性的商品和服务所经历的一种体验，如看电影、听音乐会、逛公园、参观美术馆、观看大峡谷等，都是对现实世界的一种体验；所谓虚拟体验，是指对现实世界和虚拟世界中的事物进行的一种主观性的体验，如玩网络游戏，人们可以根据自己的意愿和能力尽情地进行游玩，而实际情况并非如此。虚拟体验虽然具有虚拟性，但它可以增强人们对生活中出现的各种变化的适应能力，即便在意想不到的事件发生时，也不至于束手无策。因此，虚拟体验也很有价值。

5. 根据体验的分享性进行划分

我们可以把体验分为个体体验与群体体验。所谓个体体验，是指消费者独自享受的一种体验；所谓群体体验，是指消费者共同享受的一种体验。由于人们越来越追求个性化，因此，个体体验将成为最主要的一种体验。

二、体验营销的含义与特征

（一）体验营销的含义

自 20 世纪 90 年代体验营销的创始人伯恩德·H. 施密特提出体验营销新思想以来，体验营销的理论和实践在不断地发展。但是究竟什么是体验营销，伯恩德·H. 施密特并没有给出明确的定义。从他所著的 3 本代表作和相关论文来看，他所倡导的体验营销主要是针对以产品和品牌为中心的传统营销和品牌塑造理论而言的。在他看来，以产品和品牌为中心的传统营销和品牌塑造虽然也提倡以顾客为中心，但实质上还是以产品和品牌为中心，缺少对顾客的真正了解。因此，顾客不满意的现象到处可见，顾客对公司和品牌普遍缺乏忠诚度；而且他还认为传统营销和品牌塑造理论缺乏足够的理论基础。有鉴于此，他认为，如今以顾客为中心，不仅要生产高质量的产品，树立良好的品牌形象，这是公司最起码应该做的事情，而且还要关注顾客的体验，要善于开展刺激顾客感官、触动顾客心灵和激发顾客灵感的体验营销活动。如果说，企业的目标是创造顾客，那么，营销的目标就是创造有价值的顾客体验。并认为，以顾客为中心的体验营销是建立在神经生物学、心理学和社会学的理论基础之上，有强大的理论依据。由此，他在所著的《顾客体验管理：连接顾客的革命性方法》一书的前言中开宗明义地写道："体验营销为以顾客为中心而不是以产品为中心或以品牌为中心的思路提供了一个新的营销范式，并告知了经理们如何为他们的顾客创造各种体验"。

据此，体验营销是建立在神经生物学、心理学和社会学理论基础之上的新的营销理论，是一种真正以顾客为中心的营销思想，它是通过创造有价值的顾客体验来提高顾客对公司和品牌满意度与忠诚度的营销活动。

一些营销人士将自己的工作经历当作是体验营销进行宣扬实在是贻笑大方。此外，还有很多人将体验经济与体验营销混为一谈也是离题万里。如前所述，体验营销是相对于传统营销和品牌塑造理论而提出来的一种新营销思想，而体验经济则是从供给品升级的角度对人类社会的发展作出划分而界定出来的一种经济形态，是相对于农业经济、工业经济和服务经济时代而言的。因此，体验经济与体验营销是两个截然不同的范畴。只不过在体验经济到来之后，随着体验消费的不断增加，它比工业经济和服务经济时代更需要体验营销。因此，体验经济与体验营销虽有一定的联系，但二者相差甚远，切不可混为一谈。

(二)体验营销的特征

体验营销是相对于传统营销而言的，因此，要充分地把握体验营销的特征，有必要先了解传统营销的特征。

1. 传统营销的特征

按照体验营销的创始人伯恩德·H. 施密特的观点，传统营销是指"20世纪，尤其是近30年来营销学界、实践界和咨询人员所积累起来的营销学原理、概念和方法"。并认为，以产品为中心的传统营销理论概括起来主要有4大特征。

(1)关注产品的功能特色和功效。传统营销假定各类市场上的顾客都是根据对于他们的重要性来衡量产品的功能特色和评估产品特色的表现，并选择具有最高整体效应的产品。由于传统营销假定顾客根据产品的特色作出选择，因此，产品的特色被认为是一家公司所提供的产品不同于其他竞争对手产品的关键。传统营销认为，产品的功效是顾客所寻求的产品中所表现出来的绩效特征，例如，电脑产品的功效主要看它的速度和轻便性等。传统营销认为，产品的功效源于产品的功能特色，但是产品的功效与产品的功能特色并不是一一对应的关系，典型的情况是，产品的多种功能特色才能提供一种功效，例如，电视的清晰度就是屏幕大小、亮度和对比度等多种特色共同作用的结果。传统营销认为，由于顾客根据产品的特色和功效作出购买选择，因此，产品的生产者应根据顾客的不同强调产品的不同特色和功效。而实质上，在产品日益同质化的今天，强调产品的特色和功效是远远不够的，而且顾客也很难辨别。

(2)对产品的类别和竞争对手的界定比较狭窄。传统营销是从产品的特色和功效方面界定产品的类别和竞争对手，因此认为，只有提供同类功效的产品经营者才是竞争对手。例如，麦当劳和肯德基是竞争对手，因为它们提供类似的快餐，而必胜客和星巴克不是它们的竞争对手，因为必胜客和星巴克提供的产品与它们不同。很显然，这种观点过于狭窄，把很多竞争对手排斥在外。

(3)视顾客为理性的决策者。传统营销认为，顾客是理性的购买决策者，即顾客在购买产品的过程中，先搜集大量的产品和品牌信息，然后进行产品特色和功效的评估和比较，进而作出自己的理性选择，即选择具有最佳整体效应的品牌产品作为自己的购买对象。传统营销认为，顾客这一购买决策过程是一步一步按照程式来完成的，是非常理性的购买决策过程，因而顾客是理性的购买决策者。事实并非如此，就拿我们自己来说，我们的购买决策都是这样理性的吗？

(4)采用的方法是分析性的、定量性的和语言性的。传统营销主要采用分析性的、定量性的和口头性的方法和工具。譬如，利用回归分析预测顾客的购买行为和偏好，利用协整分析预测产品的价值，利用定位图找出不同品牌的定位，利用座谈会了解顾客的需求信息，等等。而事实上，我们知道，顾客的真实想法有时埋藏在内心的深处，是不可能通过这些方法和工具分析出来的。

　　从传统营销上述 4 个方面的特征来看，伯恩德·H. 施密特认为，传统营销实质上是一种特色和功效营销思想。今天，随着市场环境的变化，以产品特色和功效为核心的传统营销思想已经落伍，已经不能适应市场环境的变化，需要新的营销思想来指导营销和品牌创建工作。在伯恩德·H. 施密特看来，体验营销就是这一趋势的产物。

　　2. 体验营销的特征

　　伯恩德·H. 施密特认为，随着市场竞争的加剧，品牌重要性的突出，传播和娱乐的普及，以及信息技术的发展，顾客把生产具有特色和功效的高质量的产品和良好的品牌形象视为当然。他们更需要能够刺激感官、触动心灵和激发灵感的产品、沟通和营销活动；他们更需要能够与他们相关并且能够成为他们生活方式的产品、沟通和营销活动；他们更需要能够带来体验的产品、沟通和营销活动。尤其是新世纪到来之后，一家公司能够在多大程度上利用信息技术、品牌、整合营销传播和娱乐为顾客创造难忘的体验将是该公司屹立于全球市场的关键。正因为如此，像可口可乐 JBM、微软、索尼、耐克等世界最具价值的品牌公司，无不从传统营销理念中走出来开展体验营销以提升品牌。

　　那么，体验营销与传统营销究竟有何不同，体验营销究竟有哪些特征呢？体验营销的创始人伯恩德·H. 施密特认为，概括起来，与传统营销相比，体验营销具有如下 4 大特征：

　　(1)关注顾客的体验。如前所述，体验是个体对外部刺激所作出的内在反应。因此，在营销活动中，通过售前、售后等市场营销活动的刺激可以激发顾客的感官，打动顾客的内心和触及顾客的心灵。这样，通过顾客的体验，可以把顾客与公司、品牌紧密地联系在一起。公司为顾客设计体验的平台，不是为了给顾客提供产品的功能性价值，而是为顾客提供感觉、情感、思考、行动与关联的价值。由于体验是一种个性化的事件，是顾客心中的内在反应，每个人的体验各不相同。因此，在顾客需求越来越追求个性化的今天，要真正地满足顾客的需求，就必须重点关注顾客的体验。

　　(2)考虑整体消费情景。传统营销在考虑顾客消费时，往往只考虑单个产品的功效，因此，在顾客购买产品时，营销人员往往侧重于介绍不同品牌产品的不同功效以满足顾客的需要，而不从整体消费的角度给顾客推荐产品。例如，某顾客布置新家，到商店去购物，传统营销人员如果发现顾客家中缺少什么，就会推荐什么，而不管顾客购买产品之后，消费是否协调。体验营销则不同，它不考虑单个产品的功效，而是从整体上考虑消费的情景。例如，国内市场上流行的"成套家电消费"风潮就是体验营销的杰作。以往的家电消费往往是多品牌的简单拼凑，家里缺什么就补什么，而"成套家电消费"体现的则是售前、售后一体化的"同一品牌集团作战"。以海尔公司为例，该公司在国内率先推出成套家电消费概念，以海尔品牌统一运营，如今还打出"时尚生活、一站到位"的全新成套理念，从 5 个方面打造成套家电消费整体性概念：①成套设计。产品统一风格、统一标准。②成套展示。无论是网上还是卖场，产品都以成套的方式展示给消费者。③成套安装和成套送货。消费者在选择成套商品时可以选择海尔一站到位的服务。④成套服务。在服务过程中，只要一个电话，所有成套的解决方案都由海尔来提供。⑤成套升级。在成套家电产品中都留有网络接口，使人与家电、家电与家电、家电与外部环境有一个良好的沟通。

不难看出，海尔推出的成套家电消费概念，卖出的不只是产品及其组合，而是一份"套餐家电解决方案"。而我们的消费者在购买家电产品的过程中，关注的不仅仅是售中的服务，更关注使用过程中企业能够提供什么样的增值服务，能不能与公司保持一个后续的交流。海尔的成套家电消费理念不但提供了售前咨询，还解决了售中的服务，搭配设计，并提供售后服务，尤其是还考虑到了后期的升级改造。这一切正好满足了消费者的内心需求。因此，海尔推出成套家电消费概念之后，在国内家电消费领域很快形成了一股潮流。如今，海尔凭借自身的实力和品牌优势，可以为消费者提供从两件套到多件组合，从1万元到十几万元的1万种以上的成套解决方案。并根据消费者各方面的需求推出了 U-home 套餐、奥运套餐、分时套餐等不同品类，让消费者依据自己的需求自由选择不同系列的套餐产品。同时，针对房屋的不同户型，海尔还推出了家居套餐系列：一室精英套餐、两室精致套餐、三室精品套餐和别墅经典套餐。

可以说，"成套家电消费"是对传统家电经营的一次革命，也是体验营销对传统营销的一次革命。从顾客需求的角度来讲，"成套家电消费"为消费者提供了一种新的生活方式。随着工作压力的增大，工作时间较长，一些中高收入人群在工作之余越来越倾向于便捷的消费方式和"一站到位、一劳永逸"的贵宾式服务享受，以此来缓解工作带来的压力，而"成套家电消费"正好具有"省时、省心、省力"的竞争优势，可以满足这部分消费者的需求，因而目前许多消费者把"成套家电消费"这种便捷的消费和服务、个性化的选择空间、全程的享受看作是一种时尚。由此可见，体验营销提倡的考虑整体消费情景的理念能够更全面地满足顾客的需要。

此外，伯恩德·H.施密特还认为，考虑整体消费情景，还可以增强品牌的协同效应。同时还可以从两个方面拓宽营销思维：一是从横向上拓宽了产品类别的概念和竞争对手的范围。例如，传统营销将麦当劳看成是一家快餐店，麦当劳只与其他快餐店相互竞争；而体验营销则认为，麦当劳不只是一家快餐店，而是为顾客提供了一个在外消费的场所。也就是说，在体验营销看来，麦当劳已经从快餐消费类别扩大到在外消费场所这一更大范畴。如此一来，麦当劳就不仅仅与其他快餐店相竞争，而且与其他为顾客提供在外消费场所的相关企业都存在竞争关系。二是从纵向上拓宽了社会文化背景下的消费观念。譬如，随着人们对健康生活方式的不断关注，一向被认为是垃圾食品的快餐店就必须考虑这种社会文化背景下消费观念的变化。

不难看出，体验营销提倡的考虑整体消费情景的理念还可以拓宽经营者的视野，让他们发现更多的市场机会。例如，一向以整体消费情景理念为基础的宜家家具公司，就是通过体验营销拓展思路而发展壮大起来的。

(3)顾客是理性与感性的统一体。传统营销认为，顾客是理性的购买者，并且购买决策过程都是按照既定的程序来完成的。但是，从生理学、心理学的角度来看，顾客既是理性的，也是感性的。也就是说，顾客虽然经常作出理性的决策，但同样也会受到情感的驱使。因为，从顾客内心需要来讲，他们需要刺激、乐趣、情感上的触动和富有挑战性的创意。伯恩德·H. 施密特还认为，这些体验式的需求，是一个自然生长的过程，具有生物进化论的含义。从我们自身的经历来看也可以觉察得到，在很多情况下，我们的购买决策往往是随机性的和冲动性的，即感性的。因此，在营销活动中，不能只把顾客看成是理性的购买者，而应该将他们看成是理性与感性的统一体。

（4）采用的分析方法和工具是折中性的。传统营销了解顾客的需求，主要采用分析性的、定量性的和口头性的方法和工具。体验营销认为，这些方法和工具思维过于单一，应该采取多元和多变的分析方法和工具。例如，分析方法既可以是分析性的，也可以是定量性的；既可以是感性的，也可以是定性的；既可以是口头上的交谈，也可以是视觉上的观察；既可以是实地调研，也可以是试验室里的模仿。总之，分析方法和工具要因地制宜，要合理有效。也就是说，体验营销所采用的分析方法和工具是折中性的，而不是单一思维和教条式的。

3. 体验营销与传统营销的差异

从体验营销与传统营销的特征中我们不难看出，体验营销与传统营销有质的不同，具有很大的差异。概括起来，这些差异主要表现为 4 个方面：

（1）关注的焦点不同。传统营销注重产品的特色和功效，因此，被称为特色与功效营销；而体验营销则关注顾客的体验，因此，体验营销人员应该为顾客创造全面的客户体验。

（2）看待产品类别和竞争者的观点不同。传统营销看待产品的类别和竞争者的观点过于狭窄，只从产品的特色和功效方面去界定产品的类别和竞争者；而体验营销则从整体消费情景考虑顾客的需要，因而视野开阔，能够更好地满足顾客的需要。

（3）对顾客的认识不同。传统营销认为顾客是理性的，顾客的购买决策过程是一个理性的决策过程，按照既定的程式行事；而体验营销则认为，顾客既是理性的，也是感性的，是理性与感性的统一体。因此，体验营销更注重顾客的感官体验、情感体验等心理方面的需要。

（4）营销分析方法和工具不同。传统营销主要采用分析性的、定量性的和口头性的方法和工具，思维过于单一；而体验营销则认为，营销分析方法和工具应该多元和多变，只要合理有效就行。

从本质上来讲，传统营销是一种以产品特色和功效为中心的营销思想，因而是一种以生产者和经营者为中心的营销思想；而体验营销则是一种以顾客全面体验为中心的营销思想，是一种真正以顾客为中心的营销思想。

三、体验营销兴起的原因

自 20 世纪 90 年代体验营销思想产生以来，体验营销的理论和实践在世界各地广为传播。为什么体验营销思想能够如此广为流传呢？原因可能很多，但至少有两个方面：①传统营销存在的不足需要新的营销思想产生，而体验营销正好能够满足现实的需要；②体验经济的到来，为体验营销的传播起到了推波助澜的作用。关于传统营销所存在的不足，前面我们已经作了较多的分析，这里不再赘述。下面就体验经济的发展如何推动体验营销的兴起作必要的阐述。

可以说，体验经济的提出，为人类社会的发展指明了新的发展道路。

那么，到底什么是体验经济呢？根据体验经济的创始人约瑟夫·派恩和詹姆斯·吉尔摩的观点，体验经济就是指以服务为舞台，以商品为道具，以顾客为中心，以情感为纽带，通过创造让顾客能够亲自参与的各种活动，最终满足顾客体验需要的一种经济形态。

只要看一看现实，我们就不难发现，现在人们最想去的是旅游景点，最想玩的是娱乐，最想提高的是知识，最想逛的是购物中心与专卖店，最想买的是汽车，最想穿的是流行……因此，与很多产品市场滞销形成鲜明对照的是，旅游胜地、娱乐场所、网吧、学校、美术馆、购物中心、家电城、服装城、汽车卖场、时装店等生意却十分红火。为何会形成这种局面呢？这是因为这些地方不仅能够满足消费者对产品和服务的需求，更重要的是能够满足他们体验性消费需要，获得更高层次的享受和心理满足。

下面我们再对体验经济的兴起原因进行进一步的理论分析。归纳起来，体验经济的兴起主要有以下几个方面的原因。

第一，居民收入水平和需求层次的不断提高，要求经济供给品（economic offering）进行相应的升级。根据体验经济的创始人约瑟夫·派恩和詹姆斯·吉尔摩的研究，人类社会发展到今天，经历了农业经济、工业经济、服务经济和体验经济 4 个时代。在农业经济时代，受收入水平和需求层次的影响，农产品是满足人们生存需要的主要经济提供品；在工业经济时代，工业品是满足人们生存和发展需要的主要经济提供品；在服务经济时代，服务成了满足人们生存和发展需要的主要经济提供品；尔后，随着收入水平的不断提高和需求层次的不断上升，商品和服务作为经济提供品已不再能满足人们享受和发展的需要，人们需要更加个性化的消费来实现自我，而体验消费就是满足这种需要的最好形式，于是体验就成了继服务经济之后的主要经济提供品，从而将人类带到了体验经济时代。在他们看来，这种经济提供品的演进过程，具有明显的自然性。就像母亲为孩子过生日准备生日蛋糕的进化过程一样。在农业经济时代，母亲是拿自家农场的面粉、鸡蛋等材料，亲手做蛋糕，从头忙到尾，成本不到 10 元。到了工业经济时代，母亲到商店里，花 50 元钱买混合好的盒装粉回家，自己烘烤。进入服务经济时代，母亲是向西点店或超市订购做好的蛋糕，花费 100 元钱。到了今天，母亲不但不烘烤蛋糕，甚至不用自己费事办生日晚会，而是花 500 元，将生日活动外包给一些公司，请他们为孩子筹办一个难忘的生日晚会。

同时，从供给的角度来看，作为供给者，谁能够最先把握这种提供品的演进过程，谁就会在市场竞争中处于越来越有利的位置，从而可以得到更多的回报。这是因为经济提供品的这种演进过程，是经济提供品从无差异到不断差异化的过程。而众所周知，产品的差异化，是市场竞争者的利器，产品差异化越大，竞争者获得的回报就越多。这种趋势在发达国家表现得较为突出，因此，体验经济在发达国家最先得以提出和形成。这种思想提出之后，在我国也引起了人们越来越多的注意，更可喜的是，国内一些企业开始朝着这个方向制定了企业新的发展战略。

第二，新技术的巨大发展，为体验需要的到来提供了强有力的技术支撑。新世纪到来之后，一个最大的变化就是高新技术的巨大发展。具体表现为以信息技术、网络技术、通信技术以及生物技术为主的新技术不断取得巨大的发展。尤其是信息技术和网络技术的发展已经到了无处不在和无所不能的地步。数字化生存已经不再是预言和梦想，今天任何能用数字转换的东西都可以被数字化。你可以通过任何媒体（文本、声音、图像等）向任何地方、任何人（真实的或虚拟的）收发信息；你也可以通过信息技术和网络技术制作你需要的任何东西，而这一切，为人们分享生活中的体验和设计体验的舞台提供了强有力的技术保障。从心理上来讲，一般地，人们希望体验既要兴奋、刺激，但同时又要安全可靠，而网络上的各种体验，正好可以满足这两个方面的需要。因此，在体验需求中，在线娱乐、数字娱乐等网络娱乐业目前成为体验需求发展最快和最核心的部分。同时，这也是为什么体验营销在IT行业最先引起注意并得到共鸣的原因。无怪乎，微软开发的XP（体验产品）、惠普提出的全面客户体验（Total Customer Experience，简称TEC）以及联想集团提出的"全面客户导向"迅速得到IT界的认同。当然，体验需要远不仅限于IT界和娱乐业，但网络娱乐业和新技术的快速发展，可以说是导致体验需求得以迅速传播的直接原因。

第三，市场竞争的不断加剧，为体验需要的到来添加了催化剂。竞争历来是人类社会和经济发展的动力。随着竞争层次的不断升级，如何开发客户、保留客户和赢得客户比任何时候都显得更为重要。为了应对市场竞争和寻找市场突破口，在提供服务已经不能够满足客户需求的情况下，尤其是免费服务难以满足客户需要的条件下，"客户体验"便成为各厂商的共同诉求，并很快从发达国家传入发展中国家。

第四，闲暇时间的增多，为体验需要的到来提供了必要条件。当今世界，一方面随着信息技术等新技术的不断发展和市场竞争的不断加剧，人们为了抓住机会和赶上潮流，比以往任何时候都珍惜时间。但另一方面，人们的闲暇时间比以往任何时候都要多，尤其是在发达国家表现最明显。据美国《时代》杂志报道，目前美国人有1/3的时间用于休闲娱乐，有2/3的收入用于休闲娱乐，有1/3的土地面积用于休闲娱乐。发达国家将进入休闲娱乐时代，新技术和其他发展趋势可以让人把生命中一半的时间用于休闲娱乐；休闲娱乐业的产值将占美国国民生产总值一半的份额。而在休闲娱乐中，体验消费无疑是意义最丰富的一种消遣方式。这种情况，我们可以从网络娱乐业、旅游业等体验消费的快速增长中得到感悟。由此可见，闲暇时间的增多为体验经济的发展提供了必要的条件。

第五，自我实现或享受的需要。马斯洛的需要层次论认为，人的需要可以分为生理的需要、安全的需要、归属的需要、尊重的需要和自我实现的需要5个层次，并且，这5个层次的需要是逐级提高和不断得到满足的。在今天的社会中，由于各方面条件的极大改善，第5层次的需要日益强烈。人们追求全面发展、充分发挥潜能、实现所能实现的一切的需要已不再是空中楼阁，望尘莫及，而是实实在在。这可以从教育、嗜好、运动、度假、美食、博物馆参观等需求旺盛中得到体现。这里，人们所追求的自我实现、追求的自由，实际上就是追求一种好的体验。在心理学上，把这种对生活的最好体验和享受，称之为"流（Flow）"。这种"流"的质量标准就是我们常常听得到的"爽""酷""帅呆了""棒极了"。这也是为什么今天的人们比以往任何时候都更加追求流行和时尚；这也是为什么今天的商家觉得消费者越来越缺少理性，而易于冲动。据说，在以色列有一家名为"真假咖啡店"的咖啡店，店里没有任何真正的咖啡，但是穿戴整齐的侍者仍有模有样地装作为客人倒咖啡、送糕点，让消费者体验到在咖啡厅交朋友、谈天的社交体验。虽然服务员送来的杯子、盘子里空无一物，但是每位顾客平常要付3美元，周末要付6美元。乍听起来，真有点天方夜谭，但据说生意还不错。这种"流"藏在每个人的心理，有它的存在，就会有体验的需要，一旦条件成熟，它就会喷发出来。

面对体验消费的兴起和体验经济的来临，企业要想吸引顾客，在竞争中立于不败之地，更加需要具备体验营销思想。

值得指出的是，体验消费与体验经济的兴起，不是体验营销产生的根本原因，它只是起到了推波助澜的作用。在工业经济和服务经济时代，当以产品为中心的传统营销理论不能满足市场需要的时候，都可以利用体验营销的思想开展营销活动和品牌创建。

四、体验营销对品牌创建的影响

从体验营销的含义和特征中可以看出，体验营销是一种真正的以顾客为中心的营销。加之，体验需求已经成为一种趋势、一种时尚，它能够更好地满足顾客的需要，因此，在市场竞争越来越激烈和体验经济来临的今天，以顾客为中心的体验营销对创建强势品牌将起着越来越重要的影响。通过体验营销可以提高顾客对品牌的满意度、忠诚度与亲和力。

传统营销认为，提高顾客对品牌的满意度和忠诚度是塑造强势品牌的关键，而要提高顾客对品牌的满意度和忠诚度，关键在于提高产品的质量、增加产品的特色和功效。如前所述，这种观点已经越来越不适应当今时代的需要。此外，传统营销中主张的以产品为中心的顾客满意和顾客忠诚理念也难以从根本上满足顾客的需要，因而也不利于品牌的创建。

首先，以产品为中心的顾客满意理念往往只注重结果，而不注重过程，因而不能真正地满足顾客的需要，从而不利于强势品牌的创建。这是因为，满意是一种结果，它缺乏对顾客全面体验的考虑。因此，即使顾客对某种结果满意了，顾客也不一定会增强对公司和品牌的忠诚。例如，你在商店购买一种产品，回家使用之后发现产品并不像广告宣传的那样好，而且有一些缺陷，于是你拿到商店要求退货或更换。假定在退货或更换的过程中，有这样两种情况：一是商店很快并很乐意地为你进行退货或更换。无论是退货或更换的过程，还是退货或更换的结果，你都比较满意。如果这样，这种事情的发生也许会增强你对该商店的好感。另外一种情况是，你需要几经周折，先要找商店柜台组组长，然后再找楼面经理，最后再找主管经理。经过你的一番极力解说，主管经理同意你的退货或更换要求，你的目的达到了，你对这一处理结果也很满意，但是这一退货或更换的过程，你满意吗？毫无疑问，对你来讲这是一次糟糕的体验。尽管你对这一处理结果也很满意，但是你对该商店和该产品品牌可能早就没有了好感。这样一来，下次你还愿意来该商店购买该商品吗？

显然，从以上两种情况的处理结果来看，你都比较满意，因为你所关心的产品问题都解决了。但是由于处理的过程相差很大，体验的过程很不相同，结果你会对该商店形成两种截然不同的态度。由此可见，以产品为中心和以结果为标准的顾客满意理念不能从根本上解决顾客的需要。如果能够考虑顾客体验的因素，则可以更好地将顾客与公司、品牌紧密地联系在一起。

其次，以产品为中心的顾客忠诚理念往往注重于销售产品，而不注重于顾客关系的建立和情感上的交流，因而不能真正地打动顾客，从而不利于强势品牌的创建。随着市场竞争的加剧，如何保留老顾客，增强顾客对品牌的忠诚度，已经越来越被经营者所关注。因为大量的研究成果表明，吸引一个新顾客是保留老顾客成本的 6 倍。与此同时，顾客的忠诚度提高 5%，可以为公司增加 30%～85% 的利润。因此，提高品牌的忠诚度成为众多企业创建强势品牌关注的重心。但是，长期以来，很多公司在提高品牌的忠诚度方面，实际上是以产品销售为中心，希望通过一些营销活动，吸引顾客的注意，然后期望顾客今后能够多次购买公司的产品。例如，目前比较普遍的做法是搞会员卡，希望通过办理会员卡留住老顾客。实际上，大多数会员卡并非忠诚卡，而是促销卡，一般顾客都可以得到。因此，虽然顾客手中的卡很多，但真正忠诚某种品牌的顾客却很少；而且目前国内外市场上还出现了品牌忠诚度下降的趋势。之所以如此，就是因为很多公司在提高品牌的忠诚度方面，实际上是以产品销售和交易为中心，而非以顾客为中心，没有想方设法与顾客建立长久的关系和情感联系，因此，大多数顾客往往都是习惯性的购买者，而非真正的品牌忠诚者。而要与顾客建立长久的关系和情感联系，关键在于为顾客创造一系列具有价值的、独特的、难忘的体验。

由此可见，体验营销为创建强势品牌指明了新的途径。

第二节　品牌创建的体验营销策略

一、品牌创建的体验营销战略基础

如前所述，体验是复杂的，同时又是多种多样的。其中，体验营销的创始人伯恩德·H.施密特在人脑模块学说的启发下，将顾客的体验分为 5 种不同的类型，即感觉体验、情感体验、思考体验、行动体验和关联体验，并把每种不同类型的体验看成是战略体验模块(strategic experiential modules，or SEMs)。这些战略体验模块就构成了体验营销战略的基础，它们都有自己固有而又独特的结构和过程。值得指出的是，顾客的品牌体验往往不只是体验其中的某一种，而是两种或多种体验的混合。例如，一提到沃尔沃，人们首先想到它的安全。而如今，沃尔沃不仅给人以安全的思考体验，而且从外观上看，很流畅，从内饰上看，很精致，给人一种感官上的美好体验。同时，它那煽情的广告，如"那些把激情带入生活中的人，生活一定会充满激情""不仅激情澎湃，而且宁静祥和"等广告词，给人以情感的体验。一般来说，顾客对品牌的多种体验比单一的体验，更能够让品牌给顾客留下难忘的记忆。因此，要创建强势品牌，最好努力创造一种同时能够包括感觉体验、情感体验、思考体验、行动体验和关联体验在内的全面的顾客体验。

二、品牌创建的体验营销实施工具

按照伯恩德·H. 施密特的观点，体验营销的实施工具也可以称之为体验媒介（experience providers，or ExPros）。体验媒介就是营销人员创造感觉、情感、思考、行动及关联体验的战术实施工具。通常地，体验媒介主要包括传播、视觉与语言识别、产品展示、品牌联合、空间环境、电子媒体与网站以及人员媒介等7个方面。下面对这些体验媒介做进一步的阐述。

（一）传播媒介

传播媒介主要包括：广告、公司内部与外部传播载体（如目录杂志、宣传册、新闻简报、公司年报、公司车辆、公司服装、公司名片、公司论坛等）以及品牌化的公共关系活动等。其中，广告是公司运用最多的传播媒介。如今，随着顾客与公司品牌接触点的增多，公司要创建强势品牌，不仅要充分利用广告这一传统传播媒介，还要充分利用前面提到的公司内部与外部各种传播载体，从不同的角度给顾客留下难忘的体验。

（二）视觉与语言识别媒介

视觉与语言识别媒介主要包括：品牌名称、品牌标识等。品牌名称和品牌标识是引导顾客对品牌产生感觉、情感和思考体验的重要工具。因此，企业创造强势品牌，应该充分利用视觉与语言识别媒介。

（三）产品展示媒介

产品展示媒介主要包括：产品设计、产品包装、产品陈列以及体现包装与卖点的品牌特性等。例如，飞利浦剃须刀的人性化设计，让男士们体验到剃须的舒适；德芙巧克力精美的包装，让孩子们一见到它就垂涎三尺；耐克专卖店整齐的产品陈列，让耐克的爱好者们兴奋不已，看了就想购买；芭比娃娃所展现的时尚个性，让拥有芭比娃娃的女孩子们总想再多拥有一个。

（四）品牌联合媒介

品牌联合媒介主要包括：事件营销、品牌赞助、品牌联盟、品牌特许、电影中的产品展现以及其他形式的合作安排等。例如，可口可乐长期成为奥林匹克运动会的顶级赞助商，为可口可乐连续多年荣登世界最具价值 100 品牌之首作出了不可磨灭的贡献。因为按照奥林匹克运动委员会的规定，一个品牌要想成为奥林匹克运动会的顶级赞助商，必须是该行业中的佼佼者，而且一个行业原则上只能允许有一个顶级赞助商。由于如此，一旦某个品牌成为奥林匹克运动会的顶级赞助商，就会让人们联想到这个品牌非同一般。而自 1928 年以来，可口可乐一直是奥林匹克运动会的顶级赞助商。一个品牌能够做到这种程度，还能不引起世人的瞩目？还能不引起世人的联想？还能不得到世人的喜爱？因此，可以说，从某种程度上来讲，是奥林匹克运动会成就了可口可乐，让可口可乐名扬天下。

随着经济全球化与一体化的不断加强，行业之间、企业之间合作的形式越来越多，品牌联合的重要性日益突出。如今，品牌联合已经成为创造顾客全面体验的重要媒介。因此，企业创造强势品牌，应该充分利用品牌联合这一媒介。

（五）空间环境媒介

空间环境媒介主要包括：公司建筑物、办公室、工厂、零售店、公共场所以及商展摊位等。从某种程度上来讲，空间环境能够有效地反映公司品牌文化和给顾客留下难忘的体验。因为空间环境能够直观地表现品牌文化的内涵，是顾客能够直接体验品牌文化的场所。例如，麦当劳快餐店干净的就餐环境，让顾客体验到了温暖的服务和家的感觉。又如，随着零售市场的激烈竞争，很多零售企业已经从注重价格竞争转向注重空间环境的改善和商品的布局，以便让消费者在轻松的环境中购物，体验到家的感觉，让顾客的每次购物都变成难忘的体验。

（六）电子媒体与网站媒介

电子媒体主要包括模拟信息的电子媒体和数字电子媒体两大类，前者如录音磁带、录像带、电视等，后者如 VCD、DVD、计算机等。网站媒介主要包括网络动画广告、聊天室、BBS 留言板、网络商店、电子邮件等。随着信息技术的快速发展，尤其是互联网技术的突飞猛进，电子媒体和网站为公司创造全面的顾客体验提供了理想的舞台。例如，顾客去可口可乐或麦当劳公司网站，可以体验到可口可乐或麦当劳全新的世界。

（七）人员媒介

人员媒介主要包括：公司管理人员、职员以及任何与公司品牌相关的人。从某种程度上来讲，人员媒介是公司创造顾客体验最重要的提供者。因为不管是现实的体验，还是虚拟的体验；是单个的体验，还是全面的顾客体验，最终都要靠人员来完成。因此，人员媒介可以说是公司创造顾客体验最重要的提供者。为此，要创造难忘的顾客体验，必须要有一流的管理人员和高素质的员工。例如，一个态度和蔼可亲、专业知识丰富的汽车销售人员；一个面带笑容的、落落大方的、善解人意的化妆品专柜小姐，可以使顾客把一种简单的交易变为一次完美的体验。

值得指出的是，上述各种体验媒介都可以用来创造感觉、情感、思考、行动及关联体验。也就是说，每种体验并不限定使用某种体验媒介。

三、品牌创建的体验营销策略

（一）感觉营销策略

1. 感觉营销的含义与目的

感觉营销是指通过体验媒介，诉诸 5 种感官（视觉、听觉、触觉、味觉与嗅觉）创造顾客体验的营销活动。感觉营销的战略目的就是通过感官刺激为顾客提供美的享受和心理满足，从而实现品牌的差异化，激起顾客购买品牌的愿望和传递品牌的价值。

在产品越来越同质化的今天，为了创造品牌的差异化，吸引顾客的注意，一些成功的品牌利用感觉营销创造了奇迹。如，我国近年成长起来的白酒品牌水井坊，被誉为中国白酒第一坊，现已成为中国高档白酒品牌的强势品牌。该品牌的迅速崛起，虽然有多种原因，但是可以说其精美的包装给消费者留下了深刻的印象，从而为其成功作出了巨大贡献。

2. 感觉营销策略

按照伯恩德·H. 施密特的观点，感觉营销策略实际上可以简单地概括为 S－P－C 模式，即通过感官的刺激（stimuli）—让顾客体验其中的过程（process）—最后达到赏心悦目的结果（consequence）。

在这个模式中，感官刺激非常重要，因为它是感觉体验的源泉。为了达到刺激的效果，需要巧妙运用感觉营销的媒介。而要巧妙运用感觉营销的媒介，需要把握感觉营销的基本要素、风格和主题。感觉营销的基本要素与 5 种感官密切相关，如色彩、形状与视觉相关，声音、音调与听觉相关，原料和质地与触觉相关，等等。感觉营销的风格是指感觉形象中独特的、持续的与一致性的品质。例如，开设在世界多个国家的沃尔玛购物广场，其商品陈列的风格，就让顾客想到了它的天天平价的经营理念。感觉营销的主题是指那些能够表达品牌内涵和意义的信息，它是品牌的精神支柱和顾客记忆的线索。通常以品牌名称、品牌象征物、宣传口号、广告语等表现出来，以唤起顾客的感觉印象。

（二）情感营销策略

情感营销是指通过体验媒介为公司和品牌附加一定的情感的营销活动。

例如，国内著名的日用品公司上海家化集团旗下的佰草集化妆品有限公司不仅以强烈的终端视觉效果吸引了无数顾客，而且以真诚、耐心的服务态度，丰富的知识与亲切的护理指导，让顾客感受到朋友般的关怀和呵护，使得其推出的中国第一套完整意义的现代中草药系列护理产品"佰草集"上市之后，一直受到顾客们的欢迎。其倡导的朋友式服务打动了很多忠诚顾客的心，尤其是公司推出的会刊"佰草心语"让无数忠诚的顾客爱不释手，因为他们从中感受到了心的交流和爱的温暖。如今佰草集的体验营销已经使"佰草集"品牌日渐深入人心，并走向国际市场。

　　情感营销的目的就是吸引顾客内心的心情与情绪而创造出难忘的情感体验。要让顾客享受到难忘的情感体验，首先必须了解顾客内心的心情与情绪。从心理学上来讲，心情是一种不确定的情感状态，通过刺激，可以产生不同的心情。如果在营销活动中，刺激运用得当，并且出乎顾客的意料，可以起到很好的营销效果。例如，在顾客用餐前送上一盘点心，用餐后送上一碟水果，会使顾客的心情高兴许多。尔后，顾客光临该店的机会将会增加很多，甚至通过口碑宣传，带动更多的顾客光临此店。

　　与心情不同，情绪是一种强烈的、有着明确刺激的情感状态。从心理学上来讲，情绪分为基本情绪和复合情绪两种。其中，基本情绪是我们情感世界中的基础部分，但只占情感世界中的很少比例。它又分为积极的情绪与消极的情绪两种。前者如快乐、幸福；后者如生气、悲伤。心理学研究表明，尽管世界之大，但是人类的基本情绪却极其相似。因此，在全球营销创建品牌的过程中，要特别注意利用基本情绪进行沟通和交流。复合情绪是基本情绪的混合物与集合体，例如，怀旧就是一种复合情绪，人们对老字号品牌的偏爱和留恋，就是怀旧情绪的一种表现，老字号品牌应该充分利用这种强烈的情感。由于复合情绪多种多样，因此，相比较而言，在营销活动中，人们更多地利用复合情绪开展营销活动。

　　从心理学的研究成果来看，不管是基本情绪，还是复合情绪，一般来说，主要受3个方面因素的影响：一是事件；二是介质，如人、机构、情境；三是物体。如果一个人关注的是事件，那么他可能对事件的结果感兴趣；如果一个人关注的是介质，那么他可能对行为感兴趣；如果一个人关注的是物体，那么他可能对物体的某种特征感兴趣。由此可见，情绪主要是针对某一方面因素而产生的。针对事件而产生的情绪反应有快乐和痛苦、开心和怨恨、满足与害怕、信任与失望，等等；针对介质而产生的情绪反应有：赞赏和责备、骄傲和羞耻，等等；针对物体而产生的情绪反应有：喜欢与厌恶、爱与恨，等等。其中，针对事件而产生的情绪反应最具有差异化。

　　在情感营销策略中，如果把"消费情境"当作"事件"，把"公司"或"代言人"当作"介质"，把"产品"或"品牌"当作"物体"，当顾客进入消费情境，消费公司的产品或品牌时，就会产生上述各种各样的情绪，体验不同的情感。

　　已有的研究成果表明，在消费情境中顾客产生的情感最强烈。这是因为，大量的消费情境都与情感联系在一起，例如，逛商店、到饭店聚餐、开车约会、去影院看电影，这些都与积极的情感联系在一起。因此，在消费过程中顾客容易产生强烈的情感。然而，长期以来，很多营销人士认为，培养顾客的情感主要通过广告来达到，因此，打造品牌，尤其是提高品牌的忠诚度，主要靠广告的投入。而实质上，在广告中培养顾客的情感远远逊于在消费过程中增强顾客的情感。因此，利用情感营销创建品牌，必须充分利用消费情境。

当然，情感性的广告在短期内也能够起到一定的效果，让顾客产生情感性的体验。例如，孔府家酒情感性的广告"孔府家酒让人想家"，让在外的游子对父母、对家乡产生了无限的思念之情。这一情感性的广告让孔府家酒一度名扬天下。但由于缺乏真正的品质和真实的情感，孔府家酒最终还是好景不长。因此，为了让情感性的广告能够产生长期的效果，最好是制作一些顾客在消费过程中真心实意激发出来的情感性的广告，即体验式广告，以打动顾客的心，激发顾客的情感。

（三）思考营销策略

1. 思考营销的含义与类型

思考营销是指通过体验媒介开启人们的智力和思维，为顾客创造认知和解决问题的体验营销活动。例如，联想品牌的广告词"人类失去联想，世界将会怎样"，一语双关，开启了消费者的想象世界，让无数消费者记住了联想这一品牌。思考营销的目标就是鼓励顾客创造性地用心思考，从而对公司和品牌产生新的认识。

而要鼓励顾客创造性地用心思考，首先需要了解人们思考问题的方式。心理学家告诉我们，人们的思维方式多种多样，可以从不同的角度进行划分。其中，根据思维活动探索目标的方向不同，可以将人类的思维方式分为两种：一种是收敛性思维；另一种是发散性思维。这两种思维方式是思考营销常用的策略。所谓收敛性思维，又称集中思维或求同思维，它是在大量创造性设想的基础上，通过分析、综合、比较、判断、选择最有价值的设想的一种思维方法；它是一种有方向、有范围、有条理的思维方式；是人们根据已知的信息，利用熟悉的规则解决问题，得出逻辑性的结论。例如，在营销活动中，营销人员一口气说出顾客应该购买某种产品的理由，就是运用收敛性思维方式，鼓励顾客购买公司的产品。发散性的思维是指人们根据当前问题给定的信息和记忆系统中储存的信息，沿着不同的方向和角度思考，从多方面寻求多样性答案的一种思维活动。例如，联想品牌在国际化的过程中，由于旧有的名称和标识在世界上多个国家出现雷同的现象，于是不得不推出新的品牌标识。联想集团推出了的品牌标识 Lenovo，其内涵有 4 个方面：一是诚信；二是优质专业服务；三是创新有活力；四是容易。联想集团就是利用发散性思维方式，让顾客对联想品牌的新标识产生丰富的联想，从而增加对联想品牌新的认识。

思考营销可以分为指导性思考营销和联想性思考营销两大类。其中，指导性思考营销，就是营销人员要明确地告诉顾客，面对选择，应该如何思考。这类思考营销，营销人员需要运用收敛性思维，面对顾客的问题提供有益的指导；联想性思考营销，就是营销人员要引导顾客对公司和品牌产生一系列积极的联想。这类思考营销，营销人员需要运用发散性思维，让顾客从不同的角度对公司和品牌产生美好的想象。由此可见，要有效地开展思考营销，需要深入了解人们思考问题的方式。

如前所述，思考营销的目标就是要鼓励顾客创造性地思考公司与品牌，而要达此目的，就要综合地利用上述两种思维方式。这是因为，20世纪初，德国的心理学家通过实验研究发现，创造性地解决问题通常包含4个阶段：分析性准备阶段；孕育阶段；明朗阶段；验证阶段。其中，第一、第四阶段需要利用收敛性思维来解决，第二、第三阶段需要利用发散性思维来解决。由此可见，要创造性地解决顾客所存在的问题，让顾客对公司和品牌产生创造性的思考体验，需要综合地利用上述两种思维方式。

2. 思考营销策略

对创建品牌来讲，思考营销成功的关键在于引导顾客关注并专注于该品牌。而要达此效果，需要运用一定的思考营销策略。从实际情况来看，成功的思考营销一般可以采取以下3种策略：

(1)让顾客产生惊奇。之所以如此，是因为让顾客产生惊奇，可以有效地刺激顾客创造性地思考问题。那么，如何让顾客产生惊奇感呢？简单而言，就是超越顾客的期望，让顾客得到的东西比他期望得到的东西更多更好，甚至是一种顾客完全没有想到的东西。如果这样，就一定会让顾客惊喜万分。当然，带给顾客的这种惊奇应该是正面的而非负面的。而顾客一旦产生惊奇感，就会引起他对这种惊奇的思考。如，青岛啤酒新近推出的时尚广告："激情成就梦想"，让无数的消费者对青岛啤酒这个百年品牌产生了无限的遐想。

(2)激发顾客的兴趣。激发顾客的兴趣，就是要通过体验媒介激发顾客的好奇心。这一步比让顾客产生惊奇又进了一步。这是因为，顾客产生惊奇，只是在超越期望的情况下对事物本身作出的一种反应，往往局限于事物本身；而激发顾客的兴趣，可以超越事物本身，可以在现有事情的基础上，引导顾客进行更多的联想。例如，可以让顾客思考为什么会是这样？接下来会是怎样？将来会是怎样？这样引导，顾客也许会对出现的事情感到迷惑，但一旦他们的兴趣被激发出来，顾客就可能会着迷不已。例如，前面提到的我国百年老字号品牌青岛啤酒，长期以来给人一种稳重的感觉，其在广告宣传中，一直强调产品的品质。近年来，为了创建世界级的品牌，借赞助北京奥运会的契机，新近推出了时尚广告："激情成就梦想"，让无数的消费者对这个百年老字号品牌产生了无限的遐想，引起了很多人的兴趣。人们在想，青岛啤酒下一步采取哪些措施让消费者在激情体验中成就梦想？青岛啤酒如何让自己真正成就梦想，成为世界级的大品牌？

由于每个人的知识水平、经历和观念各不相同，因此不同人的兴趣点也不一样。为此，要激发更多顾客的兴趣，品牌经营者应该选取一些具有广泛兴趣的问题来引导顾客。譬如，带有哲理性的、抽象性的、热点性的问题，就是很好的兴趣点。例如，世界著名的电脑公司美国苹果公司，计划在市场上推出一种麦金塔（Macintosh）个人电脑与IBM公司生产的个人电脑相竞争。当时，IBM一直是电脑生产厂家的领头羊，其品牌在市场上处于强势品牌的地位，尤其是其生产的个人电脑进入市场虽晚，但已经取代苹果公司成为市场上新的霸主。为了夺回失去的市场地位，为了打破市场垄断，为了让电脑进入寻常百姓家，苹果公司选择了一家名为Chiat/Day的广告公司为其麦金塔个人电脑做广告宣传。因为这家广告公司常有好的创意而有口皆碑。该公司在充分理解苹果公司意图之后，根据英国著名小说家奥威尔的恐怖小说《一九八四》(该小说描述了受残酷统治而失去人性的社会)的主题为苹果公司麦金塔个人电脑创作了这样一则耗资 40 万美元的广告。在广告中，一名主管正在对着一群僵尸般的听众演讲。这暗示着 IBM 对电脑市场的垄断，让人想起《一九八四》里的垄断统治。然后一名女运动员手持木棒，飞速跑过通道后奋力将木棒砸向大屏幕，摧毁了统治头目。在大屏幕散落成一地的玻璃碴时，画外音如从天际般传来："隆重推出麦金塔个人电脑，有了它，1984 将不会是《一九八四》。"这则广告播放出来后立刻引起了人们的极大的兴趣和思考。几秒钟之后，苹果公司、Chiat/Day 广告公司和哥伦比亚广播公司就接到了电话，问这则广告是什么意思？后经过众多媒体的报道，苹果公司的品牌核心价值理念深入人心，苹果公司的创新性得到了顾客的认同，苹果公司也因此而名声大振。这则广告如此戏剧般地打动人心、震撼人心，以至于当它出现在苹果公司销售会议的现场大屏幕上时，全场人员热烈鼓掌和交口称赞达 15 分钟之久。

(3)进行挑衅营销。所谓挑衅营销，就是运用体验媒介，让顾客参与到有关问题的讨论或争论中来，从而对品牌产生更大的兴趣和思考。

如前所述，体验媒介多种多样，为了有效地开展思考营销，除了利用广告传播这一体验媒介以外，还要充分利用其他体验媒介，让顾客创造性地思考公司和品牌。

(四)行动营销策略

1. 行动营销的含义

行动营销是指通过体验媒介，为创造顾客各种各样行动体验的营销活动。顾客的行动体验主要包括身体体验、生活方式体验与互动体验等。行动营销的目的就是通过增加顾客的行动体验，向顾客展示不同的做事方式、生活方式，并增加他们之间的互动。顾客的行动体验既可以是自发的，也可以是激发和引导出来的，还可以是互动产生出来的。因此，顾客的行动体验是多种多样的。

2. 行动营销策略

(1)身体体验营销策略。身体体验是行动体验中最基本的组成部分，其主要体验媒介包括人体、机械行动、肢体语言等。其中，人体本身是个丰富的体验源，它可以对外部的信息作出快速的反应。为了让人体体验感觉到舒适流畅，一定要注意提供合适的产品。例如，化妆品每天都与顾客的皮肤接触，要让顾客在消费产品的过程中感觉到特别舒适，就必须提供合适的产品，否则，皮肤一接触，顾客感觉很不自在，品牌当然建立不起来。值得指出的是，由于很多与人体体验相关的产品与个人私生活密切相关，因此，公司在为顾客提供人体体验时，还要注意产品的类别和不同文化的差异。

机械行动是指身体在无意识状态下所产生的一种自然动作，例如，你在观看电视广告时，不自觉地被广告中的画面所打动，会无意识地点头认同，就是一种机械行动。心理学研究表明，人们在无意识的状态下其头部的运动方向会影响他们的态度。一般情况是，人们看到某种物体，在无意识的状态下其头部上下晃动，表示喜欢该物体，而人们看到某种物体，在无意识的状态下其头部左右晃动，表示不喜欢该物体。这就意味着，看似不带任何意义的机械行动实际上会影响顾客的态度和行为。因此，营销人员在与顾客的交流过程中，要意识到机械行动会不知不觉地影响顾客的态度和行为。这就是为什么精明的营销人员在向顾客介绍产品的过程中，会有意识地点头示意，以期得到顾客的认同。

肢体语言是一种非言语的行为，但有时能比口头语言表达更多的信息，是影响顾客行为的重要来源。肢体语言多种多样，如手势、眼神、语调等动作，都可以用来表达。因此，营销人员在与顾客打交道的过程中，应该充分利用肢体语言，为顾客创造难忘的身体体验。

(2)生活方式体验营销策略。生活方式有广义和狭义之分。广义的生活方式，是指个人、群体或全体社会成员在一定的社会条件制约和价值观念指导下所形成的满足自身生活需要的全部活动形式与行为特征体系；狭义的生活方式，是指人们日常生活领域的活动形式与行为特征。简单而言，生活方式就是指我们如何生活。由于不同的群体和阶层有不同的生活方式，因此，生活方式往往成为划分社会阶层和社会群体的一个重要的标志。

无论是广义的生活方式，还是狭义的生活方式，一般都具有 4 个方面的特性：①综合性和具体性的统一。生活方式是个外延广阔、层面繁多的综合性概念。它不仅涉及物质生活也涉及精神生活、政治生活等更广阔的领域。但任何层面和领域的生活方式又总是通过个人的具体的活动表现出来，因此，生活方式具有具体性的特点，是综合性和具体性的统一。②稳定性与变异性的统一。生活方式是一种文化现象，在一定的客观条件制约下，它有着自身独特的发展规律，因此，它的活动形式和行为特点具有相对的稳定性和历史的传承性。但任何主体的生活方式又必然随着制约它的社会条件的变化或迟或早地发生相应的变化，因此，它又具有变异性，是稳定性与变异性的统一。③社会性与全人类性的统一。在不同的社会形态中，生活方式总是具有一定的社会性。但另一方面，生活方式又具有全人类性的共同特点，因此，它是社会性与全人类性的统一。④量的规定性与质的规定性的统一。人们的生活方式，一方面总是离不开一定数量的物质与精神生活条件、一定的产品和劳务的消费水平，这些构成了生活方式量的规定性，一般可以用生活水平指标衡量其发展水平；另一方面，它也离不开对社会成员物质和精神财富利用性质以及它对满足主体需要的价值大小的测定，这些构成了生活方式质的规定性，一般可以用生活质量的某些指标加以衡量。因此，生活方式是量的规定性与质的规定性的统一。

由此可见，生活方式内涵丰富，形式多种多样。既有稳定性，又有变动性；既有共同性，又有个性；既有量的增加，又有质的提高。更重要的是，它可以成为划分阶层和社会群体的一个重要标志，可以影响人们的购买行为，因此，在品牌创建的营销活动中，应该充分利用生活方式这一体验媒介。

既然生活方式可以成为划分社会阶层和其他社会群体的一个重要标志，可以影响人们的购买行为，那么，如果能够创建与之相适应的表现人们特有生活方式的品牌，不是能够更好地满足人们的需要吗？因此，品牌经营者应该是某种生活方式的推动者，从而确保自己的品牌与某种生活方式相关联，甚至成为其中的一部分。只有这样，才能为顾客创造最有效的生活方式体验。

那么，如何运用生活方式体验营销策略呢？

其一，利用体验媒介，倡导一种不假思索的生活方式诱导顾客行动。例如，耐克品牌在市场推广活动中，提倡"想做就做（Just do it）"，就是倡导一种不假思索的生活方式诱导顾客行动，起到了很好的效果。如前所述，顾客往往是感性的，经常缺乏主见，因此，诱导他们不假思索地行动，有时能够起到很好的效果。又如，蒙牛与湖南卫视联合推出的电视娱乐节目"超级女声"，让无数观众爱慕不已。其中，"超级女声"提出的"想唱就唱"的口号，也是倡导一种不假思索的生活方式诱导顾客行动。让追求自由、敢于表现自我的年轻人蜂拥而至，走向自己梦想的舞台。作为此次活动的赞助商，蒙牛品牌也因此成为许多年轻人的至爱。

其二，利用体验媒介，嫁接生活方式与品牌，从而引导顾客行动。其三，利用品牌代言人引导顾客行动。当然，品牌代言人应该是某种生活方式的代表。例如，篮球巨星乔丹是众多球迷的偶像，因为他那不断追求上进的精神成了很多球迷的向往，因此，当耐克签约积极追求上进的飞人乔丹后，让无数喜欢乔丹的球迷恋上了耐克品牌。

（3）互动体验营销策略。互动体验是行动体验当中较为复杂的体验。因为，它不仅取决于自身的态度与行为，还取决于相关群体的态度与行为，以及社会规范等，因此，互动体验是一种较为复杂的行动体验。

要发挥互动体验营销的效力，首先要营造一个好的互动体验环境，让顾客能够轻松自由地沟通交流；其次，要选择恰当的互动媒介，例如，公司举办论坛邀请顾客参与，就应该选择好的交流平台，让顾客积极参与。如果地点选择不好，场地布置不当，音响效果不佳，就会出现糟糕的互动体验，顾客对公司和品牌就会产生负面的联想和不良的行动。此外，要培养训练有素的员工，提供良好的服务，让顾客在互动中留下难忘的记忆。

（五）关联营销策略

关联营销是指通过体验媒介将个人与理想中的自我、他人或文化联结在一起而产生体验的营销活动。关联营销的主要目的是建立顾客与品牌社会意义之间的联系，即将个体与品牌中所体现的社会、文化背景相关联。对于以社会文化消费为导向的品牌来讲，关联营销是创建强势品牌的重要途径。

进一步讲，关联营销可以通过社会影响、社会身份、社会角色、血缘关系、群体成员、文化价值观、品牌传播等体验媒介来实现个体与他人、群体和整个社会文化之间的关联。

心理学研究表明，无论是真实的、想象的还是暗含存在的他人，都会影响个体的思想和行为。这就意味着，不管你是否意识到，实际上每个人都可以通过购买和使用品牌与他人发生联系。例如，哈雷·戴维森品牌俱乐部，其成员通过购买和使用品牌紧密地连接在一起。

既然通过社会影响、社会身份、社会角色、血缘关系、群体成员、文化价值观、品牌传播等体验媒介能够实现个体与他人、群体和整个社会文化之间的关联，那么，创建品牌，建立品牌与顾客之间的关系，就可以充分利用关联营销来实现。

第三节 品牌创建的顾客体验管理

体验营销为公司创建品牌提供了新的营销模式，但如何将顾客体验与顾客紧密地联系起来，为顾客创造价值，从而培养品牌的忠诚顾客，这就需要进行有效的顾客体验管理。因此，顾客体验管理是体验营销的进一步升华。

一、顾客体验管理的含义

顾客体验管理（customer experience management，CEM），简单而言，是指战略性地管理顾客对公司或产品全面体验的过程从这一定义中可以看出，顾客体验管理关注的是如何在顾客体验的过程中做到让顾客满意，而不是只注重满意的结果。顾客体验管理的目的是有效地建立顾客与公司和品牌的关系，而不是只为了达成某种交易。

为了让顾客在体验的过程中对公司和品牌产生满意感，顾客体验管理强调全面的顾客体验管理，即要充分整合顾客体验的各种因素，在顾客接触公司与品牌的每一个接触点都要进行积极有效的管理。例如，顾客前来购买汽车，营销人员不能根据自己的偏好向顾客推荐哪种车好，而应该了解顾客的心理，帮助他们购买一辆符合自己身份、地位与生活方式的汽车，让其心满意足。售完之后，还要主动与顾客进行沟通，及时提供良好的售后服务。这样，既可以建立顾客与品牌的关系，培养忠诚的顾客，又可以增加公司的价值。

与此同时，顾客体验管理强调全面顾客体验管理，这就必须做到内外部协调平衡。即要让顾客在体验过程中感到满意，公司内部员工自身应该对公司有正确的体验。例如，公司员工对公司的经营理念要有充分的认识，对顾客服务要有正确的态度；公司管理人员与员工能够进行有效的沟通，而不是把自己的想法强加于员工；公司鼓励员工创造性地工作，员工能够畅所欲言。这样一来，员工方能心悦诚服地为顾客提供服务，顾客在体验过程中才能感到满意。否则，不管公司对外宣传如何善待顾客，而公司员工如果对公司没有好的体验，顾客是很难得到满意的体验的。

二、顾客体验管理的步骤

从实际情况来看，顾客体验管理大致可以分为 5 个步骤：深入分析顾客的体验世界；建立顾客体验平台；设计品牌体验；构建顾客的接触面；致力于不断创新，将体验品牌化。下面分别加以介绍。

（一）深入分析顾客的体验世界

顾客体验管理就是要做到让顾客在体验消费的过程中对公司和品牌感到满意，最终建立顾客与品牌的关系，提高品牌的忠诚度。而要达到此目的，首先应该深入分析顾客的体验世界。

分析顾客的体验世界，实际上就是要挖掘顾客内心世界的想法，了解顾客内心世界的真正需求，从而为顾客提供美好的体验平台。要分析顾客的体验世界，可以按如下几个层次来进行：

1. 明确公司与品牌的目标顾客

因为目标顾客不明确，就无法准确地传递顾客体验。公司和品牌的目标顾客一般有两类：一是中间需求的中间商；二是最终需求的消费者。这两类顾客需求的目的和影响他们作出购买决策的因素各不相同，因此，他们需求的体验也就不完全一样。例如，中间商注重厂家供货是否及时，物流是否发达；而消费者则注重产品的价格、包装、广告和售后服务等。因此，公司要准确地传递顾客体验，在分析顾客的体验世界之时，首先必须明确公司和品牌的目标顾客。对有些公司来说，由于可能要同时为这两类顾客服务，因此，就要分析这两类顾客的体验世界。

实践经验表明，顾客对品牌的忠诚度会影响顾客体验的深度和广度。顾客对品牌的忠诚度越高，购买产品的次数就会越多，顾客的体验需求也会因此而改变。例如，消费者第一次购买和使用摩托车与多次使用和重新购买摩托车的体验需求就会有所不同。第一次购买和使用摩托车，消费者可能更注重安全体验，而多次使用和重新购买摩托车，消费者可能更讲究速度和技巧体验。此外，经常使用同一品牌的消费者与经常变换品牌的消费者的体验需求也不一样。一般地，忠诚于某一品牌的消费者，可能注重品牌的细节体验；而品牌的变换者，可能更注重产品的性价比。

由此可见，在分析顾客的体验世界时，不但要区分目标顾客，而且还要分析顾客对品牌的忠诚度。

2. 从不同的层面分析顾客的体验世界

根据伯恩德·H.施密特的观点，顾客的体验世界可以分为4个层次：①产品或品牌提供的体验，这是顾客最核心层次的体验；②产品类别提供的体验；③品牌在使用或消费环境下提供的体验；④与顾客的社会文化环境相关联的体验（消费品市场）或者与顾客的商务环境相关联的体验（产业市场）。这一层次的体验是最广泛意义上的体验，处于顾客体验的最外层。一般地，这4个层次的体验是由里到外不断上升的，即顾客的体验世界是从产品或品牌提供的特定体验开始的，然后逐步上升到更为广泛意义上的体验。具体情况如图10-3所示。

为了说明这4个层次体验的含义，我们以顾客剃胡须体验为例加以说明，来看看顾客的体验世界。首先，顾客剃胡须一定要使用某个品牌的剃须刀，而使用哪种品牌的剃须刀感觉是不一样的，譬如，飞利浦剃须刀很知名，顾客使用它会感觉到很体面，这就是品牌提供的体验；其次，剃须刀这一产品有很多类型和品牌，选择哪种类型感觉又不一样，因为不同的类型有不同的特点和风格，这就是产品类别提供的体验；再次，当每天早晨起来使用飞利浦剃须刀修面洁容时，顾客会有使用时的感觉知体验，这就是品牌在使用时提供的体验；最后，当使用完剃须刀修面洁容走出家门时，会产生与社会文化环境密切相关的体验。因为当顾客修面洁容走出家门时，可以给人一种干练、潇洒、自信，甚至白领阶层的感觉。同时，顾客自己也会感到很惬意。这就是与顾客的社会文化环境相关联的体验。很显然，这是一种最广泛意义上的体验。

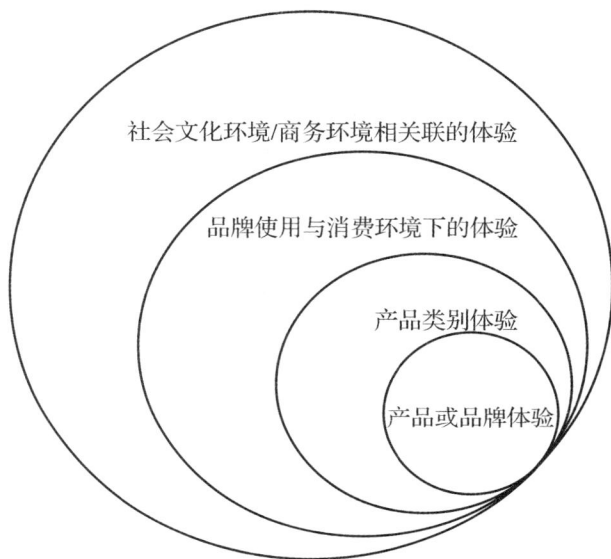

图 10-3　顾客体验世界的层次

从这一简单的事例中我们可以发现，如果把顾客的体验从特定的产品或品牌开始，不断上升到社会文化环境或商务环境相关联的最广泛意义上的体验，就可以大大拓宽品牌经营的视野。

3. 沿着品牌的接触点追踪顾客的体验

即在顾客接触品牌、了解品牌、购买品牌和使用品牌的每个阶段和接触点上都关注顾客需要什么样的体验。通常，顾客在接触、了解、购买和使用品牌的不同阶段，其需要的信息和体验是不一样的。因此，要了解顾客的体验世界，还应该沿着品牌的接触点追踪顾客的体验。

4. 洞察竞争环境如何影响顾客体验

如前所述，如果从顾客体验的角度看待市场竞争，那么竞争的范围将变得非常宽广，市场竞争是全面的顾客体验之争，而不仅是产品的特点、功效与价格之争。因此，要了解顾客的体验世界，还可以洞察竞争环境，从竞争对手给顾客提供的体验中去发现。

（二）建立顾客体验平台

顾客体验平台是指反映和实施顾客体验世界的内心想法的媒介。建立顾客体验平台是顾客体验管理的关键一步，因为它起到连接分析顾客体验世界与具体实施顾客体验管理桥梁的作用。具体来讲，顾客体验平台包括3个方面的要素：体验定位、体验价值承诺和全面实施主题。其中，使用体验定位这一要素，就是要将品牌代表什么样的体验描述出来；使用体验价值承诺这一要素，就是要将顾客想得到什么表达出来；使用全面实施主题这一要素，就是要将体验定位与体验价值承诺与实际执行情况联系起来。

（三）设计品牌体验

设计品牌体验是具体实施顾客体验管理的第一步。品牌体验实际上在顾客接触品牌时就已经产生，为了让顾客的品牌体验变成难忘的记忆，在顾客体验管理过程中，需要精心地设计。顾客接触品牌，可以是静态的接触，也可以是动态的接触。这里，设计品牌体验主要是从静态的角度设计顾客的体验。构建顾客的接触面，是从动态的角度构建顾客的体验。无论是从静态还是动态的角度考虑顾客的体验，都应该依据事先建立起来的顾客体验平台。

从静态的角度设计顾客的体验，主要可以从以下3个方面着手。

1. 产品体验

产品是顾客体验的中心。设计产品体验，不仅应考虑到产品的特征与功能，而且还应考虑到产品的制作工艺、形状、颜色、包装、生产流程和创新性等，让顾客从不同的角度体验到产品的独到之处。

2. 品牌的符号识别体验

品牌的符号识别如品牌的名称、品牌的标识、品牌的象征物等，是顾客体验品牌的重要内容。如前所述，品牌的符号识别可以给顾客创造美好的感觉体验、情感体验和思考体验。因此，设计品牌体验，应该充分利用品牌的符号识别体验。

3. 沟通体验

我们在前面的内容中提到，品牌的沟通方式多种多样，顾客可以通过不同的沟通媒介与品牌发生关联。长期以来，在与顾客沟通的过程中，品牌经营者更多强调的是产品的卖点和信息的传播。随着产品同质化的日益突出和传播媒介的增多，这种传播方式的效果日益下降。因此，为了有效地加强品牌与顾客的沟通，应该充分利用沟通媒介为顾客创造美好的体验，让顾客在沟通体验中喜欢品牌、忠诚品牌。

（四）构建顾客的接触面

构建顾客的接触面，主要是从动态的角度构建顾客的体验。顾客从动态的角度接触品牌主要有3种形式：①面对面的接触。例如，在消费品市场上，消费者与店员在店内进行直接的沟通与互动；在产业市场上，销售人员进行面对面的谈判；在咨询现场，顾客与工作人员的交流；在促销活动的现场，顾客与服务人员的互动；在论坛上顾客与管理人员的探讨等；这些都是面对面的接触。②有一定距离的接触。例如，顾客与服务人员通过电话、传真、信件而发生的接触。③电子化的接触。例如，顾客通过电子邮件、短信与公司发生接触。这些都是顾客体验品牌的接触点。

为了让这些接触点给顾客留下美好的体验，在构建顾客与品牌的接触面的过程中，可以采取以下4个方面的策略：

1. 设计人性化的空间

让顾客接触现场就觉得空间布局很自然、很得体、很有品位、很迷人。

2. 安排合理的时间

让顾客能够在需要的时候得到真诚的服务。日本7－11便利店之所以能够成为世界最大的便利店，就是以时间取胜，让早出晚归的年轻人随时能够得到所需要的服务。

3. 培养训练有素的员工

从顾客动态接触品牌的3种形式来看，顾客良好的接触，都离不开工作人员积极主动而熟练的服务。因此，要让顾客得到良好的接触，必须培养训练有素的员工。

4. 处理好接触的内容与形式的关系

顾客接触品牌，自然希望得到好的产品与服务，这些实质性的东西不能少，但是必要的形式也能够打动顾客的心。譬如，在商店，几句温馨的提示和微笑可以给顾客留下深刻的印象；在网页，添加几幅动漫有可能迷住顾客。这些提示、微笑、动漫虽然不是实质性的东西，但有时却很容易打动顾客，给顾客留下难忘的体验。

（五）致力于不断创新，将体验品牌化

创新是品牌的灵魂，是公司不断前进的动力。如前所述，体验是一种个性化的东西，它需要不断地更新。随着顾客对品牌使用和消费的增加，对体验需求的要求不断升级。对产品的需求是有限的，而对体验的需求是无限的。因此，公司和品牌想要满足顾客的体验需求，就必须致力于不断创新、全面创新。从顾客体验的角度看，公司和品牌必须进行产品创新、服务创新、营销创新、管理创新、组织机构变革的创新，并在此基础上，将体验品牌化，持续不断地满足顾客的需要。

迪斯尼公司的品牌体验营销之道

迪斯尼公司创始于 1923 年，原名为"迪斯尼兄弟制作室"，由沃尔特.迪斯尼和其兄弟罗伊·迪斯尼共同创立。沃尔特·迪斯尼通过不断丰富卡通片的体验效应而声名大震，经过 90 多年的探索与成长，迪斯尼公司的业务已覆盖多个领域，如电影电视、主题公园、媒体网络、消费品、旅游业，成为一个庞大的娱乐王国。

1955 年，沃尔特·迪斯尼在美国加利福尼亚州创办了第一座现代化的游乐园，取名迪斯尼乐园。这不仅是第一个迪斯尼乐园，同时也是世界上第一个现代意义上的主题公园。直至今天，迪斯尼在全球拥有加州洛杉矶迪斯尼乐园、奥兰多迪斯尼世界、东京迪斯尼乐园、巴黎迪斯尼乐园、香港迪斯尼乐园、东京迪斯尼海洋世界等多个主题公园，上海已经兴建我国的另一个迪斯尼乐园。

这些主题公园不仅提供精彩纷呈的娱乐项目，而且还带领游客们进入一系列的美妙故事当中。在迪斯尼的广阔园景内，处处散发着童话般的气息，让人仿佛置身于与世隔绝的童话世界。在时间和空间的不断变换中，人们抛却现实生活的喧嚣和烦恼，彻底释放平日掩藏在内心深处的童心，回归最简单快乐的体验。这些体验足以让游客们铭记终生，由此对迪斯尼自然形成了独特、持久、鲜明的品牌认知。

感官体验

迪斯尼首先给予顾客的是众多的感官体验。以位于美国佛罗里达州的奥兰多迪斯尼为例，该公园由未来世界中心、梦幻王国、电影城、快乐岛、台风湖、发现岛等组成。在迪斯尼世界的中央大街上，优美典雅的老式马车、古色古香的店铺、浪漫怀旧的餐厅茶室，让游客仿佛置身于 19 世纪和 20 世纪初的美国。在拓荒之地和自由广场上，游客又可重温当年各国移民在新大陆拓荒的种种情景以及英国殖民时期美洲大陆的状况。游客可以体验充满浓厚美国文化的园内布置。

然而，迪斯尼为游客提供的体验不仅限于这些园内布置，各项新奇刺激的机动游戏项目及三维电影才是其提供的感官体验的核心。迪斯尼世界设有数不胜数的感官刺激体验项目，如鲨鱼观赏、地震感应、动感电影、太空穿梭、雨林探险、史前探险、过山车等。这些体验均是游客在现实生活中难以经历的，迪斯尼抓住了人们体验新奇刺激的感官享受的心理需要，来让游客充分感受到迪斯尼所传递的"梦幻"和"快乐"。

情感体验

迪斯尼乐园的情感体验使它成为世界第一的主题公园，每年都吸引着数以百万计的游客从世界各地蜂拥而至。这种欢乐的情感体验，除了源于乐园提供的娱乐设施外，还源于优质的服务质量。

在迪斯尼主题公园中，员工们得到的不仅是一份工作，而且是一种角色。根据特定角色的要求，员工们必须热情、真诚、礼貌、周到，处处为客人的欢乐着想。迪斯尼员工们身着的不是制服，而是演出服装，他们仿佛不是为游客表演，而是在热情招待自己家庭的客人。与此同时，迪斯尼乐园在营造"享受工作、快乐工作"的企业工作氛围上不遗余力，让员工能在工作中感受到乐趣，促使员工满怀激情地、快乐地工作，从而为游客提供令人感到快乐的服务。

迪斯尼乐园的全体员工有一条共同的工作基准，即"S·C·S·E"基本行动准则(safety, courtesy, show, efficiency)，它包含了游乐园营运工作中最重要的内容，是迪斯尼乐园营运工作中最基本的价值基准。这四个单词的排列也代表着其中的价值顺序，第一是保证安全，第二是注重礼仪，第三是贯穿主题的表演性，最后在满足以上三项基本行动准则的前提下提高工作效率。"S·C·S·E"的价值观被毫无保留地贯彻到每一位员工的日常工作中，成为他们在面对突发事件能够及时做出判断与行动，为丰富服务的内涵而恰当地融入个性化自我表演的基本价值准则。通过"S·C·S·E"基本行动准则，迪斯尼乐园赋予员工自主判断并采取行动的权力与责任，从而使迪斯尼乐园的服务呈现出更加丰富的人性化色彩。

思考体验

进入迪斯尼乐园之后，游客们能在游玩的过程中学习到各个领域的知识。对于少年儿童群体，迪斯尼根据不同的年龄和性别特点，设计差异化的文教活动，让孩子们在轻松活泼的游玩项目中开动脑筋，增进知识。

例如，香港迪斯尼乐园曾经举行了一个名为"迪斯尼公主梦幻世界"的活动，孩子们可以登录相关网站，学习待人接物、着装、餐饮、舞蹈、花卉等方面的知识。活动期间，迪斯尼还与知名的电视少儿节目《小神龙俱乐部》合作，播出《迪斯尼公主梦幻宝典》的系列节目，让孩子们在短片中学习小公主必备的素质。针对成年游客，迪斯尼的思考体验则主要体现在传播影视制作、地理环境、自然生物等方面的科普知识。

行动体验

迪斯尼乐园意识到，要让游客深刻地记住迪斯尼主题公园的"快乐"和"梦幻"，显然不能只满足于感官、情感和思考体验，还应该为游客提供亲身参与的机会，即行动体验。

在巴黎迪斯尼乐园，游客可以与由演员扮成的米老鼠、唐老鸭、白雪公主等童话人物一齐巡游，也有机会成为超级巨星并到电影制作馆中参与电影的拍摄工作。

洛杉矶迪斯尼乐园和奥兰多迪斯尼世界在20世纪90年代开发了一项新业务，就是为游客安排童话式的婚礼，让新人们尤其是女孩们有机会实现"灰姑娘"式婚礼的梦想。在迪斯尼乐园安排的"灰姑娘"婚礼中，新娘会被打扮成公主的模样，由一辆豪华的马车接到王子——新郎面前，而马夫们带着灰色的假发，穿着束裤管的裤子，一切就如童话中一样。接着，迪斯尼古典音乐作品《有一天我的王子将会来到》响起，新人在亲友的见证下交换誓约。在交换誓约之后，一位"公爵"穿过两侧站立着婚礼乐团的走廊，把一只水晶鞋放在天鹅绒的枕头上。最后，米奇和米妮一起破门而入，兴高采烈地拉起这对新人跳起舞来。此项业务推出后，很多国际游客均选择在美国迪斯尼乐园完成自己梦想中的婚礼，甚至有些结婚多年的夫妇也带着孩子来"补办"婚礼。现在，每年有大约2 000个婚礼在乐园里举行。

通过行动体验，迪斯尼主题公园让游客从自身行动中真切地感受到"快乐、梦幻"，从而对乐园的品牌定位产生高度的认同感。

关联体验

一提起迪斯尼，大家都会自然地联想起米老鼠、唐老鸭、狮子王等家喻户晓的卡通人物，迪斯尼乐园充分利用了这些迪斯尼独有的品牌资产，作为吸引游客的重要法宝。

童话故事和卡通片是每个小朋友重要的成长伙伴，从白雪公主、灰姑娘、米老鼠、唐老鸭等经久不衰的人物和故事中，小朋友们得到了无穷的快乐和想象空间，这些故事就像是他们内心中另外一个承载着纯真愿望的梦幻世界，女孩子们经常幻想自己是美丽幸福的白雪公主，而男孩子们则梦想能够去无人岛探险寻宝。但是在平日的生活中，孩子们却无法实现这些心愿。迪斯尼乐园让儿童们在宛如仙境的梦幻王国中畅游、探险，与栩栩如生的卡通人物零距离接触，甚至能随时随地扮演故事中的角色，亲身体验梦寐以求的奇妙感受。与米老鼠玩游戏、遇见白马王子或作为探险队队长带领队员登山寻宝，无论是什么样的心愿，在迪斯尼都有机会实现。

对于儿童来说，迪斯尼就像是个梦想成真的奇妙世界，他们可以无拘无束地施展丰富的想象力、创造性思维、好奇心和冒险精神，在故事和游戏中，孩子们还能在潜移默化中领悟到正义、邪恶等道德观念，这也是迪斯尼以外的其他主题公园无法媲美的品牌价值。

经典案例

从美国加州第一间主题公园开业至今60多年间，迪斯尼不仅在美国深受民众和游客的欢迎，而且在其他文化背景的地区如日本、法国等也同样取得了不俗的成绩，坚实地奠定了全球游乐园行业难以撼动的霸主地位。其成功的最重要原因，就是为游客提供了多层次、全方位的难忘体验，让游客们在游玩过程中不知不觉地细细领会、品味并积淀迪斯尼品牌的核心内涵：对童真、梦想、快乐的美好追求。这是不同年龄、背景、地位的人们都普遍拥有的永恒信念，也正是迪斯尼主题公园品牌形象的灵魂所在。

案例思考题

迪斯尼公司的品牌体验营销有何特点？

思 考 题

1. 简述体验的含义和类型。
2. 简述体验营销的含义和类型。
3. 简述传统营销的特征。
4. 简述行动营销的含义与目的及其主要策略。
5. 简述关联营销的含义与目的。
6. 简述顾客体验平台的基本要素。

第十一章 品牌创新

（学）（习）（目）（标）

1. 理解品牌创新、品牌创新主体的概念；
2. 了解品牌创新的战略意义及对品牌创新进行适度控制的必要性；
3. 掌握品牌创新的动力与策略，懂得企业家在品牌创新中的重要作用；
4. 了解对品牌创新进行适度控制的基础、方式，掌握品牌创新的控制手段；
5. 能够运用品牌创新理论分析品牌经营实践中的一些重要现象。

品牌管理

Brand management

　　军事史上有一个奇怪的现象，这就是为了抵御入侵者的进攻而处心积虑建立起来的防线，建造者自以为固若金汤，却被入侵者瞄准漫长防线上的某个薄弱环节而攻破，进而全面崩溃，一败而不可收拾。在现代社会，科技日新月异，市场需求变化无常，竞争日趋激烈，政府方针政策不断调整。无论是一般品牌还是知名品牌，如果不能适应变化的环境，就会被市场残酷无情地淘汰，这是商界的生存法则。品牌要不断得到发展壮大，最有效的手段就是创新。即竞争中的赢家必定是那些最先认识到新思想并付诸实践的品牌所有者。实践多次证明，任何一个世界知名品牌都是长期积淀和艰苦创新的结果。

第一节　品牌创新概述

一、品牌创新的含义

　　国内外学者对品牌创新的定义有 10 多种。例如，法国学者让·诺尔·卡菲勒认为："品牌革新是在维护品牌特性的基础上实行品牌现代化。"叶明海认为："品牌创新是指企业针对市场变化，创造新的品牌，创造品牌新的应用，引进和转让品牌资产来实现品牌的管理活动，也是指企业要通过创造出竞争对手所不具备的先进技术和手段，提供比竞争对手更加全面完善的服务，满足顾客更新更高的需求来保持和发展品牌的一种全新的经济活动。"品牌创新的内涵如下：组织创新是品牌创新的前提，技术创新是品牌创新的支撑，价值创新是品牌创新的核心，宣传和广告创新是品牌创新的有效工具。薛可认为："品牌创新是指企业根据市场的变化和消费者的需求偏好，对品牌内涵或形状重新设计，从而建立新品牌、新应用的管理过程。通过这种管理活动以达到提升科技含量、服务质量，扩大市场，满足消费者新需求并保持和发展品牌的作用。"它是对品牌重新定位、重新设计，塑造品牌形象的过程，是品牌运营的阶段性调整。品牌创新的实质是对品牌能量的补充。王永龙认为：品牌创新是企业依据市场变化和顾客需求，综合运用各种先进技术和手段，创造新的品牌、创造品牌新的应用、提供更加完善全面的服务，从而保持和发展品牌品质或品牌竞争力的一种经济或管理活动。其本质是一种"全面品牌创新"，它坚持全过程、全方位、全要素创新原则，把创新纳入品牌运营的所有环节中，通过有效整合和协同，形成系统性。包含了产品创新、组织创新、技术创新、价值创新、传播创新、营销创新、管理创新、市场创新等多方面的内容，是以品牌创造与培育为核心的综合一体化创新。其中，产品创新是品牌创新的基础和基本途径，技术创新是品牌创新的支撑，组织创新是品牌创新的机制保障，价值创新是品牌创新的核心，传播创新是品牌创新的催化机制，管理创新是品牌创新的绩效保证，市场创新是品牌创新的延续。

　　本书在汲取上述定义的有益思想的基础上，从企业层面对品牌创新下定义，认为品牌创新是指企业以市场为导向，以培育和发展竞争力强的知名自主品牌为目标，根据国家发展战略、市场竞争压力和自身持续发展的需要，在维护品牌特性的基础上创造新的品牌、创造品牌新的应用，以实现品牌价值增值的管理过程。主要包括：品牌观念创新，品牌表征(即名称、术语、标记、符号、设计、包装、或其组合)创新，品牌基础(产品、服务、技术)创新，品牌价值(即企业的经济价值、战略价值、管理价值和顾客的功能价值、情感价值)创新，品牌传播创新，品牌管理创新等。

二、品牌创新的特征

品牌创新具有如下主要特征：

（一）市场性

即品牌创新要始终以市场为导向。市场是品牌产生的土壤，是品牌价值实现的场所，是品牌竞争的赛场。品牌脱离了市场，就像庄稼脱离了土壤，就像鱼离开了水，就像运动员离开了运动场。品牌创新只有面向市场，以市场为导向，扎根市场，才能实现创新目标，才有意义。

（二）多元性

一是品牌创新主体的多元性。品牌创新主体不是单一的，而是多元的。从企业与外部环境的联系来看，品牌创新主体有企业、用户、供应商、高校、独立的科研机构，其中企业是核心主体。从企业内部来看，品牌创新主体有企业家、技术人员、管理人员、普通员工，其中企业家是核心主体。二是品牌创新对象的多元性。品牌创新对象有品牌内涵、品牌传播、品牌基础。具体来说，有品牌名称、品牌含义、品牌定位、品牌个性、品牌文化、品牌管理、品牌包装、品牌广告、品牌促销、品牌产品、品牌服务、品牌技术、品牌战略等多方面的创新，既不只是品牌技术的创新，也不只是品牌形象的创新。三是品牌创新效应的多元性。通过品牌创新，既要获得良好的经济效应，也要获得良好的社会效应，还要努力获得良好的生态效应。品牌创新如果只考虑经济效应，目光就是短视的，容易步入短期经济利益的陷阱。只有考虑多元效应的整合性，才可能获得持续的发展。

（三）开放性

企业是一个开放系统，不断与外界发生物质、能量、信息交换；企业是一个生态系统，与其生存环境之间及内部组织之间在长期密切联系和相互作用过程中，形成了相生相克、环环相扣的生态链。因而品牌创新能否成为一种持续行为，取决于其是否具备开放性特征。创新，并不意味着闭关自守、对外部创新成果的拒绝。适当地与外部环境中的其他主体合作创新，引进、借鉴外部品牌技术、管理、制度等方面的经验为我所用，有利于推动品牌创新活动。开放性也意味着品牌创新活动要适应外部环境。

（四）整体性

品牌创新是一个系统工程，需要以企业为核心的各方面的密切配合，追求 1＋1＞2 的整体效应。品牌是经济与文化的统一体，规定着品牌创新过程中科技创新与经济效益实现的融合。品牌是企业整体实力的集中体现，品牌创新能力是企业整体创新能力的集中体现，很大程度上决定着企业整体竞争力。

（五）风险性

创新过程中外部环境尤其是市场具有不确定性，创新主体的理性是有限的，创新成败也有不确定性，决定了创新是一项具有风险的活动。就品牌创新而言，风险就更大。因为企业的资金投入大，人力投入多，创新后品牌的市场接受程度又具有高度不确定性。

三、品牌创新的一般动力

经济全球化、市场化、信息化的发展，政府方针政策的变化，消费需求的复杂化、多变性，使品牌的市场寿命周期越来越短，品牌忠诚度越来越低。企业本身也会在战略重点或经营方向上采取各种行动或做出各种改变，它们也可能对品牌推向市场的方式进行或大或小的调整。品牌要顺应这些变化，每天进步，才能富有活力。墨守成规、停滞不前的品牌会失去生命力。因而需要品牌不断创新。具体来说，品牌创新的动力主要表现为以下几个方面。

（一）市场竞争的压力

市场竞争归根结底是品牌的竞争。根据迈克尔·波特分析行业竞争的"五力模型"，企业面临的竞争力量表现为：进入威胁、替代威胁、买方议价能力、供方议价能力、现有竞争对手的竞争。这也是同行业品牌将会面临的竞争。而且，当今时代是全球一体化时代，品牌面临的这些竞争力量不限于国内市场，而是来源于全球。"物竞天择，适者生存"，既是自然规律，也是社会规律。竞争的焦点是争夺顾客，划分市场势力范围，各方都力图瓜分到尽可能大的市场。竞争的结果必然是优胜劣汰。任何企业，无论规模多大、技术基础多好、现有品牌的知名度多高、竞争优势多明显，都不能保证其现有竞争地位的稳定，都有被其他企业超越的可能性。市场竞争是一种胁迫力，迫使竞争各方研发和采用先进的科技成果，创建和创新自主品牌，以谋求生存空间或扩大竞争优势。而市场竞争强度和公平性不同，将会导致企业品牌创新动力的大小不同。为了保证竞争压力有效逼迫企业的品牌创新行为，必须强调竞争的适度性与规范性。竞争强度过弱或过烈，要么不足以激发创新行为，要么会削弱企业创新实力而使企业无力创新。不正当、不公平、不规范的竞争，会引导企业通过争取特权而不是艰苦的创新活动取得市场垄断地位和竞争优势，使多数企业对品牌创新活动难以形成信心、勇气和热情。

（二）科技变革的推力

科学技术是生产力，是生产方式中最活跃、最革命的因素。科学技术总是在不断地运动和发展，不断应用于生产，成为推动生产基础变革的强大动力。科技之所以能够成为推动品牌创新的动力，是由科技的特性决定的。当科技成果积累到一定程度，会出现主动创造需求的情形，从而推动创新主体利用技术成果完成创新活动。科技系统具有自我淘汰、更替的特质，到一定程度新科技会取代旧科技。科技进步推动创新的途径主要有：新科技思路诱导、技术轨道、技术预期、输入推动。科技推动力的作用效果好坏很大程度上取决于创新主体对技术的选择。因为技术应用是有风险的，技术只有与市场匹配，才会获利丰厚，否则，则会使创新活动失败。

（三）市场需求的拉力

市场是生产者和消费者之间交换关系的总和，是品牌创新得以最终实现的场所。市场需求则是品牌创新活动的导向器，是品牌创新活动的起点和归宿。需求可以拉动品牌创新的根本原因在于品牌及其物化和商品化形式，是满足人们需求的基本手段。这里的需求是广义的需求，既包括居民和集团的消费需求，也包括生产需求；既包括现实需求，也包括潜在需求。新旧需求的更替及需求规模的增加都可能拉动并维持品牌创新，创新满足需求的同时诱发新的需求，从而拉动新一轮创新，循环往复，使得需求拉动成为品牌创新的持续动力。

（四）企业利益的原动力

企业家和企业员工对企业利润持续增长、企业持续发展及自身物质利益、精神利益的追求是品牌创新的原动力。马克思说："人们奋斗所争取的一切，都同他们的利益有关，离开了利益，思想就要出丑。"说明利益是人类社会活动的归结点。不同社会形态主要表现为利益分配机制的不同，追求利益是社会发展的原动力，也是创新的原动力。实践证明，西方国家知名品牌之所以能够不断获得创新的动能，根本的奥秘就在于：善于操纵物质利益杠杆，驱动企业相关利益者投入到创建品牌的活动之中，从而形成品牌创新的强大力量。要保持这种动力的持久性和强大，必须把企业利润增长、企业持续发展与企业家和员工的切身利益紧密联系起来，形成品牌创新的企业家和员工的利益驱动。具体实现形式是全面薪酬战略的制定与实施。

四、品牌创新的现实意义

就我国面临的国际国内环境而言，品牌创新具有重大的现实意义。

（一）品牌创新是我国由加工大国向创造大国转变的必由之路

我国虽然是世界第四大经济体，是世界彩电、服装、DVD、手机、个人计算机、汽车等生产大国，但多数企业缺少自主核心技术和自主品牌。据统计，国内拥有自主知识产权核心技术的企业，大约仅占万分之三；99％的企业没有申请专利。我国有60％的企业没有自己的商标，出口商品中90％是贴牌产品。不少行业核心技术和自主创新的主动权掌握在别人手中。例如，数字彩电核心技术、PC 机的 CPU 芯片和操作系统两大核心技术、几乎所有西药的专利等。造成这种状况的原因就在于我国企业自主创新能力比较弱。创造大国的本质特征就是自主创新能力强。品牌创新能力既是企业自主创新能力的重要组成部分，更是企业自主创新能力的集中体现。品牌创新的核心是品牌技术的创新和品牌创意的创新。无疑，企业开展品牌创新，会不断积累拥有自主知识产权的核心技术，促进我国向创造大国转变。

（二）品牌创新是推动和加速我国进入世界强国不可缺少的手段

真正的世界强国首先是经济强国。经济强国的标志是世界知名品牌或曰强势品牌较多。品牌是商战的王牌，是国际竞争的锐利武器。强势品牌对国家而言，具有较高的经济价值、文化价值、政治价值；对企业而言，具有较高的经济价值、管理价值、战略价值。品牌对企业而言的价值是品牌对国家而言的价值的基础。一个国家拥有的强势品牌越多，国家的经济实力就越强，国家的文化就越进步，国家的政治地位就越高。没有强势品牌，只是贴牌生产，赚的就只是微薄的加工费，国家的经济实力难以有质的飞跃。目前我国经济缺乏有核心技术的自主品牌，大量产品获利甚微。例如，苏州生产的美国罗技鼠标，每只售价约 41 美元，生产企业只赚到 3 美元；我国企业生产的 DVD 机，每台售价不到 30 美元，交给别人的专利费接近 10 美元，生产企业的最终利润只有 1 美元；我国生产的电视机，平均每台纯利润不到 10 元人民币。在我国的一些合资汽车企业，通常外方以 30％的资本及品牌技术拥有 50％的股份，拿走 70％的利润。浙江嵊州生产的领带占国内市场份额的 60％，贴国产品牌只能卖 288 元/条，贴了国外一般的名牌就标价 588 元/条，贴了国外顶级品牌则升至 888～1888 元/条。我国的自主品牌数量少，影响力小。据联合国工业计划署统计，世界上各类名牌商品共约 8.5 万种，其中发达国家和新兴工业化经济体拥有 90％以上的名牌所有权，处于垄断地位，而我国拥有的国际知名品牌寥寥无几。据测算，目前美国品牌所创造的价值占 GDP 的比重达 60％，而在我国却不足 20％。印度总统卡拉姆强调："科学是无国界的，但技术永远是国家的财富，没有哪个国家会为别国去搞技术开发。"当然就更没有哪个国家会为别国去创立品牌。国家要强盛，必须走品牌自主创新之路。

（三）品牌创新是实现我国产业结构优化升级的重要基础

消费者需求的多样性、多变性决定了企业必须在现有品牌下不断开发新产品、新服务、新体验提供给顾客，或创建新品牌满足顾客新需求。开展品牌创新活动能优化产业的产品结构。品牌创新活动的开展，必然使拥有强势自主品牌的企业获得超额经济利润和消费者的广泛认同，竞争实力大增。无品牌、贴牌的企业要么成为强势品牌的加工点，要么苟延残喘，要么破产倒闭。最终结果无疑是优化了产业的企业结构。品牌创新成功后，品牌影响力和知名度、美誉度、忠诚度进一步扩大，企业可以利用这种无形效应广拓融资渠道，获得自身发展壮大所需的巨额资本。同时，还可运用实力壮大了的品牌声誉控股、兼并、合作，实现品牌资产扩张，优化产业规模结构。品牌创新，可能会引起一系列的技术创新，使品牌的科技含量不断提高；可能带动一大批新产品、新服务项目的诞生，推动新兴产业的发展。品牌创新，是品牌内涵、品牌传播、品牌基础的全面创新，是品牌技术创新与品牌管理创新的统一，是品牌经济创新与品牌文化创新的统一，根本上是产业从业人员素质的全面提升。因而，品牌创新的过程，在一定意义上是产业整体素质的提升过程。

（四）品牌创新尤其是品牌自主创新可以极大地改善贸易条件，提高对外开放收益

一个国家没有自主品牌，或者没有掌握核心技术，那么在国际贸易中就不可能进行平等交易。买进来的是高价产品，卖出去的是廉价产品。只有坚持自主创新，培育自主品牌，掌握具有自主知识产权的核心技术，才能主动地改善国际贸易条件，才能在对外开放中获得更大的收益。例如，我国信息安全项目"PKI 关键任务服务器"研发成功后，外国公司很快将原来 8.3 万美元的加密卡降到 1.2 万美元，并向我方表示希望在这一领域开展全面合作，共享技术成果。又如，我国汽车电喷生产技术研制成功后，曾经拒绝向我国出口技术的外国公司主动要求合作，而且我国每年还由此节约技术转让费 2 200 万马克。这种例子不胜枚举。由此可见，无论从全局和长远来看，还是从局部和短期来看，品牌自主创新都是一种投入产出高的战略。

（五）品牌创新是满足消费需求、提升人民生活质量的保证

我国地域辽阔，民族众多，人口 13 亿多，收入等级多，由此导致消费需求的多样性、多层次性，消费需求的地域差异、民族差异、文化差异明显。国外消费品和服务不能完全满足这些消费需求，只能通过自主创新来满足。而且，即使国外企业都能提供消费者所需，消费者要能以适当的价格购买所需的商品和服务，也必须以民族企业的品牌创新为前提。否则，跨国公司就会开出高价，售后服务也难以得到有效保证。例如，20 世纪 80 年代日本家用电器产品的销售策略是"一等产品销欧美，二等产品销国内，三等产品销中国"，而且价格高。中国长虹、海尔、小天鹅、格兰仕、创维、格力等家用电器产品品牌壮大后，日本家用电器产品一度被逐出中国市场。现在任何跨国公司都必须把最好的家用电器产品销往中国。进一步地说，中国消费者的收入水平不断提高，文化教育素养不断提升，消费需求层次不断从低级向高级发展，不断从功能消费向情感消费、体验消费发展，只有中国企业的民族品牌创新，才能及时跟上消费需求变化的步伐，乃至引导消费需求向科学、合理的方向发展。

（六）品牌创新是企业成为技术领先者和市场领袖的必由之路

古今中外著名企业的成功历程，有一条共同的经验：经历技术引进、模仿跟随、自主创新等阶段，不断积累创新能力，最终以自主创新为主推动企业持续发展，占据国内国际市场领先地位。

第二节　品牌创新主体

品牌创新主体是指参与品牌创新活动过程，并在品牌创新活动中占主导地位、发挥主导作用的个体、组织和网络的总和。虽然影响品牌创新成败的因素很多，但起决定作用的因素是品牌创新主体。在相当长的一个历史时期，品牌创新一直是少数企业家的行为。在现代社会，由于环境、企业、创新的系统性、复杂性，品牌创新主体呈现多元化、网络化特征。

一、品牌创新主体的演变

品牌创新主体的演变轨迹与创新主体的演变轨迹基本相同。概括起来，创新主体从以往的单一个体、多个个体、（企业）组织发展到今天的网络。熊彼特基于20世纪初的美国科技、经济状况及美国独有的"个体创新文化"传统，明确提出创新是企业家的基本职能，企业家是唯一的创新主体。企业家主体论在开创新的产业领域之初适量的扩张为主要特征的时期有效。但创新是一个从创意产生、研发、商业化生产到产品市场实现的一个漫长过程，涉及环节多，光靠企业家是不可能完成的。20世纪70年代以后，创新渗透到日常工作的方方面面，贯穿于整个管理过程，向质的纵深化发展。基于此，德鲁克提出创新是多个主体共同参与的活动。相应地创新的主体是企业内部的多个个体，包括企业家、技术专家、中层管理者、全体员工。现代创新活动的大型化、系统性、复杂性、深入性，使得任何单个个体无论怎样努力，如果只靠自身力量是难以完成创新任务的。只有企业内部各个主体合理分工，相互协作，才有可能完成创新任务。分工协作的具体机制就是组织结构。正式组织结构的基本单元是部门，非正式组织结构的基本单元是小群体，它们的总和是企业或组织。因而，20世纪80年代以来，许多学者注意到个体对组织的强依赖性，认识到以企业为代表的组织在创新活动中的重要作用，认为创新主体已从企业内部的多个个体转变为企业。现代高新科技、现代管理技术的发展，既使企业内部联系更加紧密，又使企业对外部环境的依赖性更加增强，因而许多学者认为创新的源泉并不限于组织内部，更可能来自组织外部，如大学、客户、供应商，以及竞争者间的学习，乃至政府的参与。不同组织间的网络关系，为企业提供了信息、资源、市场和技术，创造了学习、规模经济和范围经济的优势。因而，当代创新主体不仅仅是企业内部多个个体，也不仅仅是单个企业，而更是企业内外不同的创新参与者组成的关系网络。综上所述，创新主体分为三个层次：个体、（正式的与非正式的）组织、网络。

大体而言，品牌创新主体也可以分为个体、组织、网络三个层次、三个演化阶段，并且在许多情况下与一般意义的创新主体重合，但主体的具体组成成分还是有差异的。就企业内部的品牌创新个体主体而言，相对一般意义的创新，更加强调企业家和品牌经理的作用，普通员工的作用相对来说就弱一些。例如，进行技术创新时，即使企业家不提倡甚至反对，普通员工也能进行创新活动，完成一些创新项目。如果企业家不提倡品牌创新，普通员工就无法独自进行品牌创新活动。就组织层面来说，相对一般意义的创新，品牌创新更强调企业正式组织的作用，非正式组织的作用可能就不那么重要了，而技术创新很多是在非正式组织中产生的。就网络层面来说，品牌创新活动各参与者的相互关系固然重要，但其中的企业家与政府、客户的交互关系网络更具有决定意义。

二、品牌创新主体的特征

品牌创新主体是品牌创新活动中的能动因素，品牌创新对象、环境、时空、效应都受主体能动作用的影响。如果把品牌创新主体作为一个总体来考察，根据上面的历史回顾和系统理论，可以发现，品牌创新主体构成一个网络结构，网络内的成员之间存在着互动、互补、相干、聚变关系，这一网络不是既定的，而是动态演进的。具体有以下几个方面。

（一）品牌创新主体系统是一个开放系统

品牌创新主体系统在进行创新活动时，不断与主体系统的外部环境进行物质、能量和信息交换。例如，获取创新资源，输出创新成果——自主品牌旗下的产品、服务，或输出创新文化、创新人才。又如，品牌创新主体对外界政治、经济、军事、外交、科技、市场等方面的信息的分析、识别，决定着品牌创新机会的把握、风险的规避乃至创新的成败，而品牌创新主体输出创新产品、服务、文化、人才的过程，同时也是向外部环境输出信息的过程。

（二）品牌创新主体系统是一个竞合系统

品牌创新各个主体有自身的独立利益，各个主体对外部环境的适应和反应能力不同，获取外界物质、能量和信息的能力存在差异，因而相互之间必然存在竞争；同时，品牌创新主体系统的活动是一项集技术、生产经营、管理于一体的特殊的社会实践活动，在活动过程中相互影响、相互促进、相互沟通，因而必然产生合作。品牌创新主体之间的竞争是以合作为基础的竞争，否则，竞争就会造成两败俱伤；品牌创新主体之间的合作也是以竞争为基础的合作，否则，合作会使系统失去活力。品牌创新主体之间的竞争与合作既相互对立，又相互依存，在一定条件下还可以相互转化，推动品牌创新主体系统不断优化、发展。

（三）品牌创新主体系统是一个非平衡系统

从品牌创新主体系统与外部环境的关系来看，外部环境的复杂性、不确定性、多变性，必然对品牌创新各主体施加影响，品牌创新主体系统必须适时对此做出适当的反应，采取相应的行为。这就说明品牌创新主体系统与外部环境的关系总是处于不平衡之中，平衡只是暂时的状态。从品牌创新主体系统内部来看，各主体的地位、素质、主观能动性是不同的，各主体具有的创新精神、创新能力存在差异，在品牌创新活动中发挥的作用也是不同的。即各主体的素质、主观能动性、作用存在着不平衡；同时，各主体在品牌创新实践中自身得到的提升也存在差异。这说明品牌创新主体系统内部也总是不平衡的。

（四）品牌创新主体系统是一个非稳定系统

简要地说，创新就是人们改变旧事物、创造新事物的行为。变，是创新的本质要求。变，是主体推动的行为。没有创新，就不存在创新主体。同时品牌创新各主体之间的关系也是不稳定的，可能因外部环境、品牌创新目标、主体自身利益的变化或调整而变化。因而，品牌创新主体系统是一个非稳定系统。

（五）品牌创新主体系统是一个非线性系统

从品牌创新主体系统与外部环境的关系来看，一方面品牌创新主体系统与外部环境存在着交互作用；另一方面，外部环境对品牌创新主体系统的影响是多层面、多方位、并行发生的。品牌创新主体系统则始终坚持市场导向和价值增值目标，应对外部环境影响的态度、措施也是多种多样的，在不同的时空背景下可能做出完全不同的策略性行为。从品牌创新主体系统内部来看，整个主体系统的效应不是各个主体效应的简单相加，而是大于各个主体效应的总和；一个主体的变化可能是多个主体作用的结果，一个主体的行为可能影响多个主体的行为；各个主体之间相互依存、相互制约、相互促进。

（六）品牌创新主体系统是一个动态系统

品牌创新主体系统不是静止的，而是运动的。主要原因在于：伴随着经济市场化、全球化、信息化程度的不断提高，伴随着国家体制改革的不断深化，创新主体越来越企业化，还可能会国际化；创新主体系统是为创新目标服务的，围绕着创新目标而设计或演进；创新主体系统不可能尽善尽美，是进化着的系统；创新过程的深入、创新空间的拓展、创新规模的扩大，要求创新主体结构不断优化、能力不断提升，即客观要求品牌创新主体不断进化。

三、品牌创新中企业家的地位和作用

企业家是企业的最高领导者，是企业的行政首脑、重大事项的决策者、精神领袖、形象代表，对企业任何重大事项有最终决定权、控制权，其自然性与非自然性影响力使整个企业的运转按照其设计的思路进行。从表面看，企业是在尊重客观规律和遵守法规、制度的前提下，按照企业发展规划开展经济管理活动；实质上在很大程度上，企业是按照领导人的经营思维、思路开展经济管理活动。普通员工再能干，也难以使企业按照自己的想法去行事。因为企业一切资源的掌控权基本都在企业领导层尤其是领导人手中。企业创新蓝图的设计、创新资源的获取与分配、创新动力的激发、创新障碍的消除，都离不开企业领导人。普华永道曾对全球 3000 家企业进行的调查中，归纳了创新性组织所具有的一般特征：管理中的高度信任；思维交流顺畅；组织层次较少；有效的建议管理过程；管理者具有挑战意识；管理者具有合理的权限；管理者具有感召力；以长远观点管理日常业务；广泛征求意见，而不仅仅依赖于董事会；辩证地看待风险。在这些特征中，很多方面都取决于企业的领导者，绝大部分都处于企业领导者的影响范围之内。因而，虽然品牌创新主体是一个关系网络，多元参与者共同作用于品牌创新活动，但就品牌及品牌自主创新的特性、中国品牌的现实情况、企业家在企业中的地位而言，企业家是品牌创新的关键主体，是品牌创新的决策者、动员者、协调者、控制者，从根本上决定着企业品牌创新活动的启动、运行、成败。

企业家是品牌创新的核心决策者。企业是否进行品牌创新，品牌创新的程度与目标的确定，品牌创新战略的制定与战略实施方向的确定，是以企业家为核心的企业领导班子决定的。企业家的思维方式、心智模式、直觉、经验等很大程度决定品牌创新决策的正确性、及时性。

企业家是品牌创新的动员者。企业家利用自身品德、权力、能力及企业所有的舆论工具发动企业全体成员开展品牌创新，利用企业及自身的地位、能力鼓动、影响相关利益者参与、支持品牌创新活动。

企业家是品牌创新的协调者。品牌创新过程中存在各种矛盾，例如自主创新与贴牌生产的矛盾，研发与制造部门、制造与营销部门、营销与财务部门的矛盾，管理者与员工的矛盾，创新与稳定的矛盾，正式组织与非正式组织的矛盾，等等，这些矛盾会影响品牌创新的结果，甚至扼杀品牌创新。企业家运用企业赋予的权力和个人的人格魅力、智慧，说服品牌创新的怀疑者和反对者，协调矛盾各方的关系。

企业家是品牌创新的控制者。品牌创新过程中主客观情况可能会发生变化，品牌创新行为可能会与客观规律、主观情况发生偏离，品牌创新是有风险的，这些都会影响品牌创新绩效乃至成败，因而要进行有效控制。而控制机制的建立，控制方式的选择，控制手段的采用，都是企业的内部管理行为，是企业家的职责所在。世界质量管理大师朱兰指出："所有管理活动都必须以'突破方法'或者'控制方法'为指向。管理者要做的就是这两件事，而不是其他。"

四、品牌创新主体的活动模式

根据清华大学经济管理学院学者高建的归纳总结,西方国家企业创新主体模式可大致分为三种:内部型、合作型和合同型。应该说这是市场经济条件下企业创新主体活动模式的一种规律性反映。当然,在不同国家、同一国家不同时期,其具体表现形式有差别。以此为基础,结合中国的具体国情,将品牌创新主体活动模式的具体形式与内容阐述如下:

(一)内部型

是指品牌创新靠企业自身力量完成,在企业内部进行。这种模式的优点在于一旦成功便可获得先发优势,也便于创新成果的保护。不足主要是投入大、风险独自承担。不管在西方国家还是中国,这是品牌创新主体的主导活动模式。

(二)合作型

是指企业与其他主体合作进行品牌创新,某些活动在企业外部的机构开展。具体类型主要有两种:一种是企业之间的合作,具体形式是创办联合公司;另一种是官、产、学合作,具体形式是在大学、科研院所里建立合作研究机构。这种模式的优点是能实现主体之间的优势互补,充分整合企业内外部资源为品牌创新所用,分散风险、分摊费用。不足主要是利益分享、技术较易外泄。这种模式是国内外采用得较多的一种主体活动模式。

(三)合同型

是指企业与大学、研究机构或学术组织签订研究合同,委托后者进行品牌产品、制度、管理模式等的研究开发。研究合同重点规定两点:经费给付办法;成果使用规定。这种模式的优点是能使企业集中精力做擅长的事情,能加强与研发供给方的联系。不足主要是商业秘密保护的难度较大。这种模式更适合于中小企业进行品牌创新。

第三节 品牌创新策略

一、品牌创新的时机

美国品牌学权威大卫·艾克总结了品牌发展过程中必须进行品牌创新的五种背景:品牌认同或执行表达不佳;品牌认同或执行过时;品牌认同或执行吸引的市场有限;品牌认同或执行缺乏时代性;品牌认同或执行趋于疲乏。李胡(Lehu)指出,品牌开始被消费者忽视，即表明它开始衰老，解决这一问题需要品牌创新。法国学者让·诺尔·卡菲勒则归纳了品牌创新的七种背景：技术变革，品牌与单一产品系在一起，品牌特色单一，消费者生活方式变化，品牌的象征性不利于企业，品牌顾客群老化，仿制品难以阻止。他甚至指出，"品牌绝不只是产品的标记、一个图像，而是一个周而复始的品牌创新过程，创新出一代又一代的新产品。"即认为品牌时时需要创新。本书采纳让·诺尔·卡菲勒的观点，总体而言，品牌时时需要创新，实际操作时重点要把握上述七种背景下的品牌创新。

二、品牌创新的原则

企业开展品牌创新活动，提高品牌创新能力，宜遵循以下七条原则。

（一）灵魂原则

品牌创新所需投入多，风险大，见效慢，运行中的艰辛多。贴牌生产见效快，销路畅，短期经济效益好，企业日子过得比较舒坦。如果没有实业兴国、自立、自强的精神，就不会选择自主创新道路。如果每个企业都这样局限于眼前利益、局部利益，久而久之，国家经济体系的命脉就掌握在外资手上。只有一部分企业具有强烈的自主自强精神、坚定的品牌兴国信念，才可能有自主的、持续的品牌创新能力，国家的经济命脉才能真正掌握在自己手中。人是要有一点精神的。品牌创新道路的选择、战略的制定与实施，需要有民族精神、创新精神的企业家作为精神领袖，也需要企业全员的主动参与精神、忠实执行精神作为保证。

（二）远见原则

选择品牌创新道路就表明了企业和企业家的远见卓识。品牌创新精神的养成，品牌创新能力的提升，需要一个较长时期的实践，不可能一蹴而就。自主品牌的成长壮大，需要品牌创新的持续不断进行。这需要企业放眼长远，去除急功近利心理。品牌创新过程中，有各种各样的障碍，会遇到意想不到的突发事件；也可能会有一些或大或小的诱惑，使企业产生放弃自主创新、追逐短期利益的念头；更有甚者，花费了大量的人力、财力、物力之后，品牌创新失败了，给企业带来了重大打击。这些，都需要企业有长远的眼光、坚韧的毅力，视眼前的不顺、小利为过眼烟云，不被其左右，始终朝前努力，坚信胜利的曙光在前方。

（三）取舍原则

每个企业的资源、能力既是有限的，又是各不相同的，每个企业的生产经营范围也不同，因而它们在具体的品牌创新战略选择与实施过程中，根据自身的优势和不足，有所为有所不为。不能为了获得国家的一些政策优惠，或者看到某个行业一时利润丰厚，就不顾自身创新能力大小，盲目搞多元化经营，这样往往得不偿失，甚至给企业造成致命打击。品牌创新的取舍，重点是品牌创新方向、创新模式、创新资金来源、创新管理制度等方面。例如，品牌技术自主创新方向，需要从技术的产业布局、技术使用用途和技术含量三个方面认真考虑后做出取舍；品牌创新模式，需要从企业的历史、企业所处的市场地位、企业的技术力量等方面综合衡量后做出选择。

（四）差异原则

不同国家的企业、不同行业的企业、同一行业的各个企业，由于其所处具体环境、行业性质、历史沿革、文化积累、技术要求、生产经营的产品（服务）品类等方面不同，决定了各个具体企业的品牌创新活动有其自身特色。总体而言，目前我国企业的品牌创新活动的特色应主要体现在：民族资本控股的企业（以下简称企业）是品牌创新的核心主体，是品牌创新的核心投入主体、决策主体、组织实施主体、成果受益和保护主体；品牌创新体现企业自主的发展战略意图，由企业掌握创新活动的主导权；品牌创新具体实施时，一定时期内不是遍地开花，而是重点跨越；各个企业的品牌创新活动的突破口，可能是企业的强项，也可能是企业的薄弱环节，或者是企业所在行业具有良好发展前景的项目。就各个企业而言，品牌创新战略的路径选择要因企制宜，充分体现各个企业的具体情况。

（五）协同原则

提高品牌创新能力，实现品牌创新目标，放大品牌创新效益，需要品牌创新的主体、对象、时空、环境、效应各自内部及相互之间的协同。其中，主体协同是根本，对象协同是基础，时空协同是形式，环境协同是前提，效应协同是目标，主体、对象、环境、时空、效应之间的协同是纽带。目前重点要实现品牌创新的环境协同（即政府、中介组织、高校、独立的科研机构之间的协同）、企业与环境的协同（突出表现为企业与政府、企业与竞争对手、企业与消费者的协同）、品牌创新活动中企业内部各子系统的协同（特别是企业内部品牌自主创新的各个主体之间、各个环节之间的协同）及经济与文化的协同。

（六）控制原则

品牌创新与控制是一个矛盾统一体，它们相互依存、相互制约、相互促进。提高品牌创新能力，实现品牌创新目标，放大品牌创新效益，都离不开控制。在品牌创新活动中控制原则具体体现在：品牌创新要尊重客观规律，遵守法律法规，信守道德规范，不超越企业自身能力；要努力形成品牌创新制度和文化，以此指导品牌创新行为；在品牌创新过程中，要采取有效措施防范、规避创新风险，纠正创新活动偏差；要通过申请专利、参与乃至主持标准制定、运用法律手段等途径保护品牌创新成果。

（七）务实原则

企业开展品牌创新是为了提升企业竞争力，获取超过社会平均水平的收益，获得持续发展，是一项实实在在的战略、一种实实在在的行为。品牌创新不是赶时髦，不能贴标签，不能搞形式，必须坚持不懈地努力，必须踏踏实实地行动。品牌创新是手段，不是目的，不能为了创新而创新，而是必须为了企业持续发展而创新。品牌创新要进行成本与收益分析，不能不惜一切代价。只有当品牌创新的收益大于品牌自主创新的成本时，品牌创新才是成功的，也才有意义。当然，这种成本与收益分析，不是从一时一事来衡量的，而是从一个较长时期来考察的。

三、品牌创新的维度

让·诺尔·卡菲勒认为：品牌创新的基本思路是推出新品牌，更改品牌名称，更新品牌广告的标语和口号，品牌重新定位。凯文·莱恩·凯勒从更新原有的品牌资产来源、创造新的品牌资产来源的角度提出了品牌创新思路：

(1)拓展品牌意识。主要包括找出新的或额外的使用机会，找出新的或完全不同的使用品牌的方式。

(2)改善品牌形象。主要包括品牌重新定位，改变品牌要素。

(3)进入新市场。

(4)调整品牌组合。主要包括推动品牌转移，赢得新客户，品牌退役。

综合、归纳国内外学者的研究成果，品牌创新的维度主要有：品牌观念创新、品牌表征创新、品牌基础创新、品牌价值创新、品牌传播创新、品牌管理创新。

(一)品牌观念创新

品牌观念创新主要是指企业对品牌在市场竞争中的重要性及品牌内涵的认识上的创新，它是品牌创新的思想基础。海尔集团早在创业之初就提出了"国门之内无名牌"的观念。当许多企业醉心于单一的创汇额度的时候，海尔坚定地实施了"出口创牌"战略。在全球化条件下，在跨国品牌蜂拥进入中国本土市场并在世界各地全方位实施本土化品牌方略的背景下，海尔又转变为"出国创牌"。

(二)品牌表征创新

品牌表征创新就是对品牌的表征要素(即名称、术语、符号、图案、包装、或其组合等)不断创新，以适应消费者心理变化、企业发展、竞争状态变化。主要表现为品牌名称创新、品牌标志创新、品牌包装创新。

1. 品牌名称创新

指品牌名称字符本身的变更，或品牌名称字符不变而赋予新的解释。当品牌名称不利于传播或可能有损品牌形象时就要更换新名。

2. 品牌标志创新

品牌标志是指品牌中可以通过视觉识别传播的部分，包括符号、图案、颜色和字体等要素。它是品牌的重要组成部分，直接关系到品牌的传播效果。品牌标志创新是为了适应时代进步、文化潮流及体现企业经营理念。进行品牌标志创新时要明确哪些部分需要更新、哪些风格应当保留，使新标志既能保持消费者对品牌的忠诚度，又能给人以新鲜感。

3. 品牌包装创新

主要是指品牌商品的容器或包扎物的创新。如新包装材料的应用、包装物形状的改变、绿色包装的投入使用等。一般而言，品牌名称、品牌标识的创新都涉及品牌包装创新。品牌包装创新可以改变、强化品牌形象，进而提升并巩固品牌的市场地位。

(三)品牌基础创新

品牌基础创新是指品牌赖以生存的产品、服务和技术的创新。

品牌的产品创新主要是指新产品开发、产品质量的提高、性能的改善、品种的增多等方面的创新。持续不断的产品创新，会强化品牌的差异性，增强品牌的生命力。

品牌的服务创新主要是指推出新的服务项目和服务措施、升级服务设施和提高服务水平等方面的活动。英国航空公司的头等舱品牌为"第一"(first)，英国航空公司为了适应新时代乘客对空中旅行的新要求和面对航空运输日益激烈的竞争形势，对头等舱的设施和服务不断推出新的标准。

品牌的技术创新是指新技术的开发、应用或生产方法的变革。品牌的技术创新是高品质品牌的支撑。中法合营王朝葡萄酿酒有限公司1980年成立以来，其"王朝"葡萄酒14次获国际金奖，8次获国家级金奖，2000年9月被国家工商行政管理总局评为"中国驰名商标"，被布鲁塞尔国际评酒会授予国际最高质量奖，多年来被指定为国宴用酒，并供应231个我国驻外使馆，还远销美、加、英、法、日、澳等20多个国家和地区，打入了"人头马"的故乡。"王朝"葡萄酒之所以能够成为一个响当当的世界级民族品牌，得益于其技术上不断进行自主创新。王朝葡萄酿酒有限公司舍得花大资金投入技术创新，不遗余力地注意世界前沿技术，采用气相色谱仪等世界先进技术手段和设备，建立480m²的高水平实验室，积极向国家、地方政府及行业协会申报科研项目，自主开发净化剂，等等。

(四)品牌价值创新

品牌价值创新就是在一定的成本范围内，在不断改进产品、服务的基础上，用新的品牌价值满足人们对原有产品或服务的更高价值目标的追求。就企业而言，品牌价值创新包括品牌的经济价值(即从长远来看能够给企业带来更高的回报)创新、战略价值(即更有能力抵御竞争的压力)创新和管理价值(即更容易使企业进入不同的市场)创新；就顾客而言，品牌价值创新包括品牌的功能价值(即顾客对品牌商品感知的物质功效)创新和情感价值(即顾客从品牌中获得的社会心理方面的功效)创新。基于企业的品牌价值创新源于品牌生产或制造的资源基础和技术基础，基于顾客的品牌价值创新源于品牌对顾客需求的满足状况，二者相互联系、相互整合。

（五）品牌传播创新

品牌传播创新是指企业宣传、展示、传递品牌信息的方式创新。由于技术发展和社会信息化，可以充当品牌传播职能的载体越来越多。开发新型传播媒体并整合运用，是品牌传播创新的主要内容。新型传播媒体主要包括：传统传播媒体的深化；基于信息技术的互动媒体；寄件媒体；等等。互动媒体主要指网络和电话；寄件媒体主要指信函和电子邮件。品牌传播创新尤其重视整合传播的优化。

（六）品牌管理创新

品牌的管理创新就是根据市场需要、品牌发展的内在要求，运用管理学的原理和方法，对以前的品牌管理制度、方式、行为进行改进、更新。例如，长期以来，由美国宝洁公司于 1931 年首创的品牌经理制一直是西方跨国公司普遍采用的"标准的"品牌管理模式。在这种体制下，品牌管理集中在基层，企业为每一个品牌安排一位品牌经理，由其负责协调有关品牌的各项活动，有利于激励品牌经理的积极性。品牌经理制在随后的半个多世纪内发挥了很大作用。但是品牌经理制竞争有余而合作不足，极易产生短期行为，品牌管理缺乏统一的规划和领导，往往导致企业资源浪费和品牌管理的失控，从而使企业失去竞争优势。为了克服这一缺陷，20 世纪 80 年代末 90 年代初宝洁公司开始推行类别品牌总经理制，在公司所属的 40 个产品类别中，每个类别任命了一名总经理，并赋予其利润责任。由他们管理同类产品品牌，以使同类产品中各品牌所做的营销努力能够相互配合。可口可乐、高露洁、雀巢等公司则建立了企业范围的品牌管理机构，通常由一名高级副总裁挂帅。IBM 公司专门成立了一个小组，负责有关品牌的事宜。

四、品牌创新中的关系处理

在品牌创新活动中重点要处理好以下关系。

（一）品牌创新与品牌延伸

品牌延伸是指在已经确立品牌地位的基础上，将原有品牌运用到新的产品或服务中，从而期望减少新产品进入市场的风险，以更少的营销成本获得更大的市场回报。品牌延伸突出表现为品牌在空间领域中的扩张，而品牌创新则是时间维度上的创造与更新。品牌创新与延伸之间存在着互动关系，即时间上的创新与空间上的延伸同时推进。具体表现为：

（1）品牌延伸带动品牌创新。即随着品牌延伸的需要，品牌原有定位与个性必须随之改变，使新的品牌内涵适应延伸以后的需要，以保障品牌延伸的成功。

（2）品牌创新推动品牌延伸。品牌创新是从不间断的工作，品牌延伸则是阶段性的事项。在品牌创新过程中，品牌所有人和咨询人会给品牌注入众多新的内涵和个性诉求，而这经常为品牌延伸埋下伏笔。

（3）品牌创新与品牌延伸相互交融、相互作用、相互影响，很难彻底分开。

（二）品牌创新与品牌模仿

里基·威尔克（Ricky Wilke）等指出，如果品牌模仿产品的质量高于或等于原品牌制造者的产品，那么品牌模仿对社会、市场、消费者都是有益的。如果品牌模仿能给消费者提供更好的质量或价值，品牌模仿将激发原品牌制造者改进其市场提供物。如果模仿品牌比原品牌提供物的质量更差、价值更低，那么无益于传递产品特性。也就是说，品牌模仿既有可能促进创新，也有可能抑制创新。

（三）品牌创新与贴牌

贴牌就是使用他人品牌进行生产。相对于无牌而言贴牌是一种品牌创新。霍伯戴（Hobday）认为，贴牌厂商可以通过代工学习，不断发展或提升自身的品牌创新能力。欧斯特（D. Ernst）提出，中国制造业借助贴牌生产可以接受与学习先进国家企业的知识与技术，同时培养本身的创新能力。固然从短期来看，贴牌可能有利于品牌创新，但从长期来看，贴牌只能使企业成为加工商，只能赚取微薄的加工费；贴牌将造成企业缺乏自主核心技术、自主品牌；贴牌使企业领导者丧失应有的进取心、自主意识；贴牌将使国民消费成本上升，还可能危及民族产业的生存和发展。

（四）品牌的变与不变

让·诺尔·卡菲勒认为：品牌应稳中求变，品牌更新换代不能忘记品牌的宗旨。斯蒂芬·布朗等人提出，老品牌如何在创新的同时保持"原汁原味"，如何利用消费者的怀旧心理最大限度地发挥老品牌的历史价值等问题的关键，都在于理解并传承品牌精髓。也就是说，品牌精髓不变，其他方面可变。雅吉姆瓦（Yakimova）等人采用多案例研究法从组织的视角提出，应建立品牌支持型企业（brand-supportivefirms），做好品牌日常性管理，使品牌在不断的变化中既忠实于其核心价值又得到良性演进。他们的观点也就是品牌创新时品牌的核心价值一般不变。

（五）品牌衰亡、老化与创新

让·诺尔·卡菲勒认为，品牌老化有两层含义：广义的品牌老化指品牌缓慢地、逐渐地退化。另一层含义指品牌所反映的最终消费者的形象也在逐渐衰退。老化原因主要是：产品质量下降；企业不能随机应变；价格策略。而品牌衰亡原因主要是：品牌达不到商家要求；滞重的发行销售渠道；广告宣传不及时；品牌类型化。品牌创新就是要解决品牌老化、衰亡的问题。有学者认为，品牌老化问题可以通过推出新品牌来解决。更多的学者主张通过品牌创新的其他方面来解决，因为引入新品牌成本高、失败率高。

第四节　品牌创新的控制

由于外部环境的不确定性、企业内部条件的不完美性、人们理性的有限性，品牌创新可能会给企业带来各种各样的风险，因而需要对品牌创新进行适度的控制。品牌创新的控制，是指对品牌创新主体及其活动进行导向与制约的过程。主要包括：品牌创新的控制目标、控制主体、控制对象、控制基础、控制方式、控制手段及其组合。

一、品牌创新的控制主体与客体

（一）品牌创新的控制目标

品牌创新的控制目标是多层次的。借鉴创新理论研究的成果及对品牌创新实践的考察，对品牌创新进行控制的具体目标主要有以下几方面。

（1）防范、规避创新风险。主要是防范、规避由于顾客需求变化及企业之间品牌竞争活动导致的市场价格波动引起的市场风险，由于企业制度环境变化带来的制度风险，技术进步导致的技术风险。

（2）降低创新协调成本。主要是降低品牌创新多元主体在协同创新过程中因文化、制度、战略、流程等方面的差异而引起的协调成本。

（3）实现高效的价值创造。对品牌创新进行控制的最终目标是实现品牌价值创造和增值。防范、规避风险，降低成本，都服从、服务于品牌价值创造和价值增值。

（二）品牌创新的控制主体

品牌自主创新的控制主体是对特定创新主体及其活动实施导向与制约的行为主体。一般可以分为外控主体和内控主体。外控主体主要是政府、行业协会、市场；内控主体是以企业领导人为核心的全体员工。总体而言，内控主体是起决定作用的，外控主体是起辅助作用的。内控主体中的企业领导人是起关键作用的，企业领导人的特征、素质、能力与控制效果密切相关。就各个具体的情况而言，有时内控主体起决定作用，有时外控主体起决定作用，有时内控主体与外控主体共同起作用。由于不同主体有不同的利益目标，不同主体有不同的行为特征，因而不同的控制主体会对特定的品牌创新主体及其活动产生不同的影响。

（三）品牌创新的控制对象

品牌创新的控制对象是品牌创新主体及其活动，具体包括：品牌创新投资主体、品牌创新决策主体、品牌创新执行主体、品牌创新操作主体，品牌创新战略制定活动、战略推动活动、创新常规运营活动、创新风险防范活动，品牌创新成果。其中的重点是企业领导人和品牌创新战略制定与实施活动。从根本上看，不管控制对象是什么，实质是对人的控制，关键是对以最高决策者为核心的企业领导层的控制。

二、品牌创新的控制基础

品牌创新的控制基础是信息。信息的及时性、准确性、有效性决定了控制的有效性。要及时、准确获取有效的信息，就必须科学、全面地进行信息的收集、提炼、分析、沟通。信息本身能使控制主体了解控制对象的基本情况，明确控制重点、难点和切入点；信息提炼、分析、沟通的方式或途径则有可能使同样的信息得到不同程度的开发、利用，因为不同的信息处理方式、信息沟通途径会赋予同样的信息不同的权重，使控制主体对它们的重视程度产生差异。需要指出的是，信息的收集、提炼、分析、沟通需要付出成本，因此，为控制而开展信息的收集、处理必须进行成本-收益分析。

三、品牌创新的控制方式

品牌创新的控制方式有很多分类标准，按不同标准划分有不同的控制方式。常见的有以下四种分类。

（一）按品牌创新的控制重心分类

按品牌创新的控制重心分类，可以分为战略控制和财务控制。战略控制强调战略竞争导向和战略效益导向，强调战略对品牌持续创新的促进，关注长期的绩效，注重评价业务管理人员制定的战略及所采取的行动，是一种过程控制。战略控制的绩效考评依据是与战略相关的指标，如顾客满意度、新申请专利数量、能否在预定时间内成功引入新产品和新工艺，等等。这些指标具有主观性、直觉性。财务控制强调回报多、回报快，资本增值状况好，关注短期绩效，强调通过最终指标考核有关人员并进行调整，是一种结果控制。财务控制的绩效考评依据是财务指标，如净收益、资产回报率、销售利润率等。这些指标具有客观性。

（二）按品牌创新的控制有无明文规定分类

按品牌创新的控制有无明文规定分类，可以分为正式控制和非正式控制。正式控制是有明文规定的控制，强调使用制度来规范员工以及他们的行为，使之朝着组织明确的目标方向。它建立在精确的规则之上，可以促进创新效率的提高。创新主体之间的信息沟通主要依靠现存的制度或规则进行。非正式控制是无明文规定的控制，强调使用风俗、习惯、氛围等来规范员工以及他们的行为，使之朝着组织明确的目标方向。它建立在灵活的规则之上，可以推动创新和适应环境。创新主体之间的沟通主要依靠风俗、习惯或信任进行。政权、法律、纪律、制度等，均有明文规定，属于正式控制，是需要依赖专门集团的存在才能实现的控制。风俗、习惯、氛围等无明文规定，属于非正式控制，其实现不需要专门集团，每个人既是施控者，也是受控者。

（三）按品牌创新的控制特征和要求分类

按品牌创新的控制特征和要求分类，可以分为科层控制（bureaucratic control）、市场控制（market control）和小团体控制（clan control）。科层控制就是运用规则、法规和权威来规范人们的行为。它通过预算、统计报告、绩效评估等对行为和行为的结果进行规范。当任务明确且员工独立时最有效。市场控制是基于财务和经济信息，用价格机制对组织的行为进行规范，将组织内部的经济活动视为经济交易。每个业务部门都被视作利润中心，通过这样的机制与其他的中心交换资源。利润指标是考核这些部门经理业绩的基础。当产品可以辨认且市场可以在各方之间建立起来时最有效。小团体控制是基于人们相同的价值观、目标和相互信任基础上的控制，利用组织文化规范人们的行为。当员工有权作出决定，没有其他更好的办法时最有效。

（四）按品牌创新的控制是否依赖外部力量分类

按品牌创新的控制是否依赖外部力量分类，可以分为外在的措施控制和内在的价值控制。外在的措施控制是指企业依靠外在力量控制品牌创新主体及其活动。内在的价值控制即自我控制，指品牌创新主体自觉地把创新价值观、企业价值观内化，用以约束和检点自己的行为。外在的措施控制和内在的价值控制其界限是相对的，两者相互渗透和转化。从根本意义上来看，内在的价值控制是主要控制方式。

四、品牌创新的控制手段

品牌创新的控制手段很多，以企业为边界进行归类，可以分为外部控制手段和内部控制手段两类。

（一）外部控制手段

外部控制手段主要有：法规政策，市场竞争，社会舆论、道德、评价，中介组织。法规政策主要包括：国家、各省与品牌创新直接有关的法规政策，如知识产权法、商标法、技术进步法等；国家规范市场秩序、竞争秩序的法规政策，如反垄断法、反不正当竞争条例、采购法等。法规政策手段具有强制性、权威性。市场竞争手段主要有：竞争格局、竞争对手实力、优胜劣汰的竞争法则、竞争的文明程度、竞争与合作的氛围。竞争手段具有博弈性、残酷性、市场权威性。社会舆论、道德、评价手段具有无形性、广泛性。中介组织主要包括：行业协会、消费者组织、评估事务所等，具有协调性、自发性。

（二）内部控制手段

内部控制手段主要有：信念控制系统、边界控制系统、诊断控制系统、交互式控制系统。信念控制系统就是一组对组织的基本价值观标准、目标和纲领的明确定义，并经过高层管理人员正式讨论和系统补充。正式的信念控制系统是通过宗旨、使命和目标来建立和传达的，主要目的是鼓励和引导组织的研究和创新活动。边界控制系统是根据已确定的商业风险，对寻找机会的行为加以一定的限制。正式的边界控制系统可确立两种边界：商业行为边界和战略边界。最基本的边界控制系统是规定商业行为准则的边界控制系统。战略边界主要是针对为支持明确的组织战略而寻找机会的行为。战略边界除了规定不予寻求的机会外，也为可以寻求的机会确定一个范围，然后再在这个范围内划分等级。

诊断控制系统是一种反馈系统，是传统管理控制系统的支柱，其特点是量度、比较、纠偏，设计目的是确保实现可预测的目标。其作用在于推动、监控和奖励某一特定目标所取得的绩效。交互式控制系统是管理人员用以定期参与下属决策活动的正式信息系统。重点关注战略的不确定性并促进战略更新。管理人员根据他们觉察到的战略不确定因素，利用这些系统来启动对机会的探求。交互式控制系统使管理人员得以集中精力解决面临的问题，并在组织上下展开对话。其特征是不断对未来的状况进行重新评估，并考虑如何最佳应对。其作用主要是激发组织不断进取并促进新创意、新战略的诞生。

外部控制手段与内部控制手段各自内部及相互之间是相互补充、相互依存的，共同作用于品牌创新主体及其活动。

一般来说，品牌创新的控制主体、控制对象、控制基础、控制方式、控制手段有不同的组合；这种组合的形成是以品牌创新活动所处的客观条件及控制目标为依据的。一方面，不同的情况需要不同的组合；另一方面，不同的组合所产生的效率、效果也是不同的。因而，企业在品牌创新战略制定与执行过程中需要不断探索适当的组合形式，力争优化控制要素组合。

思　考　题

1. 联系实际谈谈品牌创新的动力。
2. 结合具体案例阐述品牌创新的维度。
3. 你认为我国企业家在品牌创新中应起什么作用，怎样发挥作用？
4. 分析"外国品牌中国造"现象。
5. 品牌创新为什么需要控制？怎样对品牌创新进行控制？

参 考 文 献

［1］　才源源. 消费者情绪与品牌管理研究［M］. 上海：上海大学出版社，2020.

［2］　王新刚. 品牌管理［M］. 北京：机械工业出版社，2020.

［3］　陈锋，袁玉玲. 品牌管理［M］. 北京：中国人民大学出版社，2020.

［4］　汪吉，汪豪. 体验感：品牌 3.0 的营销革命［M］. 北京：经济管理出版社，2019.

［5］　柴俊. 娱乐品牌营销［M］. 北京：企业管理出版社，2019.

［6］　李婷（Kris）. 品牌营销 100 讲［M］. 北京：机械工业出版社，2019.

［7］　李喆，刘华. 品牌管理与营销［M］. 北京：中国纺织出版社有限公司，2019.

［8］　左迎颖，黎青. 品牌新媒体推广［M］. 湘潭：湘潭大学出版社，2019.

［9］　崔雪涛. 影响力：品牌营销与危机公关［M］. 北京：化学工业出版社，2019.

［10］　吴芹，屈志超. 品牌战略与管理［M］. 北京：首都经济贸易大学出版社，2019.

［11］　卢晶. 品牌管理［M］. 北京：清华大学出版社，2019.

［12］　刘红艳. 品牌危机与品牌长期管理：心理契约理论视角［M］. 北京：中国经济出版社，2019.

［13］　刘常宝. 品牌管理［M］. 北京：机械工业出版社，2019.